W0300889

Helmut Schubert

HANDBUCH SCHNITZEN

Helmut Schubert

HANDBUCH SCHNITZEN

urania

Es ist noch kein Meister vom Himmel gefallen. An dieses alte Sprichwort sollten alle denken, die sich mit Hilfe dieses Buches in das schöne Hobby des Schnitzens einführen lassen wollen.

Um das Schnitzen richtig zu beherrschen, sind theoretische Kenntnisse das eine und die praktische handwerkliche Ausführung das andere. Doch das Wissen um die Techniken und Materialien allein genügt hier nicht – es muss auch viel geübt werden.

So vielfältig wie die Schnitztechniken sind auch ihre Anwendungsbereiche. Man kann, um nur einige Beispiele zu nennen, Gebrauchsgegenstände, Spielzeug, Figuren, Ornamente, Grabmale sowie Verzierungen für den Wohnbereich oder am Haus schnitzen und so in unserem gesamten Umfeld dazu beitragen, die Lebensqualität, das Lebensgefühl und schließlich das Wohlbefinden ein wenig zu verbessern. Hinzu kommt die Freude, die man mit einem selbst geschaffenen Werk Freunden, Verwandten und Bekannten bereiten kann, wenn man eine solche Schnitzerei zum Geschenk macht. Wer eine geschnitzte Arbeit geschenkt bekommt kann sich sicher sein, dass es ein Geschenk ist, das mit Mühe und Ausdauer gefertigt wurde und nicht aus einer Presse oder Gussform kommt, mit der noch Tausende gleiche Teile geformt wurden. Ein geschnitzter Gegenstand ist und bleibt ein Original und kann nicht identisch wiederholt werden. Das schon deshalb nicht, weil jedes Stück Holz „einmalig“ ist.

Es ist nicht schwierig, sich das passende Material zum Schnitzen zu beschaffen. Geeignet ist fast jedes Holz, und so manches unbeachtet herumliegende Holzstück kann bei richtiger Bearbeitung in ein kleines Kunstwerk verwandelt werden. Es gibt unter den Schnitzern eine „Weisheit“ die sagt, dass jede Figur schon längst im Holz vorhanden ist, und man nur das wegschneiden muss, was nicht zur Figur gehört. Dies ist zwar stark verkürzt gesagt, aber ein Fünkchen Wahrheit steckt in dieser Aussage.

Das Beschaffen von Werkzeug ist kein großes Problem. Oft finden sich schon in einem alten Werkzeugkasten brauchbare Dinge, die wenigstens für den Anfang ausreichen. Zudem bietet der Fachhandel eine schier unüberschaubare Anzahl von Schnitzwerkzeugen unteschiedlichster Hersteller und Qualitäten. Dass man nicht gleich alles davon haben muss, versteht sich fast von selbst und ist auch nicht nötig.

Neben dem reinen Freizeitvergnügen hat das Schnitzen auch noch einen „therapeutischen“ Aspekt. In einer von hektischer Betriebsamkeit geprägten Zeit zwingt eine solche Beschäftigung zu innerer Ruhe, denn ohne eine gewisse innere Ausgeglichenheit und Entspanntheit wird ein geschnitztes Werk nicht so gelingen, wie man es sich wünscht. Also ist innere Ruhe eine Art Grundvoraussetzung für den Erfolg einer Arbeit. Dazu bedarf es jedoch keines Therapeuten, denn diese Ruhe stellt sich mit der Zeit von selbst ein.

Auch die Beobachtungsgabe wird beim Schnitzen in besonderer Weise geschult, denn um alle Elemente einer Schnitzarbeit ins rechte Verhältnis setzen zu können, muss man

Figur einer einkaufenden Frau

Bauer beim Mähen, Lindenholz

in der Lage sein, sehr genau zu beobachten. Im Laufe der Zeit entwickelt sich dann über das Erfassen der sichtbaren Dinge ein Gefühl für Formenkonstellationen oder für typische Charakterzüge eines Menschen und die Fähigkeit, diese in einem Kunstwerk auszudrücken.

Zwar ist nicht jeder Schnitzer zu Spitzenleistungen fähig, doch die Erfahrung lehrt, dass mit zunehmenden handwerklichen Fähigkeiten und Kenntnissen der Spaß am Schnitzen wächst. Vielleicht ist dies mit dem Ausdauerlauf vergleichbar. Ist man es gewohnt, täglich eine bestimmte Strecke zu laufen, wird es zum Bedürfnis. Genauso kann sich das Schnitzen zu einem ausgeprägten Bedürfnis entwickeln, von dem man dann nicht mehr loskommt, findet man doch dort einen Teil seiner Erfüllung.

Ich möchte mit meinen Erfahrungen, die ich bei der Ausbildung von Holzbildhauerlehrlingen gesammelt habe, Sie, die Benutzer dieses Buches, von einfachen Übungen bis zu schwierigen Aufgaben mit theoretischem Wissen, Erklärungen, Tipps und vielen praktischen Beispielen begleiten. Werfen Sie nicht gleich die Flinte ins Korn, wenn etwas schwieriger ist als erwartet . Mit einiger Übung kommt man fast immer an das gewünschte Ziel.

Holz wird bearbeitet, seit es Menschen gibt. Neben Ton, Stein und Knochen war das Holz das wichtigste Material, das der Mensch der Frühzeit zur Gestaltung seines Lebens einsetzte, denn Holz hatte einen nicht zu überbietenden Vorteil: Es war überall dort zu finden, wo sich die Menschen ansiedelten, und sie konnten es in seiner ganzen Vielfalt auf die unterschiedlichste Weise für sich nutzbar machen.

Eine der ersten Bearbeitungstechniken des Holzes war sicher das Spalten, und der Faustkeil, das früheste Werkzeug des Steinzeitmenschen, fand hier wahrscheinlich seine erste Anwendung.

Im Laufe ihrer Entwicklung kamen die Steinzeitmenschen aber auch darauf, dass sie mit dem Keil nicht nur spalten, sondern das Holz durch kerbendes Herauslösen bearbeiten konnten und es entwickelten sich die ersten Tätigkeiten, die man als Schnitzen bezeichnen kann.

Die Resultate dieser Tätigkeit waren vermutlich Stiele und Griffe für die frühen Steinzeitwerkzeuge, wie Äxte oder Messer. Reste davon entdeckte man bei steinzeitlichen Funden aus dem Neolithikum.

Neben der praktischen Tauglichkeit der frühen Gebrauchsgegenstände spielte von Anfang an auch die Ästhetik eine wichtige Rolle, und das Bestreben nach Verzierung ist schon bei den ersten von Menschenhand geschaffenen Gegenständen unübersehbar. Es entwickelte sich im Kontext der Herstellung von Gebrauchsgütern gleichzeitig der Wille zur Gestaltung. Vermutlich etwa zeitgleich mit der Herstellung verzierter Gebrauchsgüter entstanden auch Gegenstände aus Holz, die rein kultischen Charakter hatten, z. B. Figuren, die Fruchtbarkeitsgöttinen darstellten. An diesen Beispielen aus der Frühgeschichte der Menschheit wird deutlich, dass es schon mit bescheidenen Mitteln möglich war, die Tätigkeit des Schnitzens schöpferisch auszuüben.

Daran hat sich im Grunde bis heute nichts geändert. Zwar war die menschliche Kultur seit ihrer Herausbildung mannigfaltigen Entwicklungen, Veränderungen und Wandlungen unterworfen, und es gibt bis heute auch im Bereich der Schnitzkunst eine große Vielfalt an Werkzeugen, Geräten und Maschinen, die dem Schnitzer zur Verfügung stehen, aber man könnte, wenn auch stark verkürzt, sagen, dass ein einfaches Messer genügt, um gestalterisch zu arbeiten.

Im Laufe der Jahrhunderte entwickelte sich jedoch eine immense Vielfalt von Werkzeugen, die kaum mehr überschaubar ist. Für jede auch noch so komplizierte Tätigkeit wurden spezielle Hilfsmittel entwickelt, und die Stähle, die den Werkzeugschmieden inzwischen zur Verfügung stehen, haben eine hervorragende Qualität und sind vor allem extrem belastbar. Die Auswahl der Schnitzwerkzeuge wird noch größer, wenn man über die Landesgrenzen hinausgeht. Zu den verbreiteten deutschen und englischen Formen kommen dann noch die Tiroler und die Schweizer Formen. Blickt man über Europa hinaus, etwa nach Japan, stehen weitere interessante Werkzeuge zur Auswahl.

Auf dem Weg zum Klöppelunterricht, geschnitzt aus Lindenholz und mit Temperafarbe bemalt

Es ist zwar nicht möglich, sich jedes nur erdenkliche Werkzeug anzuschaffen, aber ich möchte gleich zu Beginn wenigstens darauf hinweisen, dass es durchaus Möglichkeiten gibt, andere Wege als die bekannten zu beschreiten. Das Schnitzen ist immer auch eine Tätigkeit, bei der man gelegentlich neue Möglichkeiten ausprobieren sollte. Wer für Neues offen ist, schafft sich damit selbst ein breiteres Formenspektrum.

Von der frühesten Entwicklungsstufe der Menschheit bis in unsere Gegenwart entwickelten sich überaus vielfältige Schnitztechniken bei einzelnen Völkern und in unterschiedlichen Gebieten dieser Erde. Es entstanden so immer wieder neue Möglichkeiten und Ausdrucksformen, die für bestimmte Zeiten, Völker, Regionen oder Stile typisch waren und sind.

Arbeitsplatz und Werkzeuge

Für die ungetrübte Freude am Schnitzen ist ein Arbeitsplatz am besten, der nur für diese Tätigkeit zur Verfügung steht, und auch eine Werkbank sollte nach Möglichkeiten nur diesem Zweck dienen. Ebenso gehören gutes Werkzeug und geeignete Schärfmöglichkeiten zur Grundausstattung eines solchen Arbeitsplatzes, an dem Sauberkeit erstes Gebot sein sollte.

Die Werkstatt des Schnitzers

Die ideale Voraussetzung für das Schnitzen ist ein separater Arbeitsplatz oder Arbeitsraum, der ausschließlich dafür zur Verfügung steht. An einem solchen Arbeitsplatz hat man die wichtigsten Werkzeuge jederzeit griffbereit zur Verfügung, und man muss nicht immer erst alle nötigen Materialien und Arbeitsmittel aus irgendwelchen Schränken, Kisten oder auch Schubladen hervorholen und sich seinen Arbeitsplatz neu einrichten.

Der Raum muss nicht besonders groß sein, sollte aber unbedingt gutes Licht haben. Am besten eignen sich Räume mit Fenstern nach Norden. Hier hat man ein gleichmäßiges Arbeitslicht und die Sonne kann beim Arbeiten nicht blenden.

Wichtig für einen gut ausgestatteten Arbeitsplatz ist neben dem natürlichen Licht eine geeignete künstliche Beleuchtung, denn in den seltensten Fällen wird Tageslicht allein für die Arbeit ausreichen. Außer einer allgemeinen Raumbeleuchtung muss deshalb eine blendfreie Arbeitslampe so über dem Arbeitsplatz angebracht

Ideale Einrichtung einer Schnitzerwerkstatt:
Die Schnitzbank sollte am besten unter einem nach Norden gerichteten Fenster stehen. Für die allgemeine Raumbeleuchtung eignet sich eine Deckenleuchte mit Leuchtstoffröhren, während das eigentliche Arbeitslicht in der Höhe und seitlich verstellbar sein sollte. Eine ausreichende Anzahl von Steckdosen in der Nähe des Arbeitsplatzes ist ebenfalls wichtig.
Die nicht gebrauchten Schnitzwerkzeuge werden in einem Werkzeugwickel unter der Schnitzbank aufbewahrt. Alle anderen Hilfsmittel können in einem Schrankregal mit möglichst vielen Schubfächern untergebracht werden.

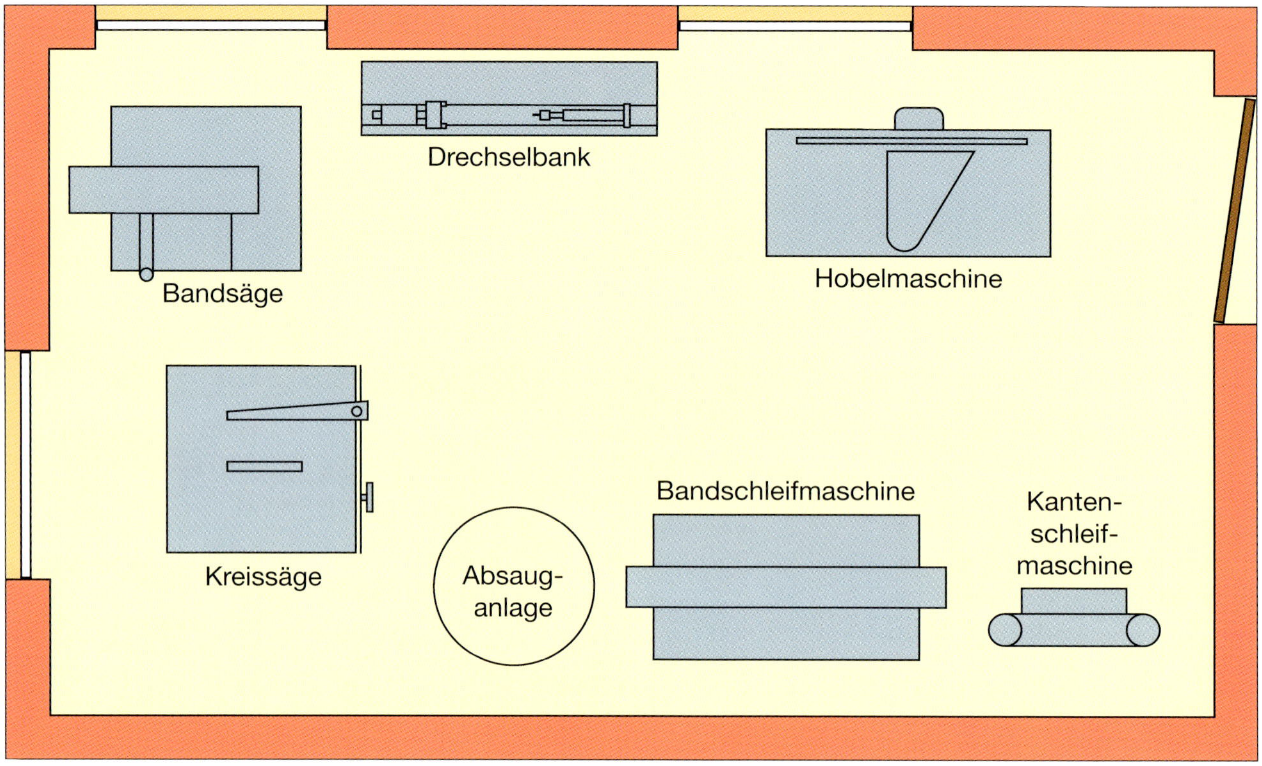

Ideale Anordnung der verschiedenen Holzbearbeitungsmaschinen und Schleifeinrichtungen in einer großen Werkstatt

sein, dass man sie ohne Mühe zum Ausleuchten von verschiedenen Seiten einsetzen kann. Das Arbeitslicht sollte etwas von vorn kommen, darf allerdings nicht blenden. Besonders beim Figurenschnitzen muss darauf geachtet werden, dass das Licht nicht von der Seite kommt. Das führt zu Verschiebungen in der Symmetrie. Hängt die Lampe aber genau über der zu schnitzenden Figur, entsteht durch den darüber gebeugten Kopf des Schnitzers ein störender Schatten. Die für die eigene Arbeit günstigste Beleuchtung muss man selbst herausfinden und dazu verschiedene Beleuchtungsvarianten ausprobieren.

Beim Einrichten der Werkstatt ist darauf zu achten, dass der Fußboden aus einem möglichst weichen Material besteht. Hat der Raum einen Betonfußboden, sollte er mit Linoleum oder einem ähnlich gummierten Fußbodenbelag belegt werden. Sehr ungünstig ist ein Teppichboden, denn er muss ständig mit großer Mühe gereinigt und von Spänen befreit werden. Ein weicher Fußboden ist deshalb empfehlenswert, weil beim Arbeiten hin und wieder Schnitzwerkzeug zu Boden fällt. Dieses Werkzeug fällt in der Regel mit der Schneide zuerst auf den Boden. Kommt es nun auf einen Betonfußboden auf, so hat man viel Mühe, das Werkzeug anschließend wieder scharf zu bekommen.

Eine richtige Bildhauerbank hat keine Vorderzange und ist etwa 10 cm höher als die normale Hobelbank. Im Gestell der Bank und im Bankkasten kann man häufig benötigte Hilfsmittel und auch seine Zeichenutensilien unterbringen.

Die Bildhauer- oder Hobelbank

Ist genügend Platz vorhanden, kann eine Bildhauer- oder Hobelbank aufgestellt werden. Eine Bildhauerbank ist eine Hobelbank ohne Vorderzange mit einer deutschen Hinterzange. Sie ist höher als eine Hobelbank. Eine Hobelbank hat eine Höhe von ca. 80 cm, während eine Bildhauerbank 93–95 cm hoch ist. Außerdem fehlt an der Bildhauerbank die Rückablage. Am günstigsten ist eine Höhe von ungefähr 95 cm. Für Menschen mit einer Körpergröße über 1,85 m ist es aber besser, die Schnitzbank durch Unterlagen etwas zu erhöhen, um so eine bessere und bequemere Körperhaltung beim Schnitzen zu bekommen. Die deutsche Hinterzange hat gegenüber der französischen Zange den Vorteil, dass man mehr von der Schnitzfläche direkt vor sich hat, während bei einer Bank mit einer französischen Zange die Arbeit am rechten Bankende ausgeführt wird. Dies ist vor allem beim Bereitlegen der Werkzeuge von Nachteil, denn man kann die Werkzeuge nur linker Hand ablegen, während rechts ein freier Platz ist. Sicher ist dies aber auch eine Frage der Gewöhnung.

An der Vorderseite der Schnitzbank sind in die Platte Bankhakenlöcher eingearbeitet. In der Hinterzange befinden sich ebenfalls, je nach Größe der Bank, drei bis fünf Bankhakenlöcher.

Je einen Bankhaken steckt man in die Platte und in die Vorderzange. Diese Einspannmöglichkeit ist vor allem bei großen Vorarbeiten und beim Anlegen sehr nützlich, da so die Federwirkung des Werkstücks stark reduziert werden kann.

Ist ein Werkstück zwischen zwei Bankhaken eingespannt, kann man

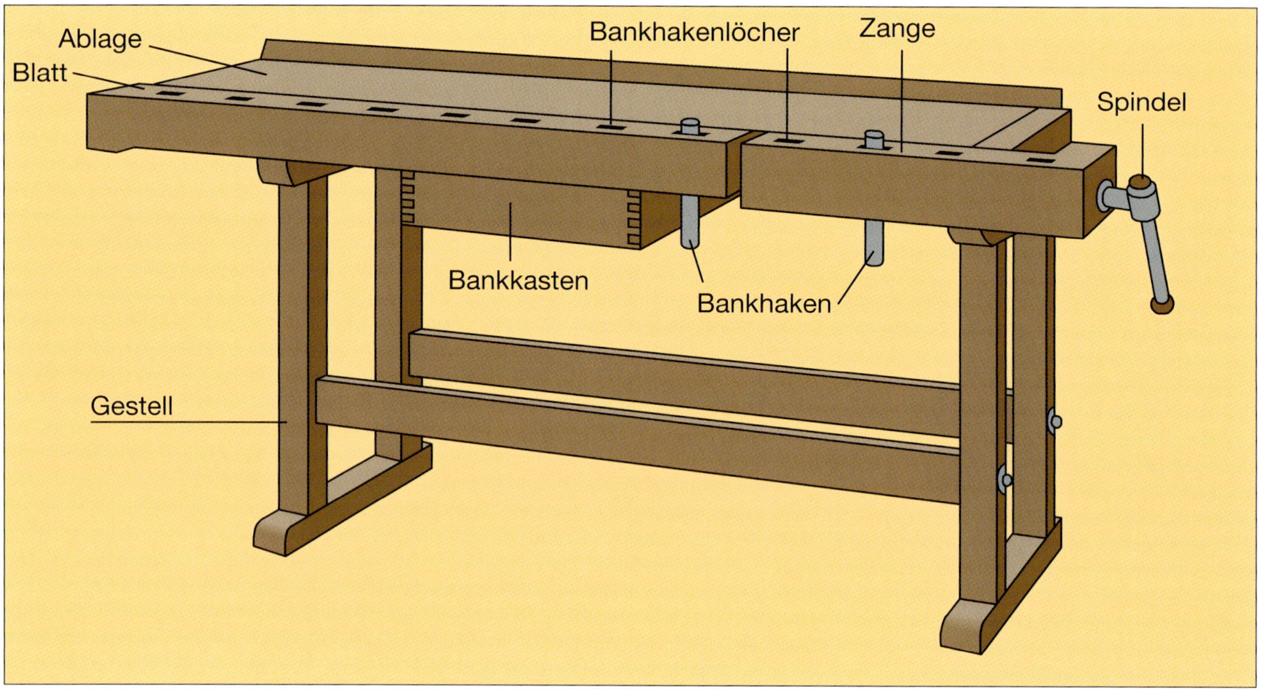

Im Unterschied zur normalen Hobelbank hat die Bildhauer- oder Schnitzerbank keine Vorderzange und ist um etwa 10 cm höher.

mit einem kräftigen Hammerschlag auf jeden Bankhaken ein Verrutschen des Werkstücks in den Bankhaken verhindern. Je größer die Figuren werden, desto mehr nimmt der Druck zu, der auf die Bank wirkt. Auch die Festigkeit des zu bearbeitenden Materials beeinflusst den Druck, den man auf die Bank ausüben muß. Ist die Standfestigkeit der Bank nicht mehr gewährleistet, empfiehlt es sich, das Bankgestell zu beschweren. Sinnvoll ist es auch, Hilfsmittel oder Werkzeuge, die man gelegentlich zur Schnitzarbeit benötigt, in einer Ablage, die man sich mit einem Brett zwischen den Zargen des Bankgestells einrichtet, zurechtzulegen. Dort kann man auch lufttrockenes Holz weiter heruntertrocknen. Im Bankkasten können nötige Utensilien zum Zeichnen und Messen, wie Bleistifte, Zirkel oder Taster, aufbewahrt werden.

Eine Reihe von Hilfsmitteln, wie Vergolderkissen, Anschießer, Einkehrpinsel sowie Blattgold bzw. das Schlagmetall, sollten so aufbewahrt werden, dass sie soweit wie möglich vor Staub geschützt sind. Dazu eignen sich gut verschließbare Blechschachteln.

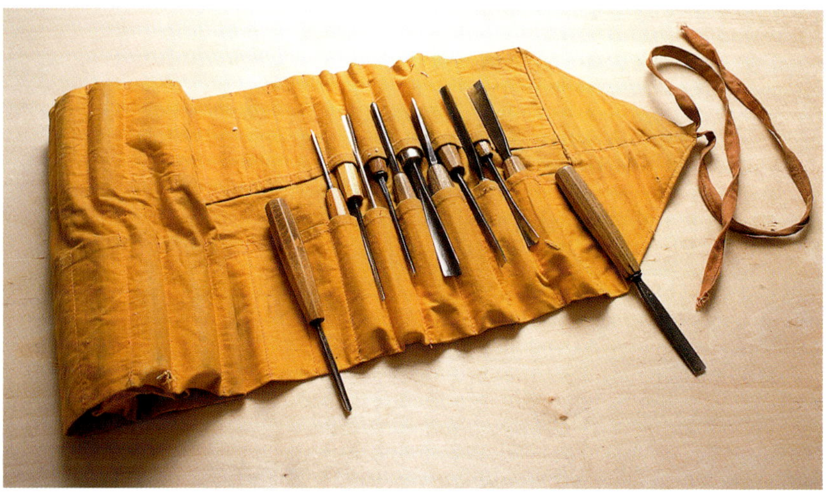

Ein Werkzeugwickel ist hervorragend zur Aufbewahrung und zum gefahrlosen Transport der Schnitzwerkzeuge geeignet.

Allgemeine Grundausstattung

Zur weiteren Grundausstattung der Werkstatt gehört eine geeignete Einrichtung zum Schärfen der Werkzeuge. Sie sollte sich, wenn möglich, in der Nähe des Arbeitsplatzes befinden. Auf dem Markt werden unterschiedliche Schärfeinrichtungen angeboten. Sehr gut sind Maschinen mit in einem Wasserbad laufenden Sandsteinscheiben. Bei etwas Feingefühl kann man auch eine Bandschleifmaschine oder Metallschleifbänder benutzen.

Neben den Schleifeinrichtungen braucht man verschiedene Abziehsteine und ein Leder zum feinen Abziehen der Werkzeuge. Das Leder sollte am besten gleich auf der Schnitzbank liegen.

Zum Messen und Aufzeichnen kann man diverse Geräte wie Zirkel, Taster, Lineal u.ä. Utensilien verwenden, die man am besten im Bankkasten aufbewahrt.

Hinzu kommen noch viele kleine Gehilfen des Schnitzers, wie verschiedene Raspeln, Feilen, Ziehklingen, Bohrer, Punzen, Klüpfel, verschiedene Bleistifte sowie eine Schmiege, ein Maßstab, ein Streichmaß und vieles andere mehr.

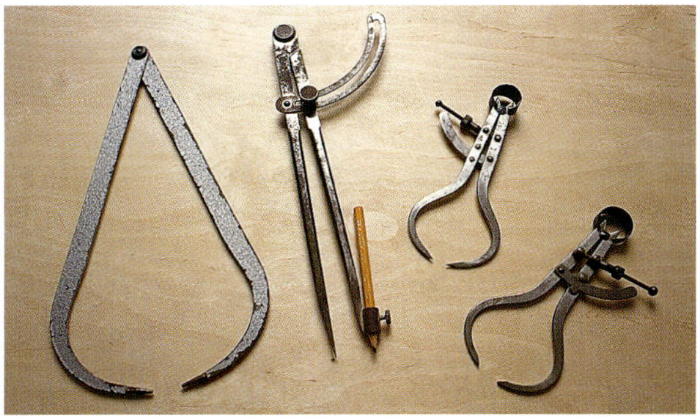

Zirkel und Taster sind zum Übertragen und zum Aufzeichnen die geeignetsten Werkzeuge.

Zirkelkästen, Kurvenlineale, Bleistifte und verschiedene Schablonen gehören zur Grundausstattung eines jeden Schnitzers.

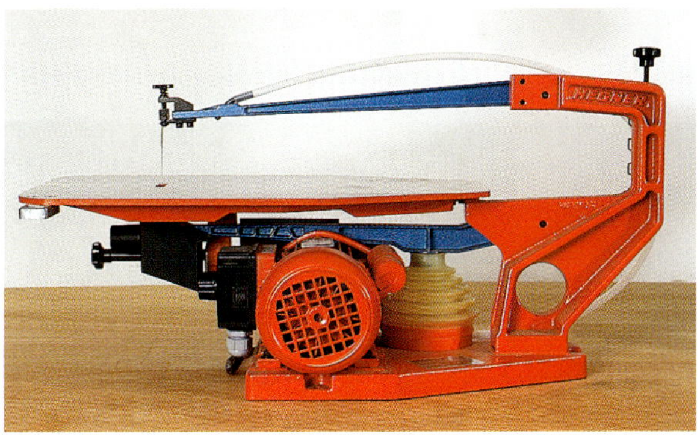

Dekupiersäge mit zusätzlicher Vorrichtung zum Wegblasen anfallender Späne

Schmiege und Anschlagwinkel für ein exaktes Messen und Aufzeichnen.

Für anfallende Leimarbeiten oder auch zum Befestigen einzelner Teile werden immer einige Schraubzwingen verschiedener Größe benötigt, die griffbereit unmittelbar in der Nähe des Schnitzplatzes aufbewahrt sein sollten.

Zum Zuschneiden der Rohlinge kann man eine Bandsäge anschaffen, will man sich die Rohlinge nicht ständig in einer Schreinerei oder einer anderen Werkstatt ausschneiden lassen, was auf die Dauer zeitaufwendig und auch nicht gerade billig ist. Bandsägen gibt es in den unterschiedlichsten Größen. Ist kein Platz für eine Bandsäge vorhanden, reicht auch eine Dekupiersäge aus. Es ist jedoch immer von der Größe der Obejekte, die geschnitzt werden sollen abhängig, welche dieser Maschinen benötigt bzw. angeschafft werden sollen.

Die Schnitzwerkzeuge

Es ist keine neue Erkenntnis, dass man nur mit wirklich sehr guten Schnitzwerkzeugen die Ergebnisse erreicht, die man sich vorstellt, und dass man nur mit Qualitätswerkzeug dauerhaft Freude an der Arbeit hat. Es macht deshalb auf lange Sicht wenig Sinn, billige Schnitzwerkzeuge zu kaufen, denn die Zeit, die dann zum zusätzlichen Schärfen dieser Eisen verwendet werden muss, rechtfertigt die Anschaffung von sehr guten Schnitzeisen.

Es ist noch kein Zeichen von Qualität, wenn das Werkzeug schön glänzt. Leider werden häufig Werkzeuge von Herstellern angeboten oder von Firmen vertrieben, deren einzige Qualität ein schönes Aussehen ist.

Man unterscheidet bei den vielfältigen Schnitzwerkzeugen folgende Formen: Balleisen, Flacheisen, Hohleisen, Bohrer, Geißfüße und Grateisen. Von all diesen Formen gibt es jeweils gerade, gekröpfte, gebogene und verkehrt gekröpfte Eisen. Dazu kommen noch die Sonderformen wie Schweizereisen und Tirolereisen. Alle Eisen gibt es in Breiten von 1 – 70 mm.

Balleisen sind Werkzeuge mit gerader ungewölbter Schneide. Sie haben eine Klingenform, wie sie allgemein von Stechbeiteln bekannt ist. Eine Sonderform des Balleisens ist das Schrägeisen. Die meisten Schnitzer und auch Werkzeughändler verwenden das übliche Normierungssystem, anhand dessen sich die jeweilige Kombination eines Schneidkantenprofils und der Klingenform ablesen lässt. Sie wird als Stich bezeichnet.

Balleisen tragen die Stichbezeichnung 1; Schrägeisen die Stichbezeichnung 2.

Flacheisen sind Eisen mit einer leichten Wölbung der Schneide und werden mit Stich 2 $^1/_2$, 3 und 4 bezeichnet. Je höher also die Stichzahl, desto stärker die Wölbung.

Hohleisen sind die Eisen mit einer Stichbezeichnung von 5 bis 8. Der Stich 8 hat ungefähr die Wölbung eines Halbkreises. Sind die Schenkel eines Eisens über die Form des Halbkreises gewölbt oder gerade hinausgezogen, nennt man diese Eisen Bohrer von Stich 9 bis 11.

Geißfüße sind Werkzeuge zur Ausarbeitung von einspringenden Ecken. Hier sind zwei Schneiden im spitzen, rechten und stumpfen Winkel zueinander gestellt und werden so angeschliffen, dass im Winkel ein kleiner Vorsprung entsteht. Geißfüße haben die Stichzahl 39 bis 45.

Grateisen sind ähnliche Werkzeuge wie die Geißfüße. Sie haben statt der V-Form des Geißfußes eine U-Form und werden von drei Seiten angeschliffen.

Ein kompletter Satz Bildhauereisen.

Ein Sortiment Balleisen

Ein Sortiment Flacheisen

Ein Sortiment Bohrer und Geißfüße

Es wäre übertrieben, sich einen kompletten Satz aller in Breite und Form möglichen Werkzeuge zu kaufen. Zu dieser riesigen Anzahl von Schnitzeisen kämen dann noch all die vielen Sonderformen, wie gekröpfte und verkehrt gekröpfte Eisen oder gebogene Eisen und vieles andere mehr.

Für den Anfang reichen einige wenige Werkzeuge aus, denn auch hier gilt wie überall: Viel hilft nicht viel. Die meisten Hersteller bieten sinnvoll zusammengestellte Anfängersätze an und weitere Eisen kann man immer dazukaufen.

Der Satz Schnitzeisen sollte so auf die Schnitzbank gelegt werden, dass die Schneiden zum Schnitzer zeigen, wenn er vor der Bank steht.

Diese Art der Werkzeugablage hat sich bei allen professionell arbeitenden Betrieben durchgesetzt und ist auch für Hobbyschnitzer sehr sinnvoll. Man hat auf diese Weise die verschiedenen Formen der Schneiden, d.h. die Stiche und Breiten im Blick und kann das Werkzeug so wegnehmen, dass man es arbeitsbereit in der Hand hält.

Zusätzlich zu einem Satz von 12–15 Schnitzeisen benötigt man zur Arbeitserleichterung beim Anlegen, d.h. zum groben Ausarbeiten der Schnitzarbeit, einen Knüppel oder Klüpfel. Er ist meist aus Weißbuchenholz oder Pockholz gefertigt. Wer eine Drechselbank zur Verfügung hat, kann sich solche Knüppel oder Klüpfel selbst anfertigen. Es gibt sie auch in den verschiedensten Größen und Qualitäten im Fachhandel zu kaufen.

Wer Figuren schnitzen möchte, sollte sich auch noch eine Figurenschraube in der benötigten Größe anschaffen. Die Figurenschraube ist eine Kombination aus einer Holzschraube und einer Metallschraube mit metrischem oder Trapezgewinde. Die dazugehörige Mutter ist mit Knebeln versehen und ermöglicht so in Verbindung mit einem so genannten Galgen ein festes Ein-

Ein gekröpftes (rechts) und ein verkehrt gekröpftes Hohleisen (links)

Ein Tiroler Eisen und ein Schweizer Formeisen

spannen der Figur in die Schnitzbank, sodass ein beidhändiges Arbeiten möglich ist, denn es ist eine echte Erleichterung bei der Arbeit, da es den nötigen Kraftaufwand verringert und zudem noch der Sicherheit dient.

Diesen Galgen kann man auch selbst herstellen und zudem so verbessern, dass er den individuellen Bedürfnissen enspricht, denn es ist ein Unterschied, ob man Figuren

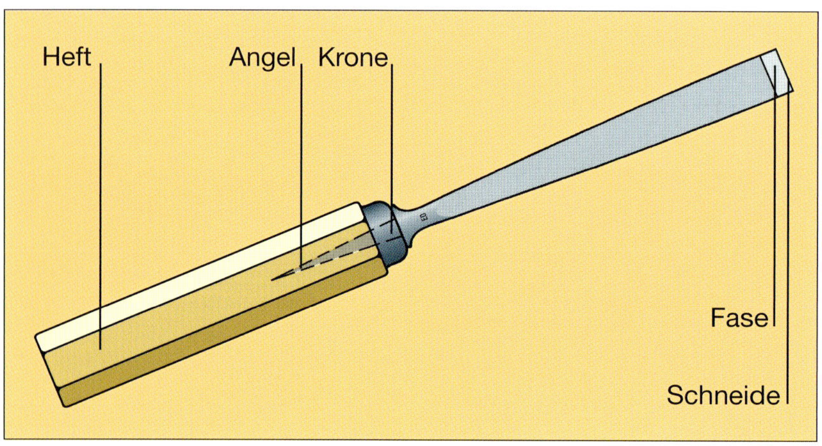

Grundaufbau eines Bildhauereisens

Ein Sortiment Hohleisen

von 15 cm Höhe in Lindenholz oder von 80 cm Höhe in Eichenholz schnitzen möchte. Ein Galgen für größere Figuren sollte mehrere Arretierungsmöglichkeiten haben, da man eine Schraube nicht beliebig fest andrehen kann.

Noch effektiver zum Schnitzen von nicht allzu großen Figuren ist eine Bildhauerkugel, bei der an einem Kugelgelenk, das durch eine Schraube verengt werden kann, eine Holzschraube befestigt ist auf die man eine Figur schrauben und sie dann bearbeiten kann.

Ein Blumeneisen und ein gebogenes Eisen

Ein Bildhauerklüpfel, möglichst aus Pockholz, erleichtert die körperliche Arbeit beträchtlich.

Zum Schleifen der Werkzeuge ist ein Schleifbock mit rotierenden Schleifscheiben das geeignetste Werkzeug.

Schleifen der Schnitzwerkzeuge

Hat man sich die nötigen Schnitzwerkzeuge zusammengestellt, müssen sie zuerst in einen arbeitsfähigen Zustand gebracht, d.h. geschärft werden. Beim Schärfen ist größte Sorgfalt nötig, denn nur mit sehr gut geschärftem Werkzeug hat man wirklich Freude an der Arbeit und überhaupt die Chance, eine saubere und hochwertige Arbeit zu erhalten. Stumpfes Werkzeug stellt außerdem eine nicht zu unterschätzende Unfallgefahr dar.

Mit Hilfe einer Schleifmaschine, die mit Sandstein- oder Korundscheiben bzw. geeigneten Metallschleifbändern ausgestattet ist und die dem Werkzeug entgegenlaufen, erledigt man zuerst den Grobschliff, d.h. die Schneide wird in einem Winkel von etwa 27–30 ° an die rotierende Schleifscheibe gehalten und auf diese Weise eine Fase angeschliffen. Damit die Fase an der Werkzeugschneide gleichmäßig wird, bewegt man die Schneide regelmäßig hin und her. Die Bezeichnung Fase geht auf das Wort Facette zurück und bedeutet eine abgeschrägte geschliffene Kante.

An der Spitze der Fase hat sich über die ganze Breite des Eisens einen Grat gebildet. Der Grat muss entfernt werden, d.h. die Schneide muss zum Schluss abgezogen werden.

Das Abziehen erfolgt mit Hilfe feiner Sandsteine, die entweder aus natürlichen Vorkommen stammen oder synthetisch hergestellt wurden. Als Naturstein verwendet man am besten den Belgischen Brocken oder einen ähnlichen Sandstein, der als Wasserstein benutzt, d.h. mit Wasser als Medium benetzt werden sollte. Die Bezeichnung Medium kann hier durchaus im ur-

Zum Beseitigen des Schleifgrates werden Abziehsteine verwendet. Die Abbildung zeigt Belgische Brocken (links) und synthetische Steine. Diese Steine sind Wassersteine.

Der Arkansas-Abziehstein ist ein Ölstein.

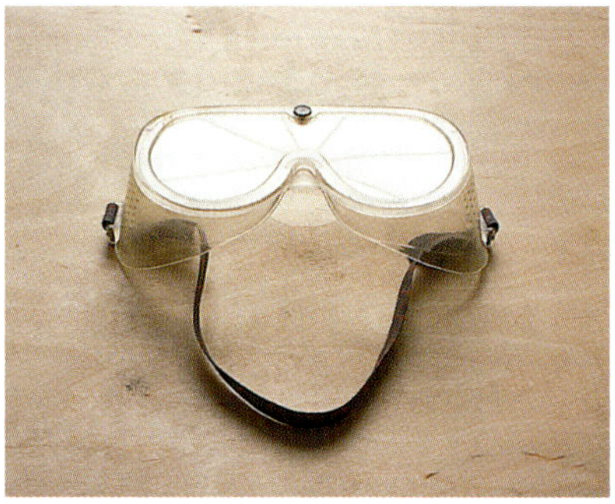

Beim Schleifen der Werkzeuge sollte immer eine Schutzbrille getragen werden.

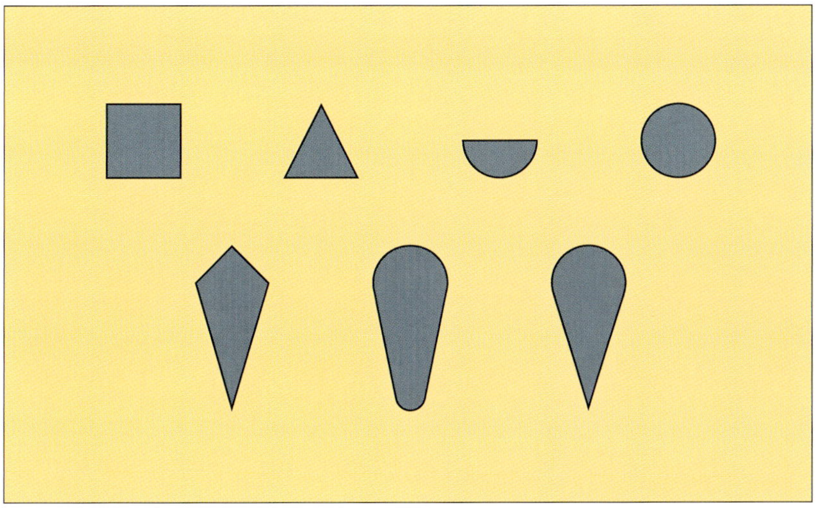

Verschiedene Formsteinprofile, die beim Schärfen der Schnitzeisen zum Einsatz kommen können

sprünglichen Wortsinn als das Dazwischenliegende (hier zwischen Schneide und Stein) verstanden werden. Der Stein wird zuerst gründlich gewässert und die Schneide des Werkzeugs dann wechselseitig hin und her bewegt; nach und nach wird der Grat abbrechen. Fase und Brustfläche müssen dabei immer fast eben aufliegen. Die feinen Partikel des Grates entfernt man durch das Streichen der Schneide über ein Leder.

Anders als beim Belgischen Brocken verwendet man bei den sehr feinen Sandsteinen aus Arkansas oder Mississippi als Medium Öl bzw. Petroleum. Bei Einsatz dieser Steine muss man aber unbedingt darauf achten, dass das Werkzeug nach dem Abziehen gründlich gereinigt wird. Befinden sich noch Ölreste auf dem Werkzeug, kann das Öl eventuell in das damit bearbeitete Holz einziehen und es kommt zur Bildung von Ölflecken im Holz. Diese Flecke lassen sich nur sehr schwer beseitigen und rufen noch zusätzlich Probleme bei der späteren Oberflächenbehandlung hervor.

Beim Anschleifen der Fase muss man zudem daran denken, dass die Länge der Fase bzw. der Anschleif-

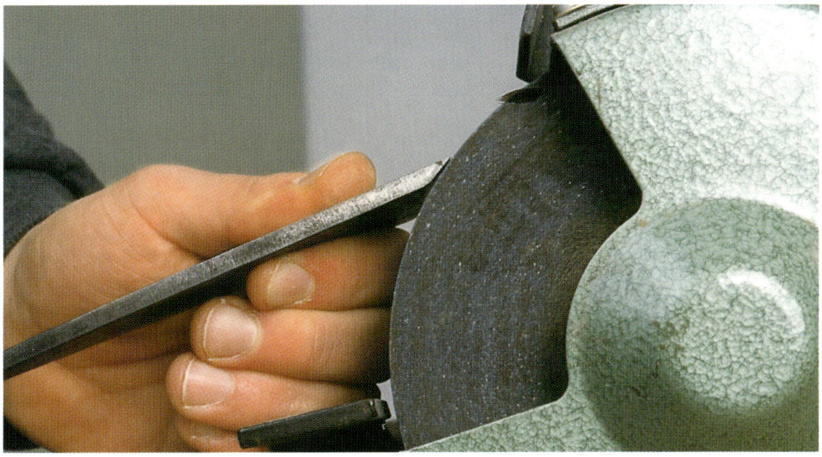

Eine gleichmäßig geschliffene Fase ist Voraussetzung für eine richtige Schärfe der Schneide.

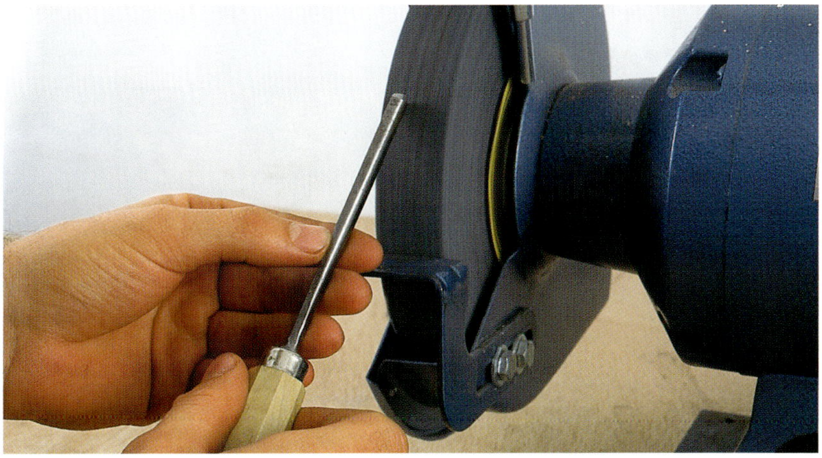

Das Werkzeug muss beim Schleifen ständig hin und her bewegt werden.

Beim Abziehen eines Balleisens sollte die Fase gerade auf dem Stein aufliegen.

Durch das Hin- und Herbiegen des Schleifgrates mit Hilfe des Abziehsteins wird der Grat vom Eisen entfernt.

Beim Abziehen von Hohleisen muss die Fase an allen Stellen der Wölbung über den Stein abgezogen werden.

winkel unterschiedliche Auswirkungen auf die Haltbarkeit der Schneide, die Führbarkeit des Werkzeugs und die Kraft hat, die beim Schnitzen aufgewendet werden muss. Eine lange Fase hat den Vorteil, dass beim Schnitzen weniger Kraft nötig ist, um das Eisen zu führen. Der Nachteil besteht jedoch darin, dass die Schneide nicht so lange hält und dass das Schneiden von Kurven schwieriger wird. Eine kurze Fase hingegen ermöglicht einen flexibleren Einsatz an komplizierten Stellen und die Schneide hält länger. Man muss allerdings einiges mehr an Kraft beim Schnitzen aufwenden.

Zum Anschleifen verwendet man, wie schon gesagt, entweder Schleifscheiben aus Sandstein, aus Korund oder seit neuestem auch die teureren Schleifeinrichtungen mit Metallschleifbändern.

Die schonendste Methode ist jedoch das Nassschleifen mit der Sandsteinscheibe. Die Scheibe läuft in einem Wasserbad und ein Ausglühen des Werkzeugstahls ist fast unmöglich. Das Ausglühen bewirkt einen enormen Qualitätsverlust des Stahls und sollte daher unbedingt vermieden werden. Die Gefahr des Ausglühens besteht am meisten beim Benutzen von Schmirgelscheiben aus Korund oder beim Einsatz synthetischer Scheiben. Bei einer hohen Drehzahl der Schleifscheibe erhöht sich zwar der Wirkungsgrad beim Schleifen, es erhöht sich allerdings auch das Risiko eines zu schnellen Erhitzens des Stahls. Deshalb muss der Stahl durch regelmäßiges Eintauchen in handwarmes Wasser vor Überhitzung geschützt werden. Eine zu starke Erhitzung des Stahls erkennt man an seiner gelblich bis dunkelblauen Verfärbung. Ist dies geschehen, muss man den Stahl so weit

Nach dem Abziehen mit Abziehsteinen wird das Eisen mit einem Leder von den letzten Resten des Grates befreit.

Der feine Grat eines Hohleisens wird auf dem Leder abgezogen.

zurückschleifen, bis man von dem ausgeglühten Bereich nichts mehr sieht.

Viele Hobbyschnitzer bevorzugen zum Abziehen Hilfsmittel wie Schwabbel- oder Filzscheiben. Mit diesen Scheiben kann man zwar leicht eine sehr scharfe Schneide erzielen, es besteht jedoch die Gefahr, das Werkzeug zu überwetzen, d.h. die Innenfläche zur Schneide hin abzurunden.

Viele neu gekaufte Schnitzeisen sind noch nicht aufgeschlagen, d.h. die Werkzeughefte, sie sind meist aus Weißbuchenholz, müssen erst noch mit den Schnitzeisen verbunden werden. Dazu spannt man das Eisen so in die Schnitzbank, dass die Angel und die Krone des Eisens noch oben über die Bank überstehen. Dann steckt man das dazugehörige Heft mit dem Bohrloch auf die Angel und schlägt unter ständigem Drehen des Heftes mit dem Bildhauerknüppel auf das Heft, bis das Heft nur noch 5–8 mm über der Krone steht. Es folgen noch zwei oder drei kräftige Schläge auf das Heft, das dabei nicht mehr gedreht wird, und das Eisen ist zum Schleifen vorbereitet. Das Bohrloch für die Angel des Schnitzeisens sollte jedoch weder zu groß noch zu klein sein. Ein zu kleines Bohrloch kann dazu führen, dass das Heft beim Aufschlagen zerspringt. Ein zu großes Bohrloch bewirkt, dass das Eisen nicht fest genug sitzt.

Zum Abziehen der Innenseiten von gewölbten Eisen benötigt man profilierte Abziehsteine.

Schleifwerkzeuge und Schleifmittel

Punzeisen werden vor allem beim Schnitzen von Möbelteilen eingesetzt.

Arbeiten, die eine besonders glatte Oberfläche erhalten sollen, müssen zusätzlich geschliffen werden. Dazu benötigt man neben Schleifpapier und Schleifleinen auch noch einige Hilfsmittel wie etwa Ziehklingen und Schleifklötze.

Ziehklingen sind im Fachhandel erhältlich und müssen nur noch geschärft werden. Es gibt zwar unterschiedliche Ziehklingenformen, benötigt werden aber meist nur die geraden Ziehklingen und die Schwanenhalsziehklinge.

Eine Ziehklinge wird geschärft, indem man die Klinge in einen Schraubstock oder in die Zange einer Schnitzbank spannt und mit einer Schlichtfeile die schmale Fläche genau im rechten Winkel zur breiten Fläche glatt feilt. Mit einem feinen Abziehstein wird dann auch noch der letzte kleinste Grat beseitigt. Danach wird die Klinge fest auf eine Fläche gedrückt und mit einem guten Stahl, man kann dazu auch ein Schnitzeisen nehmen, wird an der Schmalseite der Klinge ein Grat angedrückt. Mit diesem Grat lassen sich dann feinste Späne vom Holz abziehen. Das gleiche Ergebnis erreicht man mit einer Glasscherbe. Hierbei ist allerdings die Verletzungsgefahr sehr groß. Deshalb ist es besser, eine stählerne Ziehklinge zu verwenden.

Schleifklötze muss man sich in der Regel selbst anfertigen, da man sie in den unterschiedlichsten Formen benötigt. Dazu braucht man etwas Filz und einen kleinen Holzklotz. Der Klotz wird so geformt, dass man das Gegenstück der Form erhält, die ausgeschliffen werden soll. Der geformte Teil des Holzklotzes wird mit Leim bestrichen und darauf der Filz gelegt. Anschließend wird das Ganze mit Klebeband oder Bindfaden umwickelt. Ist der Leim trocken, kann das Klebeband oder der Bindfaden entfernt werden und die noch überstehenden Filzecken werden mit einem Messer abgeschnitten.

Generell sollte man in einer Schnitzwerkstatt nur Schleifleinen und Schleifpapiere besonders guter Qualität benutzen, denn die billigen Sorten dieser Schleifmaterialien verlieren beim Verarbeiten sehr schnell die Körnung. Das bedeutet, dass sich in die zu bearbeitenden Werkstücke die abgeriebenen Schleifkörner eindrücken können, und da sie meist nicht die Farbe des Holzes haben, sind sie dann als schwarze oder rotbraune Punkte in der fertigen Schnitzarbeit zu sehen. Haben sich solche Schleifkörner im Holz festgesetzt, kann es beim Nachbearbeiten der schon geschnitzten Arbeit sein, dass diese

Schleifpapier, Schleifklötze sowie Ziehklingen werden zum Glätten von Flächen benötigt.

Profil eines selbst gefeilten Punzeisens

Körner des Eisens sehr schnell stumpf werden lassen.

Punzen sind kleine Stahlklötze, in die verschiedene Profile gefeilt sind. Diese Profile werden mit einem Hammer oder einem Klüpfel auf geschnitzte Gründe geschlagen, um so eine bestimmte Struktur zu erhalten. Nützlich können Punzen auch dann sein, wenn es einem noch ungeübten Schnitzer nicht recht gelingen will, einen Grund sauber zu schneiden. Mit einer gepunzten Fläche lässt sich ein noch nicht vorhandenes Können etwas kaschieren.

Das Punzen wird häufig dann eingesetzt, wenn man Möbelteile oder Türen aus der Gründerzeit nachschnitzen möchte, denn um die Jahrhundertwende war diese Technik aus Gründen der Zeitersparnis im Möbelbau sehr stark verbreitet.

Sägen, Bohrer und Einspannvorrichtungen

Abhängig vom Format einer geplanten Arbeit, benötigt man zum Aussägen von Rohlingen eine größere oder kleinere Bandsäge. Bandsägen sind in den unterschiedlichsten Größen und Ausstattungen auf dem Markt. Vor der Anschaffung einer solchen Säge sollte man jedoch genau überlegen, ob für eine solche Maschine genügend Platz vorhanden ist und wie viel man in diese Säge investieren möchte, denn wie gesagt, das Angebot dieser Maschinen ist sehr vielfältig und entsprechend breit ist auch die Preisspanne. Eine größere Maschine ist zwar vielseitiger einstellbar, benötigt allerdings auch mehr Platz. Zudem muss überprüft werden, ob der vorhandene Stromanschluss ausreicht.

Für eine Bandsäge sind entsprechende Sägebänder nötig. Man sollte sie, je nach Einsatzzweck, in verschiedenen Breiten vorrätig haben. Einen Satz dieser Sägebänder kann man entsprechend der benötigten Länge im Fachhandel

Mit einer Bandsäge kann man besonders gut geschweifte Schnitte ausführen. Die Führungsrollen dürfen jedoch nur so hoch eingestellt werden, wie es für die jeweilige Holzdicke erforderlich ist.

Klemmen und Zwingen sind nützliche Hilfsmittel bei den verschiedensten Arbeitsgängen.

Eine Handbohrmaschine, eine Bohrwinde und ein Nagelbohrer können vielseitig eingesetzt werden.

Zum Befestigen von Figuren in der Schnitzbank werden Figurenschrauben verwendet.

erwerben. Wer über ein Bandsägelötgerät verfügt, kann sich die Bänder auch selbst zusammenlöten. Dazu sind aber einige spezielle Kenntnisse über das Hartlöten Voraussetzung.

Nach dem Löten müssen die Sägebänder noch geschränkt werden. Ob die Bänder wenig oder stark geschränkt werden müssen, hängt vom Verwendungszweck der Säge ab. Mit stark geschränkten Bändern kann man enge Radien schneiden. Sie hinterlassen jedoch einen unsauberen Schnitt und die Gefahr des Reißens des Sägebandes ist größer. Bei wenig geschränkten Bändern kann der Sägeschnitt leicht verlaufen und der gewünschte Radius nicht wie gewünscht geschnitten werden.

Der Schrank darf möglichst die Blattdicke nicht überschreiten. Wichtig ist auch, dass der Schrank mehr zur Zahnspitze als zum Zahngrund läuft.

Neben der Anschaffung einer Bandsäge ist der Kauf einer Kreissäge für viele Schnitzer recht sinnvoll, etwa um Holz zuzuschneiden oder bestimmte Formen und Formate auszusägen. Auch die Arbeit an der Kreissäge verlangt volle Aufmerksamkeit und das unbedingte Beachten der entsprechenden Hinweise zum Unfall- und Gesundheitsschutz. Besonders wichtig an der Kreissäge sind der Spanschutz, der Spaltkeil, die Staubabsaugung und die Bremse. Auf keinen Fall sollte man bei Längsschnitten ohne einen Schiebestock und bei Querschnitten ohne den Schiebetisch arbeiten.

Ein nützliches und hilfreiches Gerät in der Schnitzerwerkstatt ist ein Kompressor. Einen solchen Kompressor kann man zum Reinigen von Maschinen sehr gut einsetzen, wenn man Druckluft aus einer

Blaspistole auf sonst schwer zugängliche Maschinenteile richtet. Staub und Schmutz werden so von unzugänglichen Stellen weggeblasen und können sogleich wieder abgesaugt werden.

Auch für die Oberflächenbehandlung ist ein Kompressor gelegentlich sehr nützlich. Wer seine Arbeiten mit schützenden Überzügen aus Wachs oder Lack versehen will, kann dies mit Hilfe eines Kompressors und einer Spritzpistole schneller und gleichmäßiger erledigen als in sehr mühevoller Handarbeit.

Zur Grundausstattung einer Schnitzerwerkstatt zählen weiterhin Schraubzwingen in den verschiedensten Größen. Neuerdings gibt es auch die verschiedensten Arten von Klemmzwingen, die mit einer Hand bedient werden können. Diese Zwingen haben den unschätzbaren Vorteil, dass man bei ihrer Verwendung immer eine Hand frei hat. Außer verschiedenen Zwingen benötigt man für eventuelle Reparatur- und Leimarbeiten diverse Klemmen.

Ebenfalls zur Grundausstattung gehören verschiedene Bohrer und Vorrichtungen zum Bohren. Dazu zählen: Bohrwinden, Drillbohrer, eine Handbohrmaschine sowie eine Säulen- oder Ständerbohrmaschine. Hier sollte jeder Schnitzer ganz individuell entscheiden, welche Bohrer und Bohrwerkzeuge er sich anschaffen möchte bzw. anschaffen kann.

Für das Schnitzen in der Bank benötigt man eine Figurenschraube. Sie ist im Fachhandel erhältlich. Man kann eine solche Figurenschraube aber auch mit etwas Geschick selbst herstellen. Dazu braucht man eine Metallschraube mit Mutter – am besten mit Trapezgewinde – und eine kräftige Holzschraube. Diese Holzschraube wird an die Metallschraube hartgelötet oder geschweißt. An die Mutter der Metallschraube wird dann noch ein Knebel geschweißt. In die Holzschraube kann nun jede Figur eingedreht werden. Anschließend wird ein Stück Holz mit einer Bohrung versehen, in die das Trapezgewinde passt, in die Schnitzbank geklemmt und die Figurenschraube mit der aufgedrehten Figur in dieses Stück Holz gesteckt. Dann wird der Knebel, der aus einer Trapezgewindemutter gefertigt wurde, auf das Trapezgewinde gedreht und festgezogen. Nun kann man die Figur in alle Richtungen bewegen.

Die ideale Einspannvorrichtung allerdings ist die Bildhauerkugel. Sie besteht aus einem Kugelgelenk, das durch einen Knebel in jeder beliebigen Stellung arretierbar ist. An der Kugel ist eine Holzschraube angebracht. Auf diese Holzschraube kann, wie bei der normalen Figurenschraube auch, die zu bearbeitende Figur aufgeschraubt werden.

Es gibt Ausführungen der Bildhauerkugel, bei denen anstatt der Holzschraube ein Schraubstock angebracht ist. Bei Verwendung einer solchen Konstruktion ist es notwendig, dass man zum Einspannen der Figur in die Bildhauerkugel beim Aussägen des Rohlings einen zusätzlichen, etwas größeren Sockel stehen lässt.

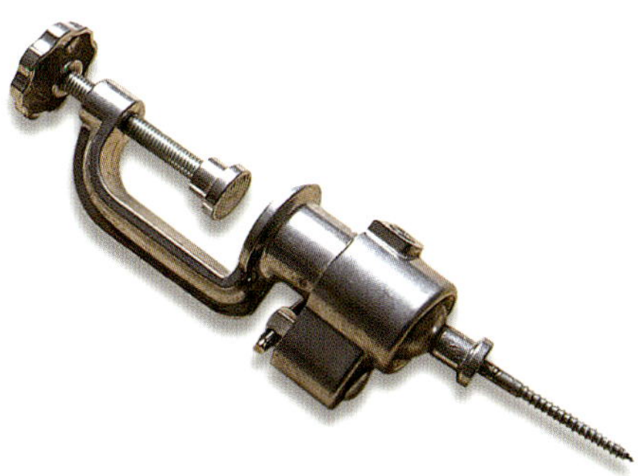

Die Bildhauerkugel ist vor allem beim Schnitzen von Figuren ein Hilfsmittel, das die Arbeit wesentlich erleichtert.

Leime und Kleber

Unentbehrliche Helfer bei der Schnitzarbeit sind Leime und Kleber. Sie werden bei den unterschiedlichsten Arbeitsgängen gebraucht. So kann es sein, dass die Dicke des vorhandenen Materials zum Ausführen einer bestimmten Arbeit nicht ausreicht und das Material verleimt werden muss, um die gewünschte Dicke zu erhalten. Es kann aber auch vorkommen, dass man fehlerhaftes Holz durch ein eingeleimtes Holzstück ausbessern muss.

Das Verleimen kann jedoch auch rein technische oder dekorative Gründe haben. Gut verleimtes Holz hat beispielsweise in sich eine viel größere Stabilität als normal gewachsenes Holz. Dies ist sicherlich auch der Grund, weshalb sich Leimholz in den Baumärkten vor allem bei den Hobbyhandwerkern immer größerer Beliebtheit erfreut. Sie verwenden das Leimholz als eine ausgesprochen attraktive Alternative zum Massivholz.

Leimkocher zum Erhitzen von Glutinleim

Ein kompletter Überblick über die zur Zeit auf dem Markt befindlichen Kleber und Leime kann an dieser Stelle aber nicht gegeben werden, da die Fülle der Hersteller und Leimsorten kaum noch zu übersehen ist. Deshalb sollen hier nur die wichtigsten Leime sowie Verarbeitungseigenschaften für den Schnitzer vorgestellt werden.

Lange Zeit war der Knochen- oder Glutinleim der gebräuchlichste Leim im Holzhandwerk und auch heute ist dieser Leim für bestimmte Arbeiten immer noch nicht wegzudenken. Dieser Leim ist in Perlen- oder Tafelform im Handel erhältlich. Die Perlen oder Tafeln werden in Wasser aufgeweicht, dann in einem Wasserbad erhitzt und man erhält eine gelblich-braune, klebrige Masse.

Das Verleimen mit Glutinleim ist allerdings eine recht mühselige Prozedur und man muss zudem den erwärmten Leim beim Arbeiten stets im Auge behalten. Er darf nicht kochen, er darf aber auch nicht erkalten. Kocht der Leim, verliert er einen Großteil seiner Klebkraft. Wichtig bei der Arbeit mit Knochenleim ist außerdem, dass die zu verleimenden Flächen vorgewärmt werden. Wird dies nicht gemacht, schreckt der Leim ab oder, wie es die Handwerker sagen, er „verreckt" und der Leim wird hart, bevor eine feste Verbindung mit dem Holz entstanden ist.

Die Raumtemperatur spielt bei der Verarbeitung dieses Leims ebenfalls eine große Rolle. Sie sollte zwischen 22 und 25 °C liegen. Auch vorgewärmte Zulagen erleichtern die Verarbeitung dieses Leims. Leicht handhabbare Schraubzwingen oder Verleimböcke sind eine weitere Voraussetzung für passgenaues Verleimen.

Kaseinleime sind eine Vorstufe der synthetischen Leime. Sie werden jedoch heute fast ausschließlich

Werden einzelne Hölzer verleimt, muss immer auf die Regel Kern an Kern und Splint an Splint geachtet werden.

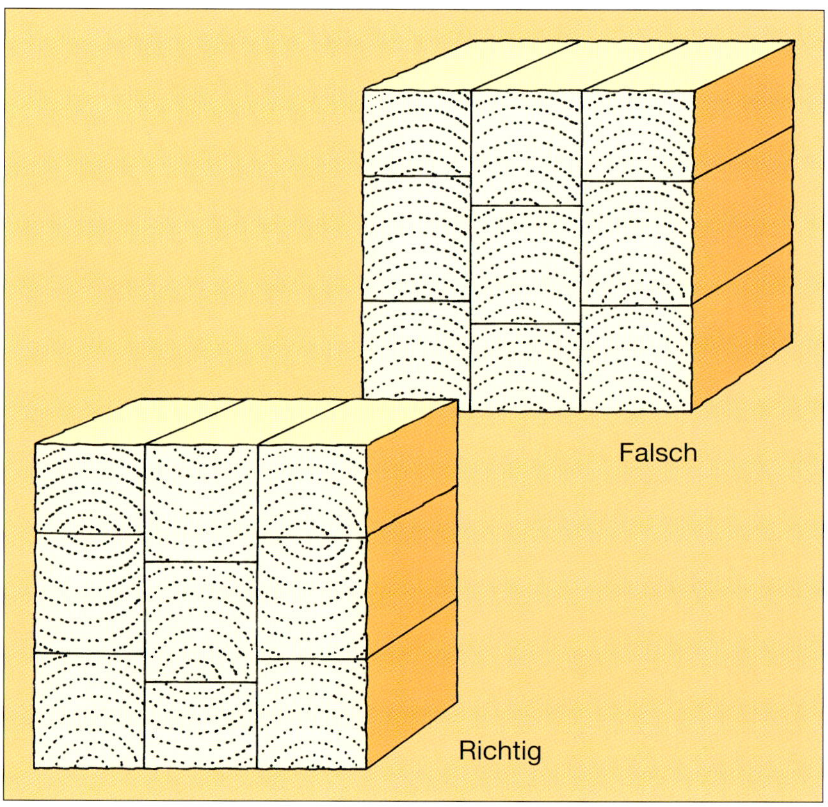

im denkmalpflegerischen Bereich verwendet, spielen aber als Bindemittel für Farbmischungen bei vielen Schnitzern nach wie vor eine wichtige Rolle.

Besser als die Kaseinleime sind die Zweikomponentenleime einsetzbar. Es sind Leime, denen Härter zugesetzt werden. In der Regel sind diese Leime relativ einfach zu verarbeiten. Die Schwierigkeiten, die bei der Verarbeitung von Knochen- oder Glutinleim auftreten, fallen bei der Verwendung von Zweikomponentenleimen weg. Es ist jedoch wichtig, die günstigsten Verarbeitungstemperaturen dieser Leime zu kennen und während des Verleimens zügig zu arbeiten. Zudem empfiehlt es sich, die Raumtemperatur während des Verleimens nicht unter 22 °C absinken zu lassen. Für die Abbindezeit ist die Raumtemperatur äußerst wichtig, denn je höher die Raumtemperatur ist, desto schneller bindet der Leim ab. Bei den Zweikomponentenleimen muss man sich immer genau an die Vorgaben des Herstellers halten. Auf keinen Fall darf man die Menge des Härters erhöhen, da sonst der Leim zu spröde wird und es zu Brüchen in der Leimfuge kommen kann, die das Aussehen später sehr stören.

Noch besser als die Zweikomponentenleime lassen sich die PVAC-Leime verarbeiten. Es sind Einkomponentenleime, mit denen man in Verbindung mit so genannten Turbohärtern eine hohe Verleimqualität erreichen kann. Bei der Verarbeitung von PVAC-Leimen ist es, wie bei allen anderen Leimsorten auch, wichtig, eine sauber gefügte Leimfläche zu haben und zügig zu arbeiten, denn je besser die zu verleimenden Flächen vorbereitet sind, desto größer ist der Erfolg.

Ein besonderes Augenmerk muss also auf die Qualität der zu verleimenden Fläche gelegt werden. Je gründlicher die Fläche vorbereitet ist, desto besser wird die Verleimung und somit die Passgenauigkeit der verleimten Teile sein.

Für das Verleimen von Blöcken gibt es einige Grundregeln. Die einzelnen Teile, die zu einem Block verleimt werden sollen, müssen stets Kern an Kern verleimt werden. Reicht die dann entstandene Breite des Blocks noch immer nicht aus, verleimt man Splint an Splint und dann wieder Kern an Kern weiter. Es ist falsch, Splint an Kern oder Splint an Splint einzeln zu verleimen, da sich das Holz in einem solchen Fall stark verzieht. Diese Regel gilt besonders bei Verwendung von größeren Holzstücken. Bei Verleimung von Hölzern mit Abmessungen unter 4 x 4 cm braucht man sich nicht so streng an diese Regel zu halten.

Wichtig für die Verleimqualität ist neben der Passgenauigkeit des zu verleimenden Materials seine Sauberkeit. Deshalb sollte man Holz möglichst sofort nach dem Hobeln verleimen, denn bleibt das Material noch einige Tage nach dem Hobeln in der Werkstatt stehen, verzieht es sich wieder etwas und die Passgenauigkeit geht verloren. Außerdem wird das Holz durch den Staub, der sich in einer Werkstatt unvermeidlich bildet, leicht verschmutzt und eine angestaubte Leimfläche lässt sich dann nicht mehr optimal verleimen, d. h. das Zusammenhaften der Holzteile wird nachhaltig eingeschränkt.

Auch der auf die Leimfläche ausgeübte Druck, der entweder durch Verleimböcke oder durch Schraubzwingen erzielt wird, ist von entscheidender Bedeutung für die Qualität der Verleimung. Je zügiger der Druck ausgeübt wird und je stärker der Druck auf die Leimfläche ist, desto besser und haltbarer wird anschließend die Verleimung.

Zum Glätten gerundeter und balliger Flächen benötigt man gelegentlich einen Hobel.

Spezielle Hobel und Schinder können sehr hilfreich sein, wenn man nach innen gewölbte Flächen glätten will.

Die Abrichte ist eine Maschine, die sehr nützliche Dienste beim Fügen leisten kann. Es ist sehr wichtig, auch bei kleineren Maschinen, wie der hier abgebildeten, die Messer genau einzustellen und die Schutzvorschriften zu beachten.

Die Abrichtmaschine

Da man, wie schon erwähnt, zum Verleimen immer passgenaue, gut gehobelte Flächen braucht, sollten diese Flächen vor dem Verleimen auf einer Abrichtmaschine bearbeitet werden. Eine solche Maschine ist inzwischen zur Holzbearbeitung schon fast unentbehrlich geworden. Die Arbeit an einer Abrichte ist jedoch nicht ganz ungefährlich und verlangt deshalb viel Aufmerksamkeit und Konzentration.

Es gibt Abrichtmaschinen mit Wellen, die entweder zwei oder vier Messer aufnehmen können. Diese Messer sollten immer besonders scharf sein und der richtige Einbau der Messer in die Messerwelle ist ein sehr wichtiger Faktor für die Qualität der späteren Hobelfläche. Alle Hobelmesser müssen bis auf den hundertstel Millimeter genau den gleichen Abstand zur Hobelmaschinentischhöhe haben. Die Genauigkeit erreicht man nur, wenn man den Einbau der Messer mit Hilfe von Messgeräten vornimmt. Seit einiger Zeit sind hierfür sehr praktische Einbauhilfen auf dem Markt. Man sollte auf keinen Fall an einer hochwertigen Einbauhilfe sparen, denn sie zahlt sich später durch perfekt gehobelte Flächen allemal wieder aus.

Wird eine Abrichtmaschine mit unscharfem Werkzeug betrieben, können Striemen auf dem Holz entstehen, die die Qualität der Hobelfläche beeinträchtigen. Hat das Holz Verwachsungen, kann die Fläche zudem nicht gleichmäßig gehobelt werden und die vorhandenen Verwachsungen werden mehr oder weniger stark aus dem Holz gerissen. Das wiederum führt bei einem späteren Verleimen dazu, dass sich in den auf diese Weise entstandenen Löchern mehr Leim ansammelt als auf der übrigen Fläche oder in einer normalen Leimfuge und an dieser Stelle dann sehr störende Leimflecke entstehen können.

Bevor man mit der Arbeit an einer Abrichtmaschine beginnt, muss die Maschine unbedingt richtig eingestellt werden. Die Tischfläche und die oberste Kante der nach oben stehenden Schneide des Hobelmessers müssen immer eine Ebene bilden. Ist dies nicht der Fall, wird die zu bearbeitende Fläche „ballig“ gehobelt, d. h. es entstehen Wölbungen auf der Hobelfläche. Wird beim Hobeln auf der Abrichtmaschine am Ende des zu hobelnden Werkstücks mehr Holz abgenommen als vom Rest der Fläche, stimmen in der Regel ebenfalls die Tischhöhe und die Höhe der Messerwelle nicht überein.

In der Maschine sollten unbedingt nur noch die so genannten Sicherheitsmesserwellen eingebaut sein. Vierkantmesser und Messerwellen mit geschlitzten Hobelmessern stellen eine große Gefahr dar und dürfen nicht verwendet werden. Die Sicherheitsmesserwelle verhindert durch eine spezielle Vorrichtung, dass die Messer aus der Messerwelle herausspringen.

Eine weitere wichtige Schutzvorrichtung an der Hobelmaschine ist die Abdeckung der Hobelmesserwelle. Es gibt, abhängig vom Hersteller und Maschinentyp, mehrere Abdeckungsvarianten, z. B. eine gegliederte Abdeckung der Hobelmesserwelle. Bei dieser Ausführung kann die Messerwelle so abgedeckt werden, dass sie nur noch so weit offen liegt, wie das zu bearbeitende Werkstück breit ist. Es gibt auch eine verstellbare Schiene, die über der Hobelmesserwelle angeschraubt und immer nur dann geöffnet wird, wenn ein Werkstück zu hobeln ist. Den besten Schutz bietet aber die selbst zurückschlagende Hobelmesserwellenabdeckung. Ihr einziger Nachteil ist, dass man bei jedem Ansetzen des abzurichtenden Werkstücks diese Hobelmesserwellenabdeckung zurückschieben muss, was auf Grund der eingebauten kräftigen Rückholfeder einige Kraft erfordert und bei längerer Arbeit anstrengend wird.

Der Erste-Hilfe-Kasten

Zur Ausstattung einer Schnitzerwerkstatt gehört auf jeden Fall ein Erste-Hilfe-Kasten. Ein solcher Kasten ist sehr wichtig und sollte den Anforderungen entsprechend ausreichend bestückt sein. Er ist in den vorgeschriebenen Abständen daraufhin zu überprüfen, ob Verbandsmaterialien und Hilfsmittel noch ausreichend vorhanden sind und die Haltbarkeitsdaten nicht abgelaufen sind.

Der Verbandskasten muss Wundpflaster in ausreichender Menge und verschiedenen Größen enthalten. Auch wenn eine Verletzung nicht besonders groß ist und man damit durchaus weiterarbeiten kann, sollte man sie trotzdem mit einem Pflaster schützen, da sonst die Wunde verschmutzen und sich dadurch entzünden kann. Außerdem verhindert ein Pflaster, dass das gerade bearbeitete Werkstück mit Blut beschmiert und die Arbeit dadurch unansehnlich wird.

Neben dem Wundpflaster sollte im Erste-Hilfe-Kasten auch Rollenpflaster vorhanden sein. Rollenpflaster ist mitunter nötig, um einem Wundpflaster besseren Halt zu geben. Zum Abschneiden des Rollenpflasters braucht man eine Schere, die ebenfalls in den Erste-Hilfe-Kasten gehört. Auch ein wunddesinfizierendes Mittel sollte dort vorhanden sein.

Es kommt in einer Holzwerkstatt relativ häufig vor, dass ein Holzsplitter ins Auge gelangt. Dies kann sehr unangenehm und schmerzhaft sein. Deshalb sollten sich in der Werkstattapotheke immer ein Augenspülglas und eine Schlinge befinden, mit deren Hilfe man einen Splitter, der sich zwischen Pupille und Augenhöhle gesetzt hat, herausziehen kann. Solch eine Schlinge kann man sich selbst anfertigen, indem man ein sauberes Besenhaar zu einer Schlinge formt, sie an einem Holzstöckchen befestigt und mit einem Pflaster umwickelt, sodass eine ca. 1 cm große Schlinge entsteht. Diese Schlinge desinfiziert man sorgfältig in kochendem Wasser, sodass man sie zum Entfernen eines Holzsplitters aus dem Auge verwenden kann. Wurde ein solcher Splitter entfernt, muss unbedingt eine sorgfältige Augenspülung folgen.

Weiterhin gehören in den Verbandskasten: eine Dreiecksbinde, Mullbinden und elastische Stützbinden, eine Schiene, eine Decke zum Schutz der Körperwärme bei einem möglichen Unfallopfer und eventuell ein schmerzstillendes Mittel. Einige wichtige Notrufnummern sollten ebenfalls sichtbar in der Werkstatt aushängen. Dazu zählen die Nummern des nächsten praktischen Arztes, des Rettungsdienstes und vor allen Dingen der Feuerwehr.

Außerdem bietet die Berufsgenossenschaft Holz für alle Betriebe und Interessenten Tafeln an, auf denen das sichere Arbeiten mit Holzverarbeitungsmaschinen erläutert wird, und die man an geeigneter Stelle in der Nähe der entsprechenden Maschinen anbringen kann.

Arbeits- und Unfallschutz

- **Tragen Sie beim Schleifen von Werkzeugen immer eine Schutzbrille.**
- **Achten Sie beim Arbeiten immer auf gut geschärftes Werkzeug.**
- **Beachten Sie die Holzstaubverordnung H 2 und schützen Sie Ihre Atemwege durch eine Atemschutzmaske.**
- **Arbeiten Sie beim Lackieren und beim Umgang mit Chemikalien mit einer Atemschutzmaske.**
- **Verwenden Sie beim Umgang mit ätzenden Chemikalien (Salmiak) eine Atemschutzmaske und eine Schutzbrille.**
- **Verwenden Sie bei der Arbeit an der Kreissäge immer einen Schiebstock.**
- **Setzen Sie bei der Arbeit an der Abrichtmaschine immer eine Schiebhilfe ein.**
- **Verwenden Sie bei der Arbeit an laut laufenden Maschinen Gehörkapseln oder Ohrenstöpsel.**

Das Material Holz

Das Holz ist wohl eines der beeindruckendsten Materialien der Natur. Es richtig zu kennen ist nicht allein durch theoretische Aneignung von Wissen möglich. Man muss Holz deshalb auch befühlen, riechen und natürlich bearbeiten. Mit der Zeit stellt sich eine ausgeprägte Liebe, ja sogar Ehrfurcht, zu diesem Naturstoff ein. Die wichtigste Aufgabe des Schnitzers ist es, sein Material richtig zu pflegen.

In einem Aufsatz mit dem Titel „Ist Holz hölzern?" beschreibt der sächsische Nestor der Holzbildhauerei, Theodor Arthur Winde, den Charakter des Holzes: „Im üblichen Sprachgebrauch gilt der Begriff ‚hölzern' wohl immer als etwas Absprechendes. Man spricht von den hölzernen Bewegungen oder der hölzernen Ausdrucksweise eines Menschen. Dicht dabei liegt auch das Gerede von einem Drumm Holz der immer knochigen Eiche und dann kommt gleich das Fluchen auf die Äste. Das alles kommt aus der Sphäre des Holzhackens, der Schrotsäge und des Beils. Dabei ist Holz der bestrickendste Werkstoff, den uns die Schöpfung geschenkt hat und die Äste im Holz sind eine besonders schöne Zugabe, wenn sie auch heute der ordnungsversessene, dem Naturhaften entfremdete Mensch ganz allgemein verpönt.

Welches Material gibt das Geheimnis seiner Entstehung dem ungehemmten Betrachter so offen preis wie das Holz? Welches andere Material zeigt in seinen unendlich vielen Arten eine so üppige Vielfalt von Strukturen, Farben und charaktervollen Eigentümlichkeiten, sehr im Gegensatz zu fast allen übrigen, meist amorphen Werkstoffen?

Gibt es heute noch einen anderen natürlichen körperlichen Werkstoff, der sich so vielseitig bearbeiten lässt? Man kann Holz hobeln, sägen, feilen, schleifen, schnitzen, drechseln, biegen, spalten, bohren, färben, verleimen, intarsieren und für Furniere sägen oder schälen – das alles, ohne ihm dabei Gewalt anzutun.

Allerdings birgt diese außerordentliche Bildsamkeit die große Gefahr in sich, bei der Arbeit über den Strang zu hauen und so des Guten zu viel zu tun. Dies ist wohl der letzte Grund dafür, dass aus Holz so viele überladene Gräuel gemacht werden, die ihm den Ruf der Minderwertigkeit in unserer Zeit verschafft haben. Welche Schmach tut man ihm damit an!

Kann für einen empfindsamen Menschen ein schön verarbeitetes Stück Fichtenholz nicht ebenso prächtig sein wie das kostbarste exotische Holz oder ein Edelmetall? Gibt es ein anderes plastisches Material, das so viel – man möchte fast sagen – menschliche Wärme ausstrahlt? Welcher andere Werkstoff gibt der fühlenden Hand so viel Wohlgefühl wie das sorgsam geschliffene Birnbaumholz in Gestalt einer einfach geformten Schale?

Und welch köstlichen Glanz hat ein solches Geschöpf, vorausgesetzt, dass es nicht durch Lack oder Politur geschändet wurde, und wie unerschöpflich ist die Verwendbarkeit des Holzes. Man baut mit seiner Hilfe Häuser und stattet deren inneres Gehäuse mit Möbeln aus dem gleichen Material aus. Man baut aus Holz auch das letzte Gehäuse für die ewige Ruhe des Menschen. Wirklich – von der Wiege bis zur Bahre – begleitet es den Menschen – vom Spielzeug für das Kind bis zum Grabzeichen für den Verschiedenen.

Ein Spielzeug aus Holz geht wohl kaputt, aber der Vater kann es leimen und dann ist es genau noch so schön und brauchbar. Ein Spielzeug aus Blech oder Kunststoff ist für immer zum Teufel, wo es auch schon von Anfang an hingehört.

Ein Grabkreuz aus Holz – versinnbildlicht es nicht am schönsten durch sein Zusammenwachsen mit der umgebenden Natur die Einheit der Schöpfung und das endliche Wiedereingehen in dieselbe?

Und ferner – selbst die faszinierendsten künstlichen Werkstoffe – können sie dem nach Ruhe und Befriedigung sich sehnenden Menschen ein solches Maß von Wärme und Geborgenheit vermitteln wie Dinge aus Holz? Sie können es nicht und werden es nie können.

Holz gibt es auf unserer Erde weit mehr als Gold. Aus diesem Grund steht es wohl weniger im Ansehen als so viele andere Werkstoffe. Trotzdem – Holz ist ein aristokratischer Werkstoff. Wie ein echter Aristokrat ist es wohl bescheiden, aber ebenso auch anspruchsvoll. Jedes Ding aus Holz ist ein einmaliges Ding. Es muss jedes für sich gefertigt werden und jedes Stück Holz muss ob seiner Eignung für das Vorhaben geprüft werden. Man kann es nicht wie ein Ding aus Metall und Ton, aus Kunststein oder sogenannten Werkstoffen uneingeschränkt in eine Form gießen oder pressen und dann verschleudern. Ein jedes Stück Holz will im wahren Sinne des Wortes nach seinem Wuchs und seinem Wesen behandelt werden.

Das alles kann allerdings nur der, der sich ihm mit Achtung und eindringendem Verständnis naht. Dann offenbart es alle seine köstlichen Eigenschaften und ist dankbar, und dann erlebt der lebensvolle Mensch – Holz ist nicht hölzern!"

Holzarten

In der nördlichen Hemisphäre unterteilt man die Hölzer in Laub- und Nadelhölzer. Hinzu kommen, wiederum in Nadel- und Laubhölzer unterteilt, die in Europa nicht vorkommenden exotischen Hölzer.

Die Zellen der Nadelhölzer bestehen vorwiegend aus Fasern und Röhren. Beide stellen eine Urform der Holzzellen dar. Beim Laubholz dagegen gibt es mehrere Arten von Zellgeweben. Doch beiden Holz-

Pyramiden aus Eichen- und Lärchenholz

arten, dem Laubholz und dem Nadelholz, ist gemeinsam, dass ihre Zellen embryoartig in einem Bildungsgewebe entstehen. Dieses Bildungsgewebe oder diese dünnere Schicht lebender Zellen, die neues Holz und neue Rinde bildet, nennt man Kambium. Das Kambium reagiert auf Jahreszeiten, auf Wärme, auf Trockenheit, auf Feuchtigkeit und auf Kälte. Somit werden bei der Zellbildung im Kambium die genauen Umstände, unter denen der Baum gewachsen ist, gewissermaßen widergespiegelt oder gespeichert. Diese Holzschicht, die sich während einer Wachstumsperiode bildet, nennt man Jahresring. Es war Leonardo da Vinci, der als einer der Ersten erkannte, dass die Breite eines Jahresrings in Zusammenhang mit den klimatischen Bedingungen steht, in der der Jahresring entstanden ist. Er erkannte bereits als junger Naturwissenschaftler, dass sich anhand der Ringe der Stämme und auch der Zweige das Alter des Baums bestimmen lässt, und diese Merkmale, d.h. die Größe und Breite der Jahresringe außerdem zeigen, welches ein trockeneres und welches ein feuchteres Wachstumsjahr war.

Zu den wichtigsten Nadelhölzern zählen:

- Fichte
- Tanne
- Lärche
- Eibe
- Kiefer
- Pinie
- Zirbelkiefer

Einige der verbreitetsten europäischen Laubhölzer sind:

- Birke
- Berg- und Spitzahorn
- Espe
- Weißbuche
- Erle
- Eiche
- Rüster
- Robinie
- Kastanie
- Linde
- Pappel
- Buche
- Obstgehölze

Neben der Klassifizierung in Laub- und Nadelhölzer gibt es noch die Einteilung in zerstreutporige und ringporige Hölzer.

Zu den zerstreutporigen Hölzern gehören:

Buche, Erle, Espe, Ahorn und Linde.

Zu den ringporigen Hölzern zählen:

Eiche, Esche, Rüster und Robinie.

Die Ringporigkeit eines Holzes kann man ganz deutlich daran erkennen, dass jeweils ein Jahresring durch feine Poren gebildet wird. Die ringporigen Hölzer haben in der Regel ein interessantes Maserungsbild, bereiten aber bei der Oberflächenbehandlung, das sei hier vorweggenommen, mitunter Schwierigkeiten, da sich in den Poren Ablagerungen bilden und so beim Lackieren Luftbläschen entstehen können.

Des Weiteren unterscheidet man noch zwischen so genannten Splintholzbäumen und Kernholzbäumen. Zu den Kernholzbäumen rechnet

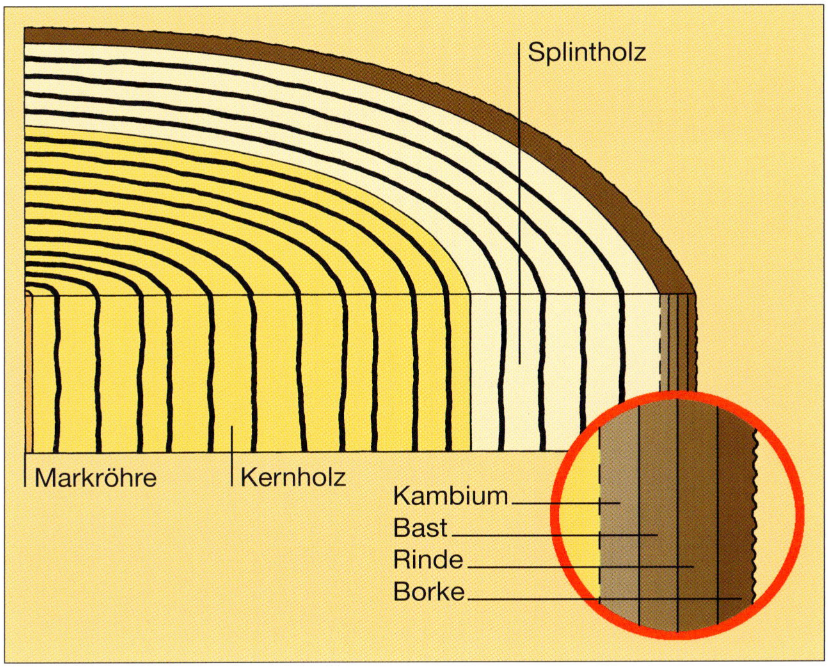

Wird ein Baum quer zum Stammverlauf aufgeschnitten, so erkennt man deutlich den Wachstumsablauf und den Aufbau des Holzes. Die erste Schicht ist die Rinde, dann kommt der Bast, die außen liegenden hellen Jahresringe nennt man Splint. Der größte Teil des Stammes in der Mitte ist das Kernholz. Die Jahresringe sind an der Schnittfläche gut sichtbar. Bei genauem Hinsehen kann man auch die Gefäße und die Markstrahlen erkennen. In der Mitte des Stammes ist die Markröhre, die für die Holzverarbeitung uninteressant ist.

man Kiefer, Eiche und Rüster. Diese Bäume werden als Kernholzbäume bezeichnet, weil ihr Holz im Alter von 20 bis 25 Jahren einen deutlich sichtbaren Kern bildet. Der Kern ist das Stützgewebe, während das äußere Splintholz das nährstofftransportierende Gewebe ist.

Zu den Reifholzbäumen oder Splintholzbäumen zählen Fichte, Rotbuche, Ahorn und Linde. Sie besitzen keinen sichtbaren Kern, d.h. das Holz hat keinen Hell-Dunkel-Kontrast.

Kern- und Splintholz unterscheiden sich nur durch die Festigkeit, d.h. das Kernholz ist fester als das Splintholz. Reif- oder Splintholzbäume haben zudem eine gleichförmigere Struktur. Erst bei sehr alten Bäumen entstehen dunklere Kernfärbungen, die sich von dem äußeren, dem Splint zugewandten Teil farblich abheben.

Die Wahl der Holzart ist für das Schnitzen von großer Bedeutung und abhängig davon, für welchen Gegenstand man das Holz verwenden will. So ist es etwa zum Figurenschnitzen besser, ein Holz ohne große farbliche Unterschiede auszuwählen. Linde wäre hierfür ein sehr geeignetes Holz, da Lindenholz vom Splint bis zum Kern eine einheitliche weißlich-gelbliche Farbe hat. Sollen Figuren aus Eichenholz geschnitzt werden, muss man unbedingt darauf achten, den Splint nicht zu verwenden, denn Splint und Kern entwickeln im Laufe der Jahre eine völlig unterschiedliche Färbung. Während der Kern dunkel wird, bleibt der Splint grau und unansehnlich.

Bei der Gestaltung von Gefäßen oder freien Arbeiten erfolgt die Holzauswahl nach anderen Kriterien. Hier kann der Farbunterschied zwischen Kern und Splint gestalterisch genutzt werden, z.B. bei einer Schale aus Pflaumenholz, die in ihrer wesentlichen Form durch den dunklen Kern geprägt wird, während der Rand durch eine schöne gelbliche Splintfärbung einen Kontrast bildet.

Zum besseren Verständnis des Schnitzmaterials soll hier der Holzaufbau noch einmal ausführlicher dargestellt werden. Die äußerste Schutzschicht des Baumes ist die Rinde. Es folgen der Bast und das Kambium. Das Kambium ist die Schicht des Baumes, die für das Wachstum verantwortlich ist. Diese dünne Schicht lebender Zellen zwischen Rinde und Holz teilt sich jedes Jahr und bildet auf der Innenseite neues Holz und auf der Außenseite Bast. Im Herbst und im Frühjahr bildet sich eine Schicht aus dem Kambium und wird im nächsten Jahr ein Teil des Splintholzes. Jedes Jahr wird um den Splintholzring des vergangenen Jahres ein neuer Ring aufgebaut. Gleichzeitig verändert sich das Holz der ältesten, inneren Schicht durch chemische Prozesse im Kernholz, das die stützende Säule des Baumes bildet.

Die neuen Holzzellen, die sich zu spezialisierten Zelltypen entwickeln, sind im Großen und Ganzen für den Wasser- und Nährstofftransport zuständig. Das heißt, wird ein Baum von außen her zu stark verletzt, wird der Nährstoff- und Wassertransport unterbrochen und der Baum geht ein.

Der mittlere Teil des Baumes ist der Kern. Er kann vom Volumen her der weitaus größere Teil sein. Im Kern haben sich im Laufe der Jahre organische Stoffe eingelagert, die oft für die schöne dunkle Färbung des Holzes verantwortlich sind.

Den inneren Kern des Baumstammes bildet die Markröhre. Von dort aus verlaufen Markstrahlen sternförmig nach außen. Die Markstrahlen bilden die Linien, entlang derer das Holz am besten spaltbar ist. Trifft man etwa mit einem Beil genau den Markstrahl, ist das Spalten des Holzes sehr einfach. Trifft man das Holz quer zu den Markstrahlen, hat man Schwierigkeiten das Holz mit einem Hieb zu spalten.

In der Natur kommen die unterschiedlichsten Holzarten mit den verschiedensten Eigenschaften vor. Es gibt leichte, weiche Hölzer, leicht spaltbare und schwer spaltbare Hölzer. Es gibt Hölzer mit so hoher Dichte, dass sie im Wasser untergehen, und es gibt Hölzer, die weich sind wie ein Schwamm. Es gibt sehr zähe, langfasrige Hölzer und sehr kurze, brüchige Hölzer. Selbst innerhalb einzelner Holzarten kann man die unterschiedlichsten Eigenschaften finden. Beispielsweise können Eschen sehr langfasriges und elastisches Holz haben, und es gibt Eschen, deren Holz sehr kurzfasrig und brüchig ist. Meist lässt sich kurzfasriges Eschenholz besser schnitzen, da es weicher ist, langfasriges Eschenholz ist für Gebrauchsgegenstände wie Stiele und Geräte wiederum besser geeignet.

In Mitteleuropa ist die Linde das beliebteste Schnitzholz, weil sie verhältnismäßig weich, aber auch zäh ist. Sie kann mit gutem Werk-zeug sehr glatt geschnitten werden und beansprucht nicht zu viel Kraft bei der Arbeit. Sie ist auch gut da-für geeignet, Gegenstände ohne Einspannvorrichtungen einfach in der Hand zu schnitzen. Dies ist besonders vorteilhaft, wenn man kleinere Figuren oder Miniaturen schnitzen möchte.

Größere Figuren lassen sich auch gut aus Eichenholz oder anderen Hölzern herstellen. Man sollte sich auch nicht zu sehr davor scheuen unbekannte Hölzer zu bearbeiten, denn jedes Holz hat seine eigenen Reize und man kann viele schöne Erfahrungen machen, wenn man sich an Neuem versucht.

Von den exotischen Hölzern ist Kambala-Teak zum Schnitzen von Figuren besonders gut geignet, da es eine sehr gleichmäßige Struktur hat.

Hölzer zum Schnitzen

Weichhölzer	Harthölzer
Fichte	Eiche
Linde	Pflaume
Birke	Ulme
Erle	Ahorn
Kiefer	Teak
Zeder	Red Alder
Weymoutskiefer	Buchsbaum
Eibe	Nussbaum
Mammutbaum	Kastanie

Holzeigenschaften

Die wichtigsten Materialeigenschaften, die für den Schnitzer vorrangige Bedeutung haben, sind Härte, die Spaltbarkeit und die Elastizität des Holzes.

Holzhärte

Zu den sehr weichen Hölzern zählen:
Linde, Pappel, Weide und Weymoutskiefer.

Weiches Holz haben:
Birke, Erle, Fichte, Kiefer, Lärche, Rosskastanie, Schwarzkiefer und Weißtanne.

Relativ hartes Holz haben:
Eberesche, Esche, Pflaume, Platane und Ulme.

Zu den harten Hölzern zählen:
Ahorn, Akazie, Apfel, Birne, Edelkastanie, Eiche, Holunder, Kirsche, Nussbaum, Rotbuche und Wacholder.

Sehr hartes Holz haben:
Mahagoni, Steineiche, Teak, Weißdorn und Weißbuche.

Über äußerst hartes Holz verfügen:
Buchsbaum, Schwarzer und Brauner Grenadill, Olive.

Steinhartes Holz haben:
Ebenholz, Brauner Eisengrenadill und Pockholz.

Spaltbarkeit

Äußerst schwer zu spalten sind:
Buchsbaum, Wilde Kirsche, Eibe, Eberesche, Schwarzbirke und Platane.

Sehr schwer zu spalten sind:
Weißbuche, Birke, Akazie, Ulme und Weißdorn.

Schwer zu spalten sind:
Esche, Ahorn und Elsbeere.

Etwas schwer zu spalten sind:
Schwarzkiefer, Steinbuche und Zwetschge.

Relativ leicht zu spalten sind:
Rotbuche, Edelkastanie, Nussbaum, Holunder, Kiefer, Lärche, Erle, Espe, Eiche und Rosskastanie.

Sehr leicht zu spalten sind:
Fichte, Tanne, Weymoutskiefer und Föhre.

Äußerst leicht zu spalten sind:
Silberpappel und Kanadische Pappel.

Elastizität

Äußerst elastisch sind:
Ebenholz und Teak.

Sehr elastisch sind:
Gemeine Akazie und Silberahorn.

Elastisch sind:
Birke, Espe, Linde, Nussbaum, Ulme und Esche.

Ziemlich elastisch sind:
Ahorn, Rotbuche, Eiche und Fichte.

Schwach elastisch sind:
Erle, Weißbuche, Lärche und Tanne.

Sehr wenig elastisch sind:
Kiefer und Pappel.

Holzeinschlag und Verarbeitung

Zur Gewinnung von Schnitzholz gibt es viele Möglichkeiten. Man kann beispielsweise sein Holz selbst fällen, wenn sich eine Gelegenheit dazu bietet. Oft werden in Gärten oder Parks Bäume gefällt, deren Holz man bekommen kann. Mitunter müssen im Zuge von Straßenbaumaßnahmen einzelne Bäume gefällt werden, die bestes Schnitzholz ergeben. Gutes Schnitzholz liefern vor allem alte Lindenbäume. Wer etwas die Ohren spitzt, kann so einfach und günstig zu gutem Material kommen. Aber auch der Holzhandel bietet eine ungeahnte Menge unterschiedlichster Qualitäten guten Schnitzholzes an.

Bei der Auswahl des geeigneten Schnitzholzes sollte man sich vorher genau überlegen, wozu man das Holz später verwenden möchte. Für ein solches Relief benötigt man beispielsweise ein wesentlich dickeres Holzstück als für eine Schriftgestaltung.

Worauf muss man nun beim Beschaffen von Schnitzholz achten? Erhält man das Angebot, einen Baum selbst einzuschlagen, sollte man sich eine Zeit für den Einschlag erbitten, die für das Fällen günstig ist. Es ist die Zeit der Wachstumsruhe von Dezember bis spätestens Ende Februar oder Anfang März. Während dieser Zeit findet kaum ein Wasser- und Nährstofftransport im Baum statt, sodass der Baum wenig Saft leitet und die Trocknung deshalb relativ problemlos geschehen kann. Ist ein Einschlag in dieser relativ günstigen Periode nicht möglich, muss der Baum zu einer anderen Zeit geschlagen werden. Es ist überdies nicht jedermanns Sache, im Winter in den Wald zu gehen, um Bäume zu fällen.

Beim Fällen von Bäumen muss man besondere Vorsichtsmaßnahmen treffen. Besonders das Führen einer Kettensäge bedarf besonderer Umsicht und Gewissenhaftigkeit, da es dabei schon zu sehr schweren Unfällen gekommen ist. Beim Holzeinschlag muss immer mit Schutzhelm, Schutzhandschuhen und Schutzbrille gearbeitet werden. Man sollte einen Baum nie allein fällen. Zu dieser Arbeit gehören immer zwei Personen. Beim Fällen eines Baumes muss unbedingt darauf geachtet werden, dass sich niemand, der nicht unmittelbar mit dem Fällen des Baumes zu tun hat, im Fallbereich des Baumes aufhält und auch wer mit dem Fällen direkt zu tun hat, darf sich nicht im Fallbereich aufhalten.

Ist der Baum gefällt, wird er zerteilt. Auch hier muss für die nötige Sicherheit gesorgt werden, weil sich z. B. die Motorsäge beim Zerteilen des Stammes verklemmen kann.

Es ist am besten, den Stamm in möglichst große Stücke zu sägen, da jedes Stirnende eine Angriffsfläche für die Rissbildung ist. Der Stamm sollte also möglichst lang bleiben, sich aber ohne größeren Aufwand transportieren lassen.

Ist ein Sägewerk in der Nähe, kann der Stamm dort auf die nötige Dicke zugeschnitten werden. Man sollte sich allerdings schon im Voraus überlegen, ob man große oder kleine Figuren schnitzen möchte oder das Material zur Herstellung von Gebrauchsgegenständen, Reliefs oder zur freien Gestaltung dienen soll. Befindet sich kein Sägewerk in der näheren Umgebung, kann man den Stamm auch mit einer Bandsäge in Brettteile zerschneiden. Steht auch keine Bandsäge zur Verfügung, so gibt es immer noch die Möglichkeit, den Stamm in Viertelspalten zu zerteilen. Man hat zwar bei dieser Vorgehensweise mehr Verlust, erhält dafür jedoch sehr preisgünstiges Material.

Alternativ zum eigenen Holzeinschlag kann man sich in einem Fachgeschäft oder bei einem Holzhändler sehr gut mit Holz zum Schnitzen eindecken. Am günstigsten ist es, wenn man gleich einen zersägten Stamm einkauft. In diesem Fall kauft man sowohl die besonders guten wie auch die weniger guten Stücke eines Stammes ein, bezahlt dafür aber nur einen Durchschnittspreis. Man kann später die weniger guten Stücke für weniger wichtige Arbeiten oder zum Üben verwenden und hat die besonders guten Stücke für die bedeutenden Arbeiten zur Verfügung, die, einzeln gekauft, viel mehr kosten würden.

Verschieden angeschnittene Jahresringe im Kiefernholz geben unterschiedliche Maserbilder frei.

Holztrocknung

Bevor das Holz zum Schnitzen verwendet werden kann, muss es auf die nötige Trockenheit gebracht werden. Zum Schnitzen verwendet man in der Regel Holz, das eine Holzfeuchte von 8–10 % hat. Diese Holzfeuchte kommt in der Natur nicht vor, muss also künstlich herbeigeführt werden. In der Regel wird das Holz nach dem Erwerb im Freien gelagert und dort auf eine relative Holzfeuchte von 15 % heruntergetrocknet. Das Holz ist dann lufttrocken.

Das weitere Heruntertrocknen muss in einem abgeschlossenen Raum geschehen. Dafür gibt es Trockenkammern, aber für das Holz zum Schnitzen reicht es aus, das Material, wenn es lufttrocken ist, in einem Raum zu lagern, der nicht warm, aber gleichmäßig temperiert ist. Dort kann das Holz die restliche Feuchtigkeit abgeben. Bei einem Wiederauslagern ins Freie nimmt die Holzfeuchte dann natürlich wieder zu.

Zum Lufttrocknen im Freien sollte das Holz so gestapelt werden, dass es weder direkter Sonneneinstrahlung noch übermäßiger Feuchtigkeit ausgesetzt ist. Dazu ist ein Stapel am besten geeignet. Für einen Holzstapel benötigt man einen Unterbau aus mehreren Betonsteinen oder Ziegeln. Darüber werden Balken gelegt und auf diese Balken kommen dann so genannte Stapelleisten. Auf diese Stapelleisten legt man nun im rechten Winkel die erste Lage Bohlen oder Bretter. Am besten trocknet das Holz in einem Bündigstapel. Bei einem solchen Stapel schließen die Bohlen an einer Stelle immer auf der gleichen Höhe ab. Ist eine Lage gelegt, kommt wieder eine Lage Stapelleisten darüber, dann wieder eine Lage

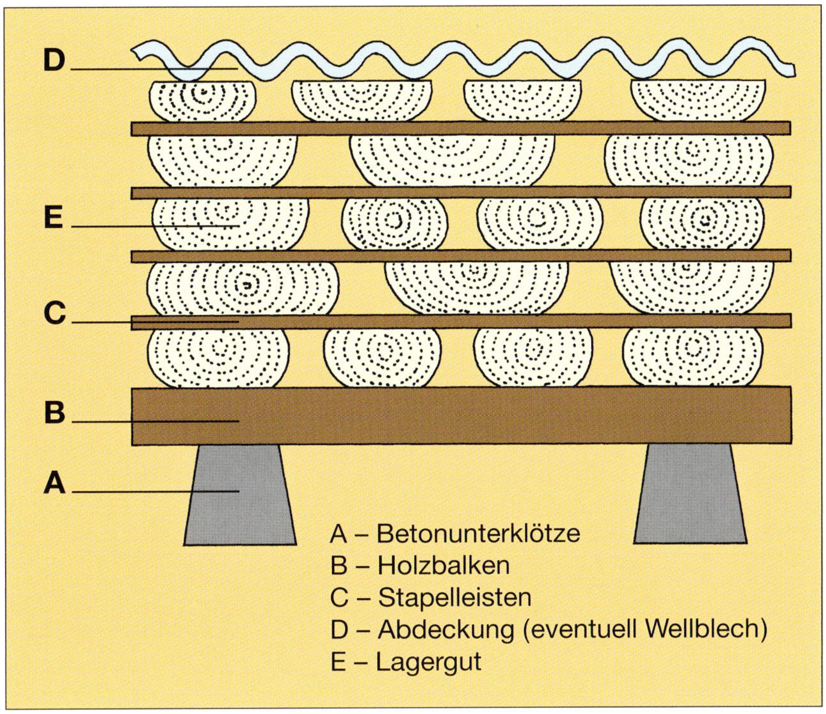

Beim Errichten eines Holzstapels ist es wichtig, dass die rechte Seite der Bohle, also die dem Kern zugewandte Seite, nach oben liegt.

Holz und so fort, bis das gesamte Holz gestapelt ist. Dabei sollten die Stapelleisten immer senkrecht übereinander liegen.

Ist der Stapel aufgerichtet, muss er unbedingt abgedeckt werden. Dies kann mit Brettern geschehen. Am günstigsten ist eine luftige Konstruktion, ähnlich einem Carport, unter dem man sein Holz ablagern kann. Dort kann der Wind hindurchgehen und die von oben kommende Feuchtigkeit oder Sonneneinstrahlung wird abgehalten. So kommt es auch nicht zu Pilzbefall.

Wenn man den Trocknungsvorgang zu sehr beschleunigt, können Trocknungsfehler entstehen. Besonders gefährlich ist das so genannte „Verschalen". Dieses Verschalen ist die Folge zu schnellen Trocknens. Dabei wird der äußere Bereich des Holzes zu schnell trocken und verhindert, dass die im inneren Bereich befindliche Feuchtigkeit nach außen dringen kann. Dieses Holz ist so gut wie unbrauchbar.

Holzfehler und -schäden

Typisches Rissbild an einer Mittelbohle mit Markröhre. Dieser Riss ist auch bei sorgfältigster Trocknung nicht zu vermeiden.

Wird die Lagerung von Holz nicht wie beschrieben durchgeführt, kann es zu verschiedenen Schädigungen des Materials kommen. Dies sind vor allem eine vermehrte Rissbildung und ein mehr oder weniger starker Pilzbefall, der bis zur Zerstörung des Holzes führen kann. Zudem kann es bei unsachgemäßer Lagerung zu unerwünschten Beifärbungen kommen. Auch diese Beifärbungen werden in aller Regel durch Pilze verursacht.

Rissbildung

Der Rissbildung kann man beim Stapeln mit weiteren Kunstgriffen entgegenwirken. Die Stapelleisten sollten an den Stirnenden so weit wie möglich nach außen gerückt werden. Außerdem kann man die Stirnkanten des Holzes mit Leim- oder Ölfarbe oder einem geeigneten anderen versiegelnden Mittel einstreichen. Dieses Versiegeln verhindert, dass der Trockenprozess des Holzes zu schnell voranschreitet und sich dadurch Risse bilden.

Eine weitere Möglichkeit, die Rissbildung einzudämmen, ist das Einschlagen von schmalen Blechstreifen in das Stirnende. Meist wird dies schon im Sägewerk getan. Hat man sein Holz allerdings selbst aufbereitet, ist dies eine gute Möglichkeit, Rissen vorzubeugen.

Pilzbefall

Die Formen des Pilzbefalls sind sehr vielfältig. Die zwei problematischsten und am häufigsten vorkommenden Formen sind die Rotfäule und die Weißfäule.

Die Rotfäule entsteht durch einen Pilz im Holz, der die Zellulose zerstört. Je weiter die Rotfäule voranschreitet, desto dunkler wird das Holz, und nach dem Zerstören der Zellulose bleibt die Rotfärbung des Lignins übrig. Ein solches Holz ist nicht mehr verwendbar und kann nur noch verbrannt werden. Auch Holz, bei dem das Lignin zerstört wurde, ist nicht mehr verwendbar. Bei dieser Weißfäule bleibt, im Unterschied zur Rotfäule, nur noch die Zellulose übrig.

Neben diesen am häufigsten vorkommenden und gravierendsten Fäulnisarten gibt es noch verschiedene andere Formen des Pilzbefalls, die oft nur optische Beeinträchtigungen darstellen und die Substanz des Holzes nicht angreifen, wie z. B. die Blaufäule. Die Blaufäule wird auch durch einen Pilz hervorgerufen, schadet der Festigkeit des Holzes jedoch nicht. Das Holz kann weiter verwendet werden. Da aber der Blaufäulebefall eine optische Beeinträchtigung darstellt, sollte die Blaufäule mit chemischen Mitteln unsichtbar gemacht werden. Wie man dabei am besten vorgeht, wird im Kapitel zur Oberflächenbehandlung auf Seite 127 ausführlicher erklärt.

Rotfäule und Rissbildung durch Pilzbefall auf Grund falscher Lagerung (rechts)

Blaufäule und Rissbildung durch Wassereinwirkung (links)

Starke Blau- und Rotfäule in einem Lindenbrett

Wurmfraß

Großer Schaden kann bei gelagertem Material auch durch den Wurmfraß entstehen. Es gibt eine riesige Zahl von Holzschädlingen, die große Schäden anrichten und das Holz sogar völlig unbrauchbar machen können.

Weniger gefährlich sind solche Schädlinge, die nur das Splintholz angreifen, denn das Splintholz wird, zumindest bei Kernholzbäumen, in der Regel nicht verwendet. Es gibt jedoch Würmer, die den Stamm völlig durchbohren oder zerfressen. Sie überziehen das Holz von einem Hauptgang aus mit vielen kleinen Fraßgängen und machen das Holz dadurch völlig wertlos, denn es ist nicht mehr verwendbar. Besonders anfällig dafür ist Ahornholz, vor allem dann, wenn es zu lange gelagert wird, aber auch Lindenholz und Obsthölzer sind dieser Gefahr ausgesetzt.

Ein häufig auftretendes Problem ist der Holzwurmbefall. Holzwürmer sind Insektenlarven, die sehr viel Schaden anrichten können. Es gibt aber durchaus probate Mittel, um diese Schädlinge nachhaltig zu beseitigen.

Am wenigsten zu empfehlen ist das Anwenden starker chemischer Mittel, denn bei deren Anwendung lassen sich Giftrückstände im Material nie ausschließen. Da man aber als Schnitzer weiter mit solchem Holz arbeiten muss, besteht ein Gesundheitsrisiko. Man sollte diesen Plagegeistern also auf andere Art und Weise umweltgerecht zu Leibe rücken.

Dazu ist es wichtig, die Rinde vom Holz zu entfernen. Dies sollte man gleich, nachdem das Holz angeliefert wurde, mit einem Schäleisen tun. Die meisten Holzwurmarten haben ihre Angriffspunkte im Bastbereich des Holzes. Nimmt man ihnen diese Angriffsstellen, haben sie keine gute Möglichkeit, sich zu entwickeln.

Verschiedene Hölzer, z. B. Eiche, werden vorwiegend im Splintbereich befallen. Da aber der Eichenholzsplint in der Regel nicht mitverarbeitet wird, ist das von nicht allzu großer Bedeutung. Befinden sich im Holz Einwüchse, die auf frühere Verletzungen des Baumes zurückzuführen sind, ist es möglich, dass sich hier der Schädlingsbefall einstellt. Es ist deshalb empfehlenswert, solche Stellen herauszuschneiden.

Bei manchen Holzsorten, wie beispielsweise Ahorn, kommt es vor, dass die Holzwürmer die Auflagestellen der Stapelleisten als Angriffspunkte bevorzugen. Deswegen

Wurmfraßbild im Splint- und Kambiumbereich einer Eichenbohle

Holzstück mit starkem Wurmbefall

ist es ratsam, diese Stellen gelegentlich zu kontrollieren und das Holz sorgsam zu begutachten, um eventuell befallene Stellen sofort zu beseitigen. Mitunter kann man dem Schädlingsbefall nur mit chemischen Mitteln entgegenwirken. Im Fachhandel sind verschiedene solcher Mittel erhältlich. Man sollte aber darauf achten, keine Mittel zu verwenden, die gesundheitsschädliche Stoffe enthalten. Dazu gehören besonders die lindanhaltigen Produkte. Sie stellen ein hohes Gesundheitsrisiko dar, werden aber leider immer noch angeboten. Bevor man zu chemischen Mitteln greift, sollte man sich gründlich über deren Wirkungen und Nebenwirkungen erkundigen und die Verarbeitungshinweise der Hersteller genau beachten.

Wachstums- und witterungsbedingte Schäden

Einige Holzschäden werden allerdings nicht durch die Lagerung verursacht, sondern sind wachstums-, umwelt- oder witterungsbedingt. Hierzu zählen besonders Ringschäle, Blitzrisse, Frostrisse, Käferfraß und auch eingedrungene Fremdkörper.

Die Ringschäle ist ein Holzschaden, der während des Wachstums auftritt. Dabei haben sich Gruppen von Jahresringen voneinander gelöst und bilden im Stamm insgesamt keinen homogenen Holzverbund mehr. Dieses Holz ist zum Schnitzen nicht verwendbar.

Blitzrisse sind, wie der Name schon sagt, durch Blitzeinschlag entstanden. Sie stellen je nach Dichte der Risse eine Beeinträchtigung der Holzqualität dar.

Frostrisse sind dadurch entstanden, dass über Verletzungen oder Beschädigungen am Stamm eines Baumes Wasser in das Holz eindringen konnte, das dann bei Temperaturen unter Null im Stamm gefroren ist und die Holzstruktur an einigen Stellen zerstörte, d. h. Frostrisse hervorrief.

Selbstverständlich können so entstandene Veränderungen im Holz durchaus auch in die Gestaltung einbezogen werden und eine bestimme ästhetische Wirkung erzeugen, aber zum Schnitzen von Figuren und Gebrauchsgegenständen ist solches Holz ungeeignet.

Ein besonderes Ärgernis sind Schäden, die durch Fremdkörper, etwa eingewachsene Nägel, hervorgerufen werden. Sie können Holz unbrauchbar machen.

Sicherheit und Arbeitsschutz

Auch beim Stapeln und Aufbereiten des Holzes muss man sehr vorsichtig vorgehen und sollte die geltenden Arbeitsschutzbestimmungen unbedingt beachten, denn Holz ist oft unberechenbar, rutscht weg und erreicht in Bruchteilen von Sekunden eine ungeheuere Geschwindigkeit. Deswegen ist es wichtig, eine zweckmäßige Kleidung zu tragen. Dazu zählen sowohl Arbeitsschutzhandschuhe als auch feste Arbeitsschuhe, die im Zehenbereich mit stabilen Stahlkappen versehen sind.

Das Holz sollte man aus Sicherheitsgründen immer zu dritt stapeln. Zwei der Beteiligten legen die Bretter oder Spalte auf den Stapel, während der dritte die Stapelleisten auflegt. Das Stapeln muss ruhig und ohne Hektik erledigt werden, da es sonst schnell zu Unfällen kommen kann. Zudem sollte man daran denken, dass Holz, ist es nicht schon zu Bohlen geschnitten, nicht immer glatt ist, sich also nicht ohne weiteres stapeln lässt.

Das Zurichten von Spaltholz verlangt besondere Aufmerksamkeit, denn Spaltholz kann sich beim Zuschneiden auf der Kreissäge leicht

Wegen der stark eingewachsenen Äste ist dieses Holz für figürliche Arbeiten ungeeignet.

Rindeneinwüchse durch Verletzung des Stammes. Solche Holzfehler können in die Gestaltung einbezogen werden.

im Sägeblatt verklemmen, und durch Unachtsamkeit kann es dabei zu schweren Unfällen kommen. Deshalb muss beim Zuschnitt von Spaltholz besonders konzentriert gearbeitet und das Verkanten während des Schneidens möglichst verhindert werden.

Das Zurichten von bereits zugeschnittenen Bohlen ist hingegen nicht ganz so schwierig und die Gefahr, dass sich solches Holz im Sägeblatt verklemmt, ist geringer. Aber auch hier sollte man die entsprechende Vorsicht walten lassen, denn das Arbeiten an Maschinensägen verlangt immer höchste Aufmerksamkeit und die strikte Einhaltung der Arbeitsschutzbestimmungen. Auf keinen Fall darf Holzabfall auf dem Boden herumliegen, denn er stellt eine potentielle Unfallgefahr dar.

Wichtig bei der Arbeit mit Holz ist eine ausreichende Bewegungsfreiheit und nicht zuletzt natürlich auch die Schärfe der Sägewerkzeuge. Kreissägeblätter und Bandsägebänder müssen immer gut geschärft sein. Vor allem Bandsägebänder nutzen sich schnell ab, da für diese Sägen noch keine vidiabestückten Schneidwerkzeuge angeboten werden.

Besonders wichtig ist auch eine einwandfreie Schränkung der Sägeblätter. Ist ein Sägeblatt nicht richtig geschränkt, kommt es zu Verklemmungen und das Sägeblatt kann stark verlaufen. Das kann dazu führen, dass beispielsweise ein Bandsägeband während des Schneidens reißt und man sich erhebliche Verletzungen zuzieht.

Ist das Blatt zu stark geschränkt, ist die Beanspruchung der einzelnen Zähne so groß, dass das Material schnell ermüdet und reißen kann.

Auf dem Arbeitstisch der Sägen dürfen keine anderen Werkzeuge oder Hilfsmittel wie etwa Zollstock, Bleistift oder Zirkel liegen. Sie müssen immer an einem anderen Platz abgelegt werden, da-mit sie nicht durch Vibration o. ä. in die Maschine geraten und dann geschossartig durch die Luft fliegen.

Visier, Schutzbrille, Staubmaske und Atemschutzhaube zum Schutz vor Holzstaub und vor schädlichen Dämpfen.

Verklemmt sich trotz aller Vorsichtsmaßnahmen während des Schneidens ein Werkstück in der Säge, sollte man die Maschine sofort ausschalten und nach einer geeigneten Möglichkeit suchen, wie das verklemmte Werkstück aus der Säge entfernt werden kann. Auf keinen Fall darf man versuchen, das verklemmte Werkstück bei laufenden Maschine durch Ziehen, Herumdrehen oder Drücken freizubekommen.

Der Holzstaub, der beim Sägen, Hobeln oder Schleifen entsteht, birgt eine gewisses Gesundheitsrisiko in sich. Die Berufsgenossenschaft für das Holz verarbeitende Handwerk hat festgelegt, dass in einem Kubikmeter Atemluft nur 2 mg Holzstaub enthalten sein dürfen. Deshalb ist es auch für Hobbyhandwerker ratsam, die Maschinen an eine Absaugeinrichtung anzuschließen. Es dient seiner Gesundheit. Für Hobbymaschinen reicht meist schon ein an die Maschine angeschlossener Staubsauger aus. An größere Maschinen sollte ein mobiles Absauggerät angeschlossen werden.

Um die Augen zu schützen und sich nicht unnötig dem entstehenden Holzstaub auszusetzen, sollte man eine Schutzbrille, eine Staubschutzmaske oder eine Gesichtsschutzmaske tragen. Mit einer Staubschutzmaske schützt man sich vor gefährlichem Staub oder Dämpfen. Bei der Arbeit an Maschinen ist das Tragen von gepolsterten Gehörkapseln oder Ohrstöpseln sehr sinnvoll, um sich nicht unnötig dem Lärm auszusetzen.

Schnitztechniken

Kerbschnitt, Hohlschnitt und Flachschnitt zählen zu den Grundtechniken der Schnitzerei. Jede Schnitzarbeit geht letzten Endes auf diese drei Techniken zurück. Deshalb sollte man zum Erreichen der nötigen Fertigkeiten, die man etwa zum Figurenschnitzen oder für andere anspruchsvolle Schnitzarbeiten braucht, diese Grundtechniken ausführlich üben, um sie sicher zu beherrschen.

Der Kerbschnitt

Der Kerbschnitt ist wohl die älteste Technik des Schnitzens und zählt wahrscheinlich zu den frühesten Dekorationstechniken von Holz überhaupt. Im Laufe der Jahrtausende hat sich der Kerbschnitt zu einer überaus dekorativen Technik entwickelt und viele Generationen haben an der Vervollkommnung dieser Schnitztechnik gearbeitet. Schon die Wikinger widmeten der Kerbschnitttechnik viel Aufmerksamkeit und Hingabe und so kam es schon vor knapp 2000 Jahren zu einer ersten Blüte dieser Schnitztechnik. Auch heute ist der Kerbschnitt in seinen vielfältigsten Formen eines der Grundelemente der Schnitzerei, und jeder, der beginnt sich mit dem Schnitzen zu beschäftigen, sollte möglichst viel Zeit in das Erlernen des Kerbschnittes investieren.

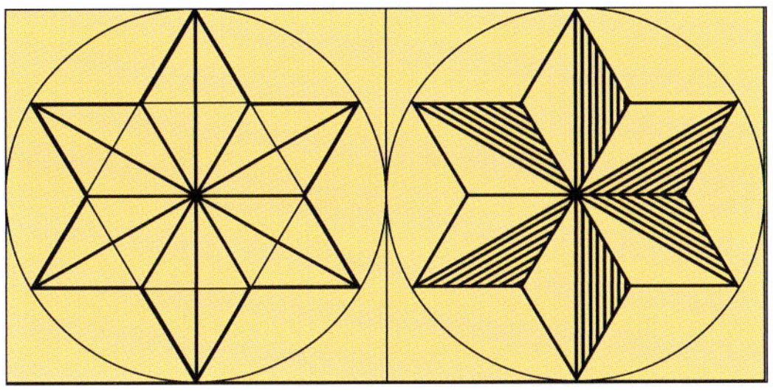

Drei verschiedene Kerbschnittmuster

Der Kerbschnitt ist eine einfache Schnitztechnik und hat zudem den Vorteil, dass dem Anfänger mit der Kerbschnitzerei auf einfache Art und Weise das Wesen und die Eigenschaften des Holzes nahe gebracht werden können. Außerdem kann man bei dieser Schnitztechnik alle Hauptschnittrichtungen üben, also den Hirnschnitt, den Tangentialschnitt und den Radialschnitt.

Der Hirnschnitt ist ein Schnitt, der quer zur Faserrichtung geführt wird. Er erzeugt bei scharfem Werkzeug einen sehr glatten Schnitt. Der Tangentialschnitt schneidet die Holzfaser tangential. Er wird bei geradem Faserverlauf des Holzes glatt, bei unruhigem Faserverlauf muss dagegen an verschiedenen Stellen nachgeschnitten werden, um Unregelmäßigkeiten zu beseitigen. Der Radialschnitt wird schräg zur Faserrichtung geführt und erzeugt in jedem Fall eine glatte und eine raue Seite. Um die raue Seite zu glätten, muss bei einem Radialschnitt anschließend gegengeschnitten, d.h. der Schnitt von der Gegenrichtung her nachgearbeitet werden.

Ein Anfänger wird rasch lernen, in welche Richtung das Holz geschnitten werden kann und welcher Schnittrichtung sich das Holz „verweigert". Wird das Holz mit der Faser geschnitten, gibt es beim Kerbschnitt keine großen Schwierigkeiten. Schneidet man aber gegen die Faser, wird die Fläche unsauber und rau und es entstehen Einrisse, so dass die Arbeit am Ende nicht dem entspricht, was man sich vorgestellt hat.

Solche Erfahrungen muss allerdings jeder erst einmal machen, der mit dem Schnitzen beginnt, um sich Schritt für Schritt seiner Mittel immer sicherer zu werden. Deshalb soll dem Kerbschnitt an dieser Stelle auch so viel Aufmerksamkeit zukommen.

Mit dem Kerbschnitt kann man die schönsten Ornamente gestalten und diese in den unterschiedlichsten Formen ausführen. Man kann die verschiedensten Kerbschnittmuster miteinander kombinieren und sie auch bei figürlichen Gestal-

Kerbschnitt diagonal zur Faser und quer zur Faser

tungen als dekoratives Element einsetzen. Bei Gebrauchsgegenständen bietet sich der Kerbschnitt als Verzierungsmöglichkeit regelrecht an.

Für den Kerbschnitt braucht man lediglich ein gerades Balleisen oder ein Kerbschnitzmesser. Das Werkzeug sollte sehr scharf sein. Je sorgfältiger es geschärft wurde, desto mehr Freude hat man bei der späteren Arbeit, denn sie geht dann sehr leicht von der Hand. Mit unscharfem Werkzeug erhält man eine unsaubere Schnittfläche und ist sich am Ende deshalb oft nicht ganz sicher, ob die unsauberen Schnitte auf das stumpfe Werkzeug oder auf eigenes Unvermögen zurückzuführen sind.

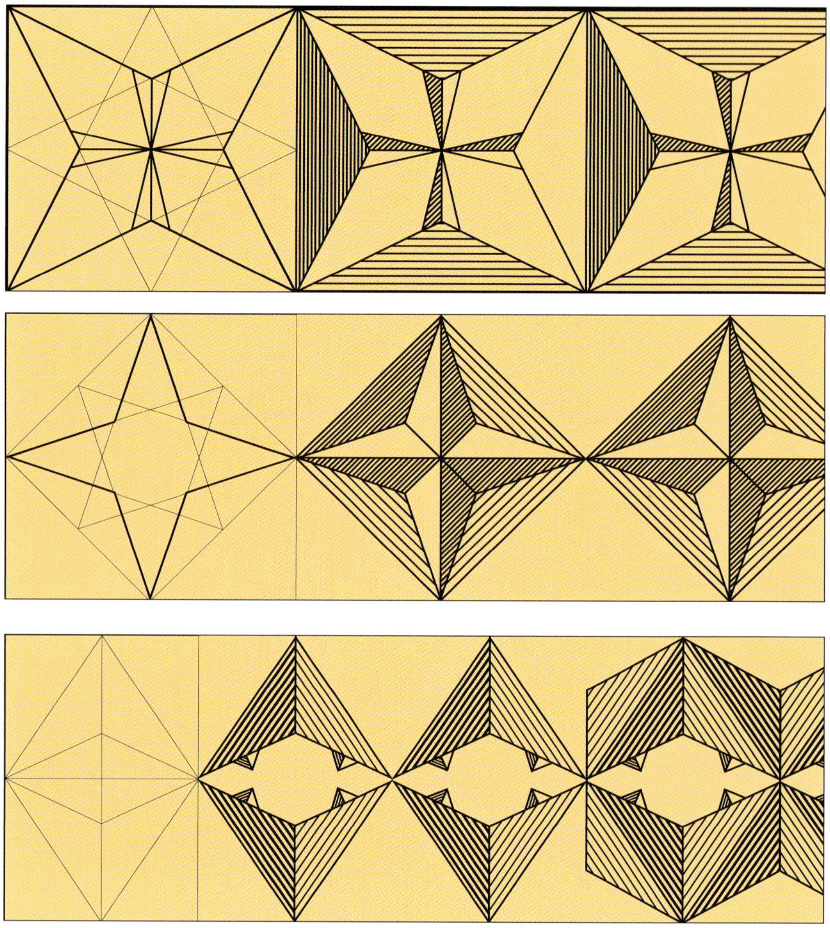

Drei aufwändiger gestaltete Kerbschnittmuster

Die Schnitttechnik

Nachdem man das gewünschte Muster, das aus vielen aneinander gesetzten Dreiecken besteht, auf das ausgewählte Holz aufgezeichnet hat, nimmt man das bereitliegende geschärfte Balleisen und beginnt in der Mitte des jeweiligen Dreiecks. Es ist der Ausgangspunkt der Arbeit. Dort sticht man mit einer Seite des Eisens tief ein und lässt den Schnitt in Richtung einer Dreiecks-Ecke langsam auslaufen. Dieses wiederholt man noch zweimal im Winkel von etwa 120°. Dadurch ergibt sich eine Sternform, die an einen Mercedes-Stern erinnert. Nun beginnt man mit dem Balleisen, unter Beachtung der Schnittrichtung, in der Mitte das Dreieck herauszuarbeiten. Die Mitte des Dreiecks muss der tiefste Punkt und die Ränder müssen immer die höchsten Punkte sein. Dabei darf die Mitte nicht zu tief geschnitten werden, denn ab einer bestimmten Tiefe reicht ein gerades Balleisen nicht mehr aus, um die Ecken sauber zu schneiden. Wurde aber tatsächlich die Dreiecksmitte zu tief geschnitten, kann man zum Sauberschneiden ein schräges Balleisen verwenden. Man darf also anfangs die Mitte nicht zu tief einschneiden.

Rautenfömiges Kerbschnittmuster in Eichenholz

1 Mit Hilfe eines rechten Winkels werden die Querlinien aufgezeichnet.

2 Danach werden die Längslinien aufgezeichnet.

3 Als Drittes werden die Diagonalen gezogen.

4 Auf diese Art und Weise erhält man ein Rautenmuster.

5 Mit dem Geißfuß wird längs der Querlinie bis zur Mitte eine Kerbe gezogen.

6 Genauso geht man von der anderen Seite vor.

Das Wichtigste bei diesem Schritt ist es zu sehen, wie das Holz gewachsen ist, sodass dann der Tangentialschnitt in Richtung des Faserverlaufs geführt und der Hirnschnitt schräg ziehend angesetzt wird. Damit der Kerbschnitt sauber geschnitten wird, muss das Eisen exakt von einem zum anderen Tangentialschnitt gezogen werden. Dabei sollte die rechte Hand das Werkzeug zwar führen, aber nicht vorwärts schieben, sondern das Eisen über die Schnittlinie ziehen. Auf diese Weise erhält man einen sauberen Hirnschnitt.

Ist das Dreieck schön herausgearbeitet, kann man mit dem Balleisen die Ecklinien noch einmal leicht nachstechen. Das erste Dreieck ist fertig und man kann sich nun dem nächsten Dreieck zuwenden. Wichtig ist es, alle Dreiecke des Kerbschnittes auf eine einheitliche Tiefe zu arbeiten.

Wenn man in der Kerbschnitzerei noch nicht so sehr viel Übung hat, kommt es häufiger vor, dass die Tiefe der Dreiecke leicht variiert. Um regelmäßige Dreiecke zu bekommen, braucht man Geduld und Erfahrung. Es sieht nicht besonders gut aus, wenn ein Dreieck tief, ein anderes flach und das nächste halbflach ausgearbeitet ist. Die einheitliche Tiefe lässt eine Fläche homogener wirken. Dies zu erreichen ist, wie gesagt, eine Sache der Übung und nicht gleich beim ersten Mal zu schaffen. Man kann jedoch mit viel Fleiß und Ausdauer auch in relativ kurzer Zeit zu großer Geschicklichkeit kommen.

Nun wird nach und nach Dreieck an Dreieck gesetzt und das Muster vervollständigt sich. Es ist ärgerlich, wenn man eine vermeintlich fast fertige Arbeit durch Abrutschen

7 Dann sticht man von der dritten Seite her zur Mitte, sodass ein ausgearbeitetes Dreieck entsteht.

8 Es werden nacheinander alle Dreiecke ausgestochen, die in die gleiche Richtung zeigen.

9 Danach geht man ebenso mit den in die andere Richtung zeigenden Dreiecken vor.

10 Die Dreiecke werden sauber geschnitten, sodass nur noch ein feiner Grat stehen bleibt.

11 In der beschriebenen Weise wird die gesamte Fläche des Brettes bearbeitet.

12 Zum Schluss werden letzte Unsauberkeiten beseitigt.

oder Hinausschneiden verdirbt. Das kann geschehen, wenn Aufmerksamkeit und Konzentration nachlassen, das Eisen nicht mehr richtig scharf ist oder sich im Holz Stellen befinden, die eine etwas veränderte Struktur gegenüber der bisherigen Fläche haben. Es ist für einen nicht routinierten Schnitzer deshalb besser, gelegentlich eine Pause zu machen, damit es nicht zu Ermüdungserscheinungen kommt. Auch das Werkzeug muss von Zeit zu Zeit auf ausreichende Schärfe hin überprüft werden, und man sollte genau hinschauen, ob sich im Holz Strukturveränderungen zeigen. Geht gelegentlich aber doch einmal etwas schief, sollte man sich nicht allzusehr ärgern, denn aus jedem Fehler kann man auch etwas lernen und seine Technik verbessern.

Sind alle Bereiche der Fläche ausgearbeitet, muss nochmals geprüft werden, ob die Tiefe aller Dreiecke gleich ist, ob es Linien gibt, die nicht ganz gerade verlaufen, und ob Stellen vorhanden sind, an denen noch Fasern überstehen. Ist das der Fall, muss die Fläche noch einmal sorgfältig nachgearbeitet werden. So kann etwa durch ein leichtes Einstechen mit dem Balleisen in alle tiefen Linien die Geradlinigkeit der Linien stärker unterstrichen werden.

Das zuvor beschriebene Muster und seine Ausführung ist die einfachste Form des Kerbschnitts. Hat man beim Ausarbeiten dieses Kerbschnitts einige Erfahrungen gesammelt, kann man sich etwas komplizierteren Mustern zuwenden. Es ist möglich, ein Dreieck mit einem Trapez im Wechsel zu kombinieren. Beim Schneiden eines Trapezes muss man allerdings neben den Kerben auch noch eine Fläche schneiden. Dieses ist schon eine etwas anspruchsvollere Art der Kerbschnitztechnik.

Die Kombinationsmöglichkeiten der verschiedenen Muster sind ungemein vielfältig. Aber nicht nur durch verschiedene Formen, sondern auch durch unterschiedliche Größen lässt sich das Formenspektrum erweitern. Mit dieser relativ einfachen Schnitztechnik kann sehr kreativ gearbeitet werden und es lassen sich wahre Kunstwerke hervorbringen. Das Interessante an dieser Schnitztechnik ist auch, dass man mit zunehmender Praxis und Erfahrung immer ideenreicher wird und mehr und mehr eigene Muster und überraschende gestalterische Ideen entwickelt, die anschließend selbst umgesetzt werden können. So lassen sich ganze Flächen durch unterschiedliches Einsetzen von Kerbschnitten mit Hell-Dunkel-Mustern überziehen oder grafische Effekte herausarbeiten.

Hat man ausreichend mit geraden Eisen probiert, so lassen sich mit Flacheisen zusätzlich gewölbte Kerbschnitte ausführen. Ein Beispiel hierfür ist das Sonnenrad. Dieses Sonnenrad findet man in vielen alten Schnitzereien an Fachwerkhäusern oder auch als Zierelement an Gebrauchsgegenständen. Es wird wie folgt konstruiert:

Man zeichnet einen Kreis und schlägt vom Mittelpunkt aus zur Kreislinie hin einen Kreisbogen. Dies wiederholt man in gleichmäßigen Abständen. Mit einem Flacheisen, das im Stich etwa dem Kreis des Sonnenrades entspricht, sticht man, wie beim einfachen Kerbschnitt, einmal an der Kreislinie ein. Dabei darf das Eisen nicht ganz im rechten Winkel nach unten geführt werden, sondern muss ein wenig stärker der Kreismitte zugeneigt sein. Anschließend arbeitet man, genau wie beim Dreieckskerbschnitt, dieses Dreieck mit gewölbten Linien heraus. Ebenso wie bei dem zuvor beschriebenen Kerbschnitt geht man auch hier nach und nach vor, damit das Herausarbeiten des Dreiecks genau kontrolliert werden kann. Durch die Wölbung dieser Dreieckslinien entstehen jedoch immer andere Schnitt-

Rosette mit einem Flacheisen gekerbt

Sonnenrad mit Flacheisen gekerbt

Licht- und Schattenwirkung bei einem Kerbschnitt

Stele mit Zeichen im Kerb- und Hohlschnitt

richtungen, deshalb ist das Schnitzen des Sonnenrades nicht zuletzt eine gute Übung zur Beurteilung des Holzes. Bei dieser Arbeit muss sehr genau auf den Faserverlauf des Holzes geachtet werden. Stellt man fest, dass das Schnitzwerkzeug nicht die Schnittrichtung beibehält, hat man wahrscheinlich die Faserrichtung des Holzes nicht richtig erkannt und schneidet gegen das Holz. Merkt man, dass das Holz splittert oder ausbricht, muss die Schnittrichtung umgekehrt und das Schnitzwerkzeug zu sich herangezogen werden, um den Fehler zu beseitigen.

Der Kerbschnitt wird auch bei der Schriftgestaltung häufig eingesetzt, denn es ist möglich, Buchstaben sowohl gekerbt als auch erhaben zu schnitzen. Darauf soll aber im Kapitel über die Schriftgestaltung noch ausführlicher eingegangen werden.

Auch für die dekorative Gestaltung von Figuren ist der Kerbschnitt gut geeignet, wenn man beispielsweise das Gewand einer Figur mit Ornamenten versehen möchte.

Beim Stechen von Modeln dient der Kerbschnitt häufig als Mittel, um Zierelemente anzubringen. So kann man etwa das Fell eines Schafes bei Butterformen durch kleine Einkerbungen darstellen und es entsteht ein facettenreicher, durch die Licht- und Schattenwirkung noch unterstützter Effekt.

Schlangenmotiv mit Kerbschnitten dekoriert

Der Hohlschnitt

Der Hohlschnitt ist, wie das Wort schon sagt, eine Schnitztechnik, die mit Hohleisen ausgeführt wird. Der Hohlschnitt verlangt allerdings schon etwas mehr Erfahrung und Übung im Umgang mit dem Material Holz als der Kerbschnitt, denn bei dieser Schnitztechnik wird das Holz in verschiedenen Richtungen geschnitten.

Schnitttechnik

Wenn beim Hohlschnitt nicht gerade quer zur Faser gearbeitet wird, ist es fast unvermeidlich, dass die eine Seite des Werkzeugs die Faser anschneidet und die andere Seite des Eisens gegen die Faser schneidet. Deshalb muss der Hohlschnitt meist auch in mehreren Durchgängen ausgeführt werden. Das bedeutet, dass der erste Schnitt des Hohlschnitts nicht in der vollen Breite geführt werden darf, sondern man sollte sich, wie es in der Schnitzersprache so schön heißt, für die nächsten Arbeitsschritte erst einmal etwas „Luft schaffen". Anschließend schneidet man jeweils die eine und dann die andere Seite sauber. Dabei sollte die Schnittrichtung immer so sein, dass man die Holzfasern anschneidet. Dies verlangt schon einiges Fingerspitzengefühl und etwas Einfühlungsvermögen in die Struktur des Holzes und ist deshalb auch eine sehr gute Übung. Um Hohlschnitte zu schneiden wählt man ein Hohleisen zwischen Stich 5 und Stich 8 aus. Möglich ist auch noch ein Bohrer mit Stich 9. Allerdings kommt man bei dieser Technik nicht ganz ohne ein gerades Balleisen aus. Mit diesem Balleisen fügt man die Hohlschnitte so aneinander, dass bei entsprechender Zueinanderstellung ein dekoratives Muster entsteht. Wird der Hohlschnitt an seinen beiden Enden gerade begrenzt, ergibt sich ein waschbrettartiges Profil. Man kann den Hohlschnitt an seinem jeweiligen Anfang und Ende jedoch auch allmählich auslaufen lassen. Auf diese Weise entstehen dann harmonische ovale oder kreisrunde Formen.

Eine andere Form des Hohlschnitts entsteht, wenn man den Schnitt am Anfang leicht anschrägt und ihn am Ende gerade begrenzt.

Übungsmuster für einen Hohlschnitt (oben)

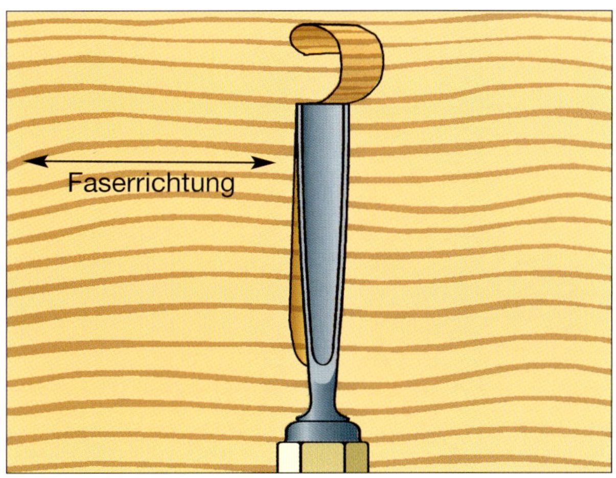

Hohlschnitt quer zur Faserrichtung. Beide Seiten des Schnittes werden glatt, da die Faser im Hirnholz angeschnitten wird.

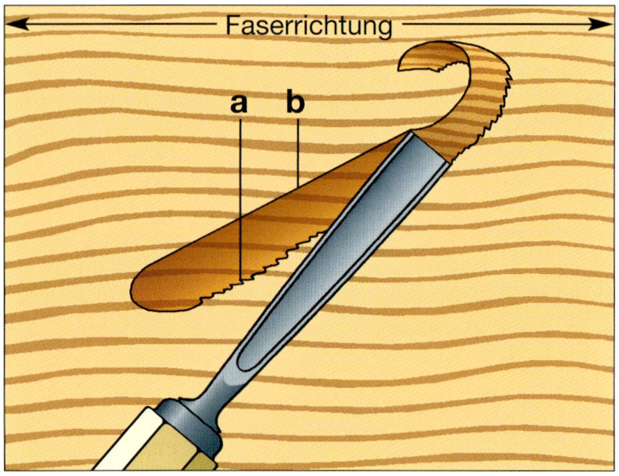

Schräg zur Faser geschnittener Hohlschnitt. Die Seite A schneidet die Faser an. Dadurch wird diese Seite glatt. Die Seite B ist gegen die Faser geschnitten. Sie wird rau und muss entgegengesetzt nachgeschnitten werden.

Dabei entstehen dann u-förmige Schnitte.

Diese unterschiedlichen Formen kann man in sehr vielen Varianten miteinander kombinieren und erhält wiederum viele Möglichkeiten der dekorativen Gestaltung, besonders zum Gestalten von Ornamenten und zum Verzieren von Figuren.

Eine lange Tradition hat auch die Kombination von Hohlschnitten und Kerbschnitten. Viele Ornamente alter Meister wurden als Verbindung von Hohl- und Kerbschnitten geschaffen, und damals wie heute sind der Erfindungsgabe des Schnitzers keinerlei Grenzen gesetzt, um dekorative Wirkungen zu erzielen.

Arbeitet man den Hohlschnitt als fortlaufende Linie aus, so kann man mit dieser Schnitztechnik auch eine Zeichnung in das Holz gravieren, also „eingraben", d.h. es ist möglich mit einem durchgehenden Hohlschnitt eine Zeichnung in Holz wiederzugeben. Das Gravieren, auch flachgravieren oder stechen genannt, wird vor allem zu dekorativen Zwecken oder bei der Schriftgestaltung eingesetzt. Mit Hilfe eines Hohleisens kann beispielsweise ein ganzer Schriftzug in sehr unterschiedlicher Weise gestaltet werden.

Eine andere Möglichkeit, mit dieser Schnitztechnik sehr dekorative Wirkungen hervorzubringen, ist das plastische Nacharbeiten einer auf eine Holzfläche aufgebrachten Zeichnung mit einem

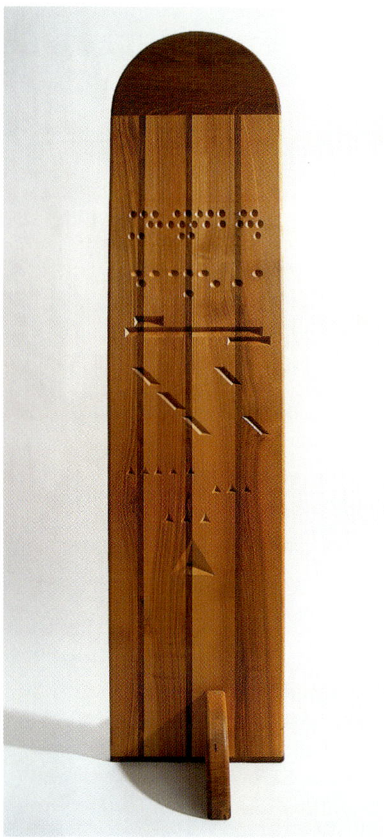

Meditationsstele verziert mit Hohl- und Kerbschnitten

Hohlbohrer. Mit diesem Eisen lassen sich beispielsweise Muster sehr plastisch hervorheben. Noch effektvoller können diese Wirkungen sein, wenn man die Holzfläche vor dem Schnitzen mit einer dunklen Beize einstreicht. Wird nun die dort aufgebrachte Zeichnung graviert, entstehen stark hervorgehobene helle Gravurlinien, die mit dem stehen gebliebenen erhabenen Holz einen intensiven Kontrast bilden. Umgekehrt kann man die herausgearbeitete Linie der Gravierung mit dunkler Farbe auslegen und die Fläche noch einmal schleifen, sodass eventuelle Farbspuren auf der hellen Holzfläche die Gesamtwirkung nicht beeinträchtigen.

Wenn die Ausführung der Hohlschnitte sauber gelingt und man in der Lage ist, den geplanten Entwurf nach seinen Vorstellungen auszuführen, hat man dem Material schon einige seiner Geheimnisse entlockt und kann bereits sehr gut mit dem Schnitzmaterial umgehen.

Der Flachschnitt

Nachdem man einige Erfahrungen mit dem Kerbschnitt, dem Hohlschnitt und dem Gravieren gesammelt hat, kann man sich dem Flachschnitt zuwenden.

Der Flachschnitt oder das Flachornament ist ein in Holz geschnitztes Ornament von geringer Tiefe. Man findet es häufig an Möbeln, an kunsthandwerklichen Gegenständen und mitunter auch an dekorierten Bauwerken.

Das Flachornament entwickelte sich, weil beispielsweise Hölzer wie Linde oder Zirbelkiefer sehr langfasrig sind und sich nur für eine flächenhafte Bearbeitung eignen. Besonders beliebt ist diese Schnitz-

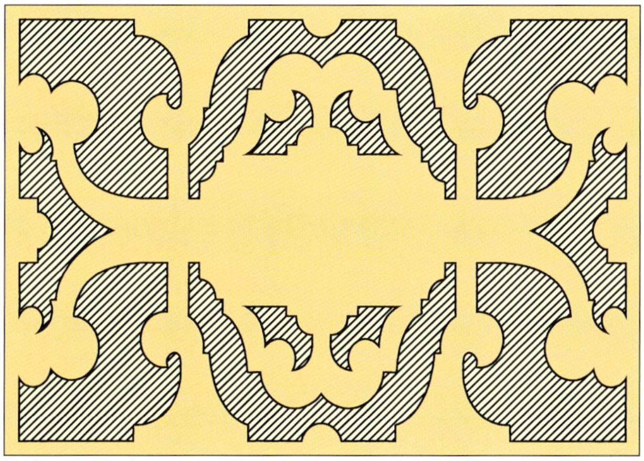

Vorzeichnung für eine Flachschnittarbeit. Die schraffierten Flächen markieren den Grund, der herausgearbeitet werden muss.

technik in Tirol, der Schweiz und im süddeutschen Raum.

Der Flachschnitt hat sich etwa im 15. Jahrhundert herausgebildet. Anfangs wurden vor allem vegetabile Ornamente mit Motiven wie Ranken, Blüten und Früchte verwendet. Aber auch schon erste geometrische Motive tauchten in den Flachschnitzereiornamenten auf. Es waren vor allem Bandornamente, die nach und nach die Palette der Schmuckformen erweiterten. Im Laufe der Zeit kamen zu den vegetabilen Formen Ornamente aus Tier- und gelegentlich auch aus menschlichen Formen sowie architektonische Elemente und Schriftzeichen hinzu.

Das Punzen des Grundes, aber auch eine zusätzliche Bemalung oder Vergoldung steigerten die Wirkung des Dekors. Nicht nur Möbel, Truhen, Schränke und Betten wurden mit Flachornamenten dekoriert, sondern auch ganze Innenräume. Hier waren es vor allem Türen und Balken, aber auch die Täfelungen und Paneele, die mit dieser Schnitztechnik reich verziert wurden. So entstanden sehr eindrucksvolle Innenräume. Schon im Mittelalter, und hier besonders in den orientalischen Ländern, entstanden hervorragende Werke, bei denen Farbe und Vergoldung in der Flachschnitzerei eine große ästhetische Bedeutung hatten und sich diese Schnitzerei zu einer hohen Kunst entwickelte.

Der Flachschnitt ist eine Schnitztechnik, die sich für ungeübte Anfänger recht gut eignet, denn mit dieser Technik kann man durchaus schon reliefartige Werke schaffen, ohne dass man sich auch um die dritte Dimension, wie etwa bei einer vollplastischen Arbeit, kümmern muss. Diese dritte Dimension bildet beim Flachschnitt der Grund. Dieser Grund muss dann allerdings sehr sauber ausgearbeitet werden. Besonders zu empfehlen ist diese Technik auch für Schnitzer, die äußerst gewissenhaft und genau zu Werke gehen und eine Vorlage so exakt wie möglich umsetzen können, da gerade die penible Umsetzung einer Vorzeichnung wichtig für die spätere Gesamtwirkung des fertigen Ornaments ist.

Die Schnitttechnik

Es gibt zwei Vorgehensweisen, um ein solches Ornament zu schnitzen. Man kann das auf dem Holz vorgezeichnete Ornament Stück für Stück vollständig schneiden, d.h. von einem bestimmten Teil des Gesamtornaments erst die Konturen und dann auch gleich den Grund fertig schnitzen, bevor man den nächsten Teil ebenso fertig stellt. Man kann aber auch erst die gesamte Kontur des Flachschnitts schnitzen und danach erst den Grund sauber schneiden. Dies ist aus Gründen der Übersichtlichkeit die wahrscheinlich bessere Methode, bei der man nach Fertigstellung der Kontur auch noch ausreichende Korrekturmöglichkeiten hat.

Sind sowohl Grund als auch Kontur in einem bestimmten Bereich schon fertig geschnitzt und sollen dann noch Veränderungen vorgenommen werden, muss man den Grund wieder nachschneiden. Am wichtigsten aber ist es, dass der Grund auf eine einheitliche Tiefe

Im Flachschnitt gearbeitetes Jägermotiv

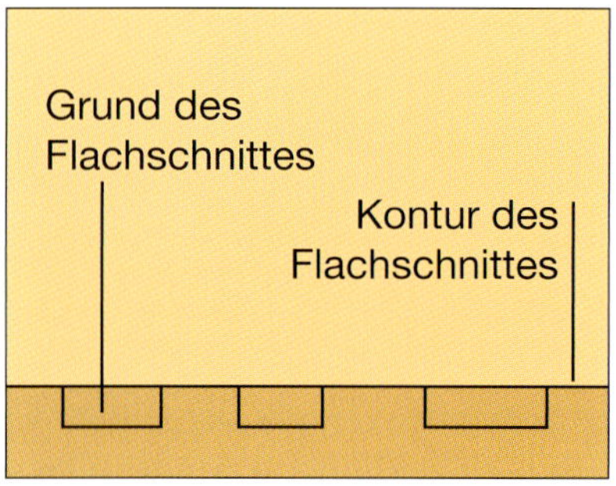

Schnittzeichnung eines Flachschnitts mit Darstellung von Grund und Kontur

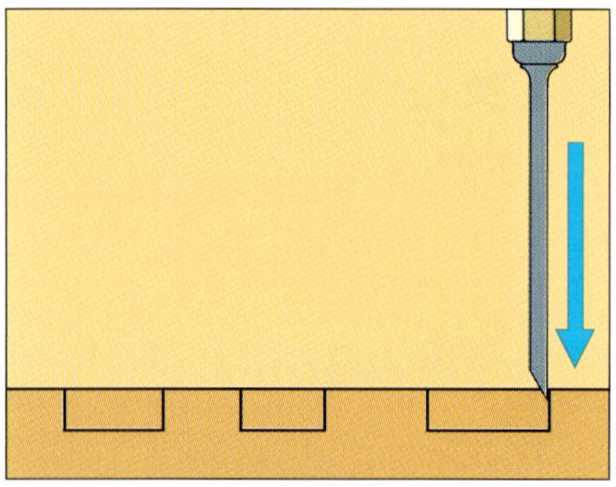

Einsetzen der Kontur des Flachschnitts. Stich und Breite des Werkzeugs werden durch die Linienführung der Kontur bestimmt.

Der Grund wird zunächst mit einem Hohleisen oder Bohrer herausgearbeitet und dann mit einem sehr flachen Flacheisen (möglichst Stich $2\frac{1}{2}$) sauber geschnitten.

gebracht wird. Sollte dies beim ersten Mal nicht gleich gelingen, muss man es gegebenenfalls noch einmal versuchen. Dabei kann man sich einiger Hilfsmittel bedienen. Zum Abtasten der Tiefe bohrt man in eine schmale Leiste ein Loch, in das ein Bleistift straff hineinpasst. Damit kann ein Tiefenmaß angelegt werden. Dort, wo der Bleistift die Tiefe nicht mehr berührt, ist der Grund tief genug ausgeschnitten. Dort, wo der Stift Spuren hinterlässt, muss noch etwas Material abgenommen werden, bis der Grund die richtige Tiefe hat.

Bandornamente schnitzt man, indem der Umriss des Flachschnitts auf das Holz gezeichnet und das Ornament mit einem Geißfuß ausgearbeitet wird. Der Grund wird mit einem Flacheisen geschnitten. Für die Wirkung eines Ornaments ist das Verhältnis zwischen der stehen gebliebenen Fläche und dem Grund von großer Bedeutung.

Sehr wichtig bei der Arbeit an einem Ornament ist die Kontur. Sie muss sehr sauber geschnitten werden, denn die Kontur bestimmt ganz wesentlich die Form und die Wirkung des Ornaments. Jede Abweichung von der Grundzeichnung wird die Wirkung zwangsläufig verfälschen. Deswegen muss man sich vor Beginn der Arbeit sehr genau den Faserverlauf des Holzes ansehen und die jeweilige Schnittrichtung entsprechend der Faserrichtung jeweils neu festlegen. Hat man das Eisen einmal falsch angesetzt, ist es meist schon zu spät und die ganze Arbeit oft nicht mehr zu retten.

Ist die Arbeit am Flachschnitt abgeschlossen, die Kontur sauber und der Grund gleichmäßig herausgearbeitet, sollte man mit feinem Schleifpapier und einem geraden Schleifklotz die Fläche, die stehen geblieben ist, sorgfältig abschleifen, damit auch mögliche Verschmutzungen entfernt werden. Das Abschleifen muss mit besonderer Vorsicht geschehen, sodass weder Teile aus der Flachschnitzerei herausbrechen noch die Flächen gerundet werden, da die fertige Arbeit sonst ihre Aussagekraft verliert. Ein größerer, gerader Schleifklotz, um den das Schleifleinen oder das Schleifpapier gewickelt wird und den man fest auf die zu schleifende Fläche drücken kann, ist dazu am besten geeignet. Durch gleichmäßiges Hin- und Herbewegen des Schleifklotzes wird die Fläche sowohl gereinigt als auch verfeinert. Der Staub, der sich nun gebildet hat, muss danach mit einer feinen Bürste abgebürstet oder mit Druckluft herausgeblasen werden. Am besten ist es allerdings, den Staub schon während des Schleifens mit einer Absaugvorrichtung, sei es auch nur ein umfunktionierter Staubsauger, abzusaugen. So bleibt die Werkstatt sauber und man atmet nicht zu viel Staub ein.

Zum Schluss wird die fertig geschliffene Fläche noch einmal auf eventuell zurückgebliebene Bleistiftspuren der Vorzeichnung geprüft, die dann mit einem weichen Radiergummi problemlos entfernt werden können.

Das absolute Sauberschneiden des Grundes eines Flachschnitts wird manchem Schnitzer anfangs sicherlich noch mehr oder weniger große Probleme bereiten. Gelingt dies zu Beginn noch nicht so gut, kann man diesen Makel durch Punzen etwas kaschieren. Punzwerkzeuge, d.h. Prägestempel, die aus vierkantigen Stahlstiften gefertigt werden, deren Enden zweckentsprechend geformt sind, gehören, wie oben schon erwähnt, zur Grundausrüstung eines jeden Schnitzers. Mit diesen Punzen kann man vorsichtig stempelartige Vertiefungen in den nicht ganz sauber geschnittenen Grund eines Flachschnitts schlagen. Das Punzeisen wird leicht über die zu punzende Fläche gehalten und die geschnitzte Fläche mit vorsichtigen Hammerschlägen bearbeitet. Dies geschieht in regelmäßigen Abständen solange, bis die gesamte Fläche mit Punzmarkierungen belegt ist.

Man kann den Grund durch eine farbige Gestaltung oder Vergolden noch zusätzlich hervorheben. An das Vergolden sollte man sich jedoch erst dann wagen, wenn man diese Technik schon sehr sicher beherrscht.

Die Oberflächenbehandlung des nun fertigen Flachschnitts richtet sich wiederum nach dem späteren Verwendungszweck. Sind es Verzierungen an einem Gebrauchsgegenstand, ist es sinnvoll dieses Ornament mit einem Wachs zu versiegeln. Auch ein Paraffinöl subliquidum ist ein geeigneter Schutz für eine solche Arbeit. Wurde die Arbeit allerdings farbig unterlegt, muss man darauf achten, dass sich das Oberflächenmittel mit der Farbe verträgt. Zum Beispiel sollte ein mit Ölfarbe ausgelegter Grund nicht mit einem acetonhaltigen Lack überzogen werden.

Grundregeln

An dieser Stelle sollen einige wichtige Regeln des Schnitzens zusammengefasst werden.

Die sorgfältige Pflege der Werkzeugschneide bildet eine der Grundvoraussetzungen für eine saubere Schnitzarbeit. Sobald man feststellt, dass das Schnitzeisen nicht mehr scharf schneidet, sollte man es frisch abziehen.

Unbedingte Voraussetzung für eine gelungene Arbeit ist das Beachten des Faserverlaufs des Holzes.

Wichtig für den späteren Gesamteindruck des fertigen Werkes ist noch ein dritter Faktor, die Sauberkeit der Hände. Während des Schnitzens bildet sich in der Regel Handschweiß. Dieser Handschweiß kann sich, verbunden mit Staub oder anderen Schmutzpartikeln, an den Kanten der Schnitzarbeit absetzen und sie mehr oder weniger stark schwärzen. Deshalb muss man mit möglichst sauberen Händen arbeiten und sie sich auf jeden Fall nach dem Schleifen bzw. nach dem Abziehen des Eisens waschen, da sich an den Händen immer Schleifpartikel festsetzen. Abhängig davon, wie sehr man zur Handschweißbildung neigt, ist es ratsam sich in regelmäßigen Abständen die Hände zu waschen. Wie oft man dies macht, ist zum Teil auch abhängig von dem Material, das man gerade bearbeitet. So hat beispielsweise Eichenholz einen relativ hohen Gerbsäureanteil, der, verbindet er sich mit dem Handschweiß, eine blaugraue Verfärbung des Holzes hervorruft. Bearbeitet man große Flächen, kann man die schon fertig gestellten Bereiche mit einem Tuch abdecken, um sie vor möglicher Verschmutzung zu schützen.

Achtet man immer auf diese Prämissen, so wird sich schon bald der erste Erfolg einstellen. Eine noch nicht ganz gelungene Arbeit sollte man nicht gleich wegwerfen. Später ist es möglicherweise sehr interessant zu sehen, von welchem Niveau aus man seine Schnitzerkarriere begonnen hat.

Es ist, wie eingangs schon gesagt, noch kein Meister vom Himmel gefallen, und auch wenn das Eisen manchmal schneller ist, als es sein sollte, führt nur Geduld zum Ziel. Auf keinen Fall sollte man nach den ersten nicht so geglückten Versuchen die Flinte ins Korn werfen.

Mit einem Geißfuß gravierter Ährenteller

Das Schnitzen von Gebrauchsgegenständen

Gebrauchsgüter aus Holz begleiten den Menschen schon seit tausenden von Jahren. Inzwischen haben sie sogar manchmal die Aura des Besonderen, denn viele Gegenstände des täglichen Bedarfs werden heute aus anderen Materialien wie Plastik oder Metall hergestellt. Obwohl das Holz aus vielen Bereichen des Alltags verdrängt wurde, finden sich immer wieder Gebrauchsgegenstände aus diesem Material, das Wärme, Behaglichkeit, ja sogar Exklusivität auszustrahlen vermag.

Seit der Mensch seine Fähigkeiten entdeckt hat, Holz zu bearbeiten, benutzt er diese Kenntnisse, um Gebrauchsgegenstände herzustellen. Neben Stielen und Schäften für Werkzeuge und Waffen waren es immer wieder Gefäße, die aus Holz gefertigt wurden. Frühe Zeugnisse hölzerner Gebrauchsgegenstände sind leider äußerst selten. Das liegt sicherlich vor allem daran, dass Gegenstände aus organischen Stoffen, etwa Grabbeigaben, dem schnellen Verfall preisgegeben waren. Zudem wurde den hölzernen Gebrauchsgütern wahrscheinlich nicht die gleiche Wertschätzung entgegengebracht wie Gegenständen aus Metall oder anderen wertvolleren Materialien. Das lag sicherlich auch darin begründet, dass Güter aus Holz vergleichsweise billig und einfach herzustellen waren und bei Verbrauch, Beschädigung oder Verschleiß rasch ersetzt werden konnten, denn sie wurden oft selbst angefertigt. Nur auf Grund glücklicher Umstände, etwa dem Einschluss in spezielle Erdschichten, blieben solche Erzeugnisse aus vergangenen Epochen mehr oder weniger gut erhalten.

Wenige Funde sind bekannt, deren Entstehungszeit wahrscheinlich bis ins Neolithikum zurückreicht. Doch diese Funde zeugen davon, dass schon unsere frühesten Vorfahren ein ausgeprägtes Gefühl für schöne Formen hatten.

Die sich in der Jungsteinzeit herausgebildeten Werkzeuge – Beil, Axt und Dexel – wurden zu den wichtigsten Arbeitsgeräten und viele der einmal gefundenen Grundformen haben sich in ihren wesentlichsten Bestandteilen über die Kupfer- und Bronzezeit hinweg bis in unsere Tage fortgeschrieben.

Auch die Form der geschnitzten Mulden, wie wir sie heute kennen,

Geschnitzte Kornschaufel und Strohgabel.

bildete sich bereits in der Bronzezeit heraus. Für viele Arbeiten in Landwirtschaft und Gewerbe waren geschnitzte Mulden die idealen Gefäße. So vielfältig wie ihre Einsatzbereiche sind ihre Bezeichnungen, je nach Region, in der sie entstanden sind. Allein im norddeutschen Raum sind Backmulden mit folgenden Bezeichnungen bekannt: Backtrog, Backeltrog, Backetrog, Teigtrog, Backmul, Backmulle, Backmolle, Backfass, Backthese, Mengback, Dietrog und Beit.

Mulden und Tröge unterscheiden sich gelegentlich durch ihre Größe. Während eine Backmulde zum Kuchenbacken diente, wurde der größere Backtrog zum Brotbacken verwendet, da hier viel größere Teigmengen geknetet werden mussten. Die geschnitzten Mulden wurden wegen ihres geringen Gewichts und ihrer monolithischen Form sehr geschätzt, denn geböttcherte Holzgeräte waren für einige Anwendungsbereiche wegen der hohen Luftfeuchtigkeitsschwankungen weniger geeignet als geschnitzte Mulden und Tröge, ebenso wie keramische Gefäße wegen ihrer Zerbrechlichkeit und metallene Gefäße wegen des hohen Gewichts.

Die Bauern stellten die Mulden teilweise selbst her. Dafür gab es in vielen Bauernhäusern spezielle Räume, die regional verschiedene Bezeichnungen hatten wie beispielsweise die Machkammer in Bayern, die Geschirrkammer in Niedersachsen, die Timmerkammer in Westfalen oder die Schnitzkammer in Sachsen.

Die wichtigsten Werkzeuge zur Herstellung von Holzmulden waren in fast jedem Bauernhaus vorhanden, und zur Fertigung des bäuerlichen Gerätes nutzte man meist die Winterzeit, in der kaum Feldarbeit zu erledigen war, doch der Bedarf an solchen Behältnissen war bis in die Zeit zwischen den beiden Weltkriegen – mancherorts noch länger – so groß, dass Muldenmacher oder Muldenhauer einen eigenen Handwerkszweig bildeten. Es gab auch Gebiete, wo dieser Berufsstand besonders häufig vorkam, so etwa im Altenburger Holzland mit seinem großen Pappelvorkommen in der Elsteraue, das besonders gute

Voraussetzungen zur Ausübung dieses Handwerks bot.

Neben den Backmulden wurden geschnitzte Mulden auch noch zu anderen Zwecken gefertigt. So gab es Buttermulden, Schlachtmulden oder flache Mulden zum Transport von Steinen und Mörtel auf dem Bau. Auf der Insel Usedom werden bis heute flache, aus Kiefernholz geschnitzte Mulden – Angelmoll – zum Aalfang eingesetzt.

Es gab viele sehr grob gearbeitete Mulden, aber auch besonders schön geschnitzte Gefäße mit ebenmäßiger Wandung, präziser Form und sorgfältig geglätteter Oberfläche.

Für die Herstellung von Holzmulden wurden selten ringporige Hölzer verwendet, meist war es Lindenholz, eventuell auch Erlen- oder Pappelholz. Ringporige Hölzer waren deshalb weniger geeignet, weil sich Reste von Mehl, Fett oder anderen Lebensmitteln in den Poren absetzen konnten, die dann entweder schimmelten oder ranzig wurden. Zur Herstellung von Mulden bevorzugte man Lindenholz, weil die Weichheit dieses Materials die Bearbeitung leicht machte und das Lindenholz außerdem eine geringe Spaltbarkeit sowie eine relativ gute Elastizität hat, was für die Festigkeit einer Mulde von großem Vorteil war. Mit einer Dichte von 0,46 bei Lufttrockenheit hat das Lindenholz zudem für ein Arbeitsgerät einen ganz enormen Gewichtsvorteil. Nachteilig war hingegen der starke Abrieb des Holzes, bedingt durch seine Weichheit.

Das Herausarbeiten der Mulde war sicher von Fall zu Fall abhängig von der Geschicklichkeit des Handwerkers und dem von ihm verwendeten Werkzeug. Eine besonders effektive Art der traditionellen Herstellung solcher Mulden soll hier kurz beschrieben werden.

„Im Frühjahr und im Herbst gehen die Muldenhauer in den Wald, um Bäume auszusuchen und zu schlagen, die in der Mitte 40 – 50 cm stark sind.

Zuerst werden die Bäume entästet und in Abschnitte zerteilt. Die Abschnittlänge ist auch die Länge der Mulde. Hierfür gibt es eine Regel. Die Muldenlänge entspricht zweimal der Muldenbreite plus ca. 14 cm oder 5 – 6 Zoll. Das ergibt das beste Verhältnis oder die beste Fasson, wie der Muldenhauer sagt.

Der Abschnitt wird mit der Schrotsäge abgeschnitten und in zwei gleiche Hälften gespalten. So gewinnt der Muldenhauer aus einem Nutz, wie er die Abschnitte nennt, zwei Spalten. Auf der Spaltfläche wird die Kontur der Mulde mit Schnur und Bleistift angerissen. Das Höhlen erfolgt nach einer Methode, die es ermöglicht aus einer Spalte zwei Mulden, eine große und eine kleine, zu gewinnen. Ein dritter kleiner Rest wird meist noch als Schemelsitz verarbeitet.

Bis zur fertigen Mulde bedarf es mehrerer Arbeitsgänge. Zunächst befreit man eine Spalte mit dem Beil von der Rinde und den Astansätzen und legt die äußere Form fest. Danach wird die Spalte auf den Boden gelegt und mit Hölzern gegen ein Wegrutschen gesichert. Mit der Axt hackt der Muldenhauer an beiden Enden jeweils eine tiefe Kerbe aus, die gleichzeitig die Innenwand am Kopf der Mulde bildet. Dazu hackt er an den Längsseiten schmale, tiefe Kerben aus. Nun werden an den Kopfenden leicht gebogene Holz- und Eisenkeile in die Kerbe getrieben. Das muss sehr vorsichtig geschehen, und zwar so lange, bis sich der Kern heraushebt. Danach werden die Innenwände mit der Axt auf die gewünschte

Geschnitzte Semmeltröge mit Holzlöffel und Mangelbrett

Ausschnitt aus der Mitteltafel des Annaberger Bergaltars aus der St. Annenkirche in Annaberg-Buchholz von Hans Hesse aus der Zeit nach 1521.
Die abgebildete Darstellung eines Erzausschlägers zeigt im Vordergrund eine geschnitzte Mulde.

hältnisse, Sauberkeit der Oberflächenbehandlung und Formgebung lassen erkennen, dass hier im Laufe einer vielhundertjährigen Entwicklung eine sehr hohe Stufe gestalterischen Könnens erreicht worden ist.

Die Form der Mulde ist weitestgehend von der Zweckmäßigkeit bestimmt. Durch die Holzmaserung, die in den überwiegend verwendeten Hölzern nur schwach vorhanden ist, werden keine besonderen Effekte erzielt. Ebenso wurde auf eine ornamentale Gestaltung durchweg verzichtet.

Wandstärke gebracht. Bei großen Mulden sind das ca. 2 cm an den Stirnwänden, während man den Boden 3 cm dick lässt.

Nun haut man die Außenseiten auf die richtigen Rundungen zurecht. Ist das geschehen, wird die Mulde auf Böcke gesetzt und die Innenseiten werden mit einem Schrupp- und Schlichtdexel sowie einer Schabe geglättet.

Als nächsten Arbeitsgang bringen die Muldenhauer beide Stirnaußenseiten auf die richtige Form und Stärke, dies wird als Abkäppen bezeichnet.

Jetzt stellt man die fast fertige Mulde für ein Vierteljahr in einen luftigen Schuppen zum Trocknen auf. Als Letztes wird sie mit Schabe und Schnitzmesser abgeputzt und kann so als vielseitiges Arbeitsgefäß genutzt werden. Mit dem aus der großen Spalte herausgehobenen Kern wird in gleicher Weise verfahren." Man erhält eine kleinere Mulde.

Im Altenburger Holzland wurden Mulden in zehn verschiedenen Größen von ca. 65 cm bis 1,30 m Länge angefertigt. Bei Backtrögen, die in gleicher Weise wie die Schlachtmulden hergestellt wurden, aber an den Ecken Traggriffe hatten, kennt man sogar Größen von 2 m. In Norddeutschland verwendeten die Muldenhauer auch Eichenholz für Tröge und Mulden. Der größte bekannte Trog hat eine Länge von 4,30 m und eine Breite von 74 cm.

Die von Muldenhauern gefertigten Mulden sind Gefäße standardisierter Größe und Form. Maßver-

Alte geschnitzte Backmulde und Wurfmulde

Flache Kiefernschalen mit Eichenrand, geschnitzt und geschliffen

Das Schnitzen einer Schale

Die Schalenfom unterscheidet sich wenig von der der Mulden, die bis in unser Jahrhundert hinein hergestellt wurden. Beim Herstellen einer Schale geht man natürlich heute nicht mehr, wie die Muldenhauer, mit Axt und Dexel vor, sondern solche Gefäße werden mit Schnitzeisen gearbeitet. Auch die Größe der historischen Mulden muss nicht unbedingt erreicht werden. An dieser Stelle soll das Schnitzen von Schalen beschrieben werden, die dem heutigen Geschmack und den heutigen Bedürfnissen angepasst sind. Dazu geht man wie folgt vor:

Zuerst wird die Form der Schale festgelegt. Sie kann eine geometrische Form bekommen, sie kann jedoch auch Vorbildern der Natur, etwa einem Blatt, nachempfunden werden. Nachdem der Entwurf fertig ist und ein Stück Holz entsprechender Dicke ausgewählt wurde, überträgt man die Form auf das Holz. Mit einer Bandsäge schneidet man die Kontur aus. Danach wird der Rohling sorgfältig in die Schnitzbank gespannt. Ein fester Sitz des Rohlings in der Schnitzbank ist sehr wichtig, um beim Anlegen keine unliebsamen Überraschungen zu erleben, etwa wenn der Rohling aus den Bankhaken springt.

Ist der Rohling eingespannt, legt man die Randstärke der Schale fest. Mit einem größeren Hohlbohrer und einem Knüppel oder Klüpfel wird nun die grobe Schalenform ausgearbeitet.

Zuerst legt man in der Mitte eine Höhlung an, indem man dort etwas Material herausschält. Wird beim Schnitzen der Schale gleich vom Rand her gearbeitet, kommt es zu einem so genannten „Drängen" des Schnitzeisens, je mehr man zur Mitte der Schale vorstößt, d.h. das Schnitzeisen lässt sich nur noch mit immer mehr Kraftaufwand vorantreiben. Es ist also auf jeden Fall besser, beim groben Ausarbeiten der Innenseite der Schale von innen nach außen zu arbeiten. Je mehr Raum man beim Anlegen mit dem Hohlbohrer und dem Klüpfel schafft, desto weniger Aufwand und Kraft ist anschließend bei der Arbeit mit dem Hohl- oder Flacheisen nötig.

Ist die Innenform der Schale sorgfältig angelegt, folgt das Sauberschneiden. Dazu wird ein Hohl- und Flacheisen verwendet. Man setzt das Eisen vom Rand her ein und versucht dann in einem durchgängigen Schnitt bis zur Mitte der Schale zu gelangen. Dabei muss die Körperkraft allerdings sehr dosiert eingesetzt werden, damit man nicht abschnappt, d.h. abrutscht, und in

1 Auf einem doppelt gefalteten Zeichenkarton wird die Kontur der gewüschten Form der Schale aufgezeichnet.

2 Durch die doppelte Faltung des Zeichenkartons erhält man eine symmetrische Außenform.

3 Auf der Abrichte wird ein Brett glatt gehobelt. Aus Sicherheitsgründen muss dazu eine Schubhilfe verwendet werden.

4 Die Form der Schale wird auf das Brett aufgezeichnet.

5 Mit der Bandsäge wird die Schalenform augesägt. Dabei sollte der höhenverstellbare Sägeblattschutz nicht höher als nötig eingestellt werden.

6 Der ausgesägte Rohling der Eichenholzschale.

7 Die Stärke der Wandung wird angezeichnet.

8 Mit Klüpfel und Hohleisen wird die Innenseite der Schale angelegt.

9 Als Nächstes wird die Innenseite der Schale sauber geschnitten.

10 Das abschließende Schleifen vollendet die Fläche der Innenseite.

11 Die Fläche des Bodens wird angezeichnet.

12 Die Außenseiten werden mit einem Balleisen abgearbeitet.

13 Mit einem Schinder können die Flächen besser ausgeglichen werden.

14 Die Bankhakenzulage schützt das Eisen beim Wegschlagen der letzten Stücke.

15 Das Sauberschneiden des Schalenendes erfolgt mit einem Schnitzmesser.

16 Mit einem geraden Schleifklotz wird die Außenseite der Schale sauber geschliffen.

Die einzelnen Phasen bei der Herstellung einer Schale

die gegenläufige Form der Schale einsticht. Das Herausarbeiten der Fläche der Schale erfordert etwas mehr Kraft und kann deshalb auch Schmerzen in der Hand hervorrufen. Deshalb sollten besonders Anfänger hier sehr verhalten vorgehen und sich nicht überanstrengen.

Die besondere Schwierigkeit beim Schalenschnitzen besteht darin, dass am tiefsten Punkt in der Mitte der Schale zwei Schnittrichtungen gegenläufig aufeinander treffen. Diese beiden Schnittrichtungen auf eine Ebene zu bringen erfordert etwas Geschick und Erfahrung. Beides erlangt man auch hier nur mit viel Übung.

Es ist auch beim Schnitzen einer Schale wieder sehr wichtig auf den Faserverlauf zu achten. Nicht immer bildet der Mittelpunkt der Schale auch den Mittelpunkt des Faserverlaufs. Wenn man die Schale so sauber geschnitzt hat, dass sie auch in der Mitte gleichmäßig ausgearbeitet ist, braucht sie anschließend nicht zusätzlich geschliffen werden. Anfangs wird das jedoch eher selten gelingen. Deshalb kann man die Schale zum Schluss noch mit einer Ziehklinge oder einem Schleifklotz und Schleifpapier glätten. Auch hier entsteht natürlich wieder Schleifstaub, der gründlich abgesaugt werden muss.

Zuerst schleift man die Schale mit sehr grobem Schleifpapier und verfeinert die Körnung des Schleifpapiers bis zum Finish auf etwa Körnung 80. Beim Schleifen sollte man besonders darauf achten, dass keine ungewollten Dellen in der Fläche verbleiben. Man erkennt solche Dellen, wenn man die Schale aus der Schnitzbank ausspannt und gegen das Licht hält. Eventuell vorhandene Dellen müssen dann mit einem Bleistift markiert und so lange geschliffen werden, bis die Markierung verschwunden und die Delle entfernt ist. Diese Korrekturen macht man am besten mit gröberem Schleifpapier der Körnung 40 – 60. Besonders schwierige Stellen können noch mit der Ziehklinge nachgearbeitet werden.

Sind Form und Oberfläche des Innenbereichs der Schale zufriedenstellend ausgearbeitet, wird die Schale auf der Schnitzbank umgedreht, sodass die Außenseite nach oben zeigt. Zum Schutz des Werkzeugs empfiehlt es sich, Zulagen zwischen Bankhaken und Schale zu klemmen, sodass man bei einem möglichen Abrutschen des Eisens mit der Klinge nicht an die Bankhaken stößt und die Klinge beschädigt. Das hätte zur Folge, dass man mit dem Schnitzeisen nicht mehr weiterarbeiten kann und erst die Schneide neu geschliffen werden müsste.

Als Nächstes werden Form und Größe der Standfläche der Schale festgelegt und dann die Außenform entsprechend der Innenform geschnitzt. Dies geschieht mit Flach- und Balleisen. Hat man die grobe Außenform abgeschlagen, setzt man anschließend nur noch ein der Form entsprechendes Flacheisen ein und schnitzt die Form sauber.

Wurde die Innenform geschliffen, sollte auch die Außenform geschliffen werden, damit es nicht zu zwei verschiedenen Oberflächencharakteren kommt. Zum Schleifen der Außenform nimmt man die Schale am besten in die Hand und fährt, ähnlich wie beim Schuheputzen, mit dem Schleifklotz behutsam über die Fläche. Ist die äußere Form geschliffen, muss noch kontrolliert werden, ob am Rand der Schale Faserreste stehen geblieben oder Druckstellen vorhanden sind. Auch solche Stellen schleift man mit dem gleichen Schleifklotz ab, wie er für die Außenfläche benutzt wurde.

Nun ist die Schale vollendet. Die Oberfläche des fertigen Stücks kann jetzt noch durch Einfärben, Wachsen, Ölen oder Lackieren behandelt werden. Man kann die Schale allerdings auch mit Kerbschnitten oder anderen Schnitzarbeiten an der Außenseite zusätzlich verzieren. Das sollte allerdings äußerst zurückhaltend geschehen.

Geschnitzte Eichenkumme

Das Schnitzen einer Kumme

Beim Schnitzen einer Kumme geht man eigentlich genauso vor wie beim Schnitzen einer Schale. Im Gegensatz zu Schalen sind Kummen jedoch um einiges tiefer. Deshalb benötigt man Holz in entsprechender Dicke.

Ist ein geeignetes Holzstück gefunden, wird die Form der Kumme festgelegt. Auf einen zweimal gefalteten Bogen festes Papier zeichnet man ein Viertel der gewünschten Form auf und schneidet sie so aus, dass man eine Schablone erhält. Bis zu diesem Zeitpunkt sind Korrekturen und Veränderungen an der Form immer möglich.

Ist die Form endgültig gefunden, legt man die Schablone auf das Holz und zeichnet die äußeren Umrisse der Schablone auf und sägt dann die vollständige Form aus. Beim Aussägen von dickem Holz ist ein sehr scharfes Bandsägeblatt, das zudem gut geschränkt sein muss, sehr wichtig. Das Bandsägeblatt darf nicht zu breit sein, da man sonst beim Schneiden von engen Kurven erhebliche Schwierigkeiten bekommen kann.

Wenn der Rohling ausgeschnitzt ist, also die grobe Form ausgearbeitet wurde, schneidet man mit dem Balleisen die äußere Kontur nach, sodass wenigstens an der oberen Kante der Sägeschnitt verschwindet. Die äußere Form sollte dabei so lange korrigiert werden, bis eine schöne und harmonische Umrisslinie für die Kumme entstanden ist.

Das Anlegen der Innenseite erfolgt wie bei einer normalen Schale mit einem Bohrer Stich 9 oder auch mit einem Hohleisen Stich 8. Es ist wichtig, dass zuerst in der Mitte der Kumme genügend Material weggeschlagen wird, damit anschließend vom Rand her ungehindert geschnitzt werden kann und es nicht zum Drängen des Eisens kommt. Als Drängen bezeichnet man den Zustand, wenn sich das Werkzeug trotz größten Kraftaufwandes nicht mehr, oder nur noch sehr schwer, vorwärts bewegen lässt. Dies lässt sich vermeiden, wenn man bei einem Schnitt nicht zu viel Span mit einmal abnimmt und immer nur kleinere Späne wegschlägt. Das Drängen des Werkzeugs kann zur Folge haben, dass das Werkstück Risse bekommt, d. h. zerspringt, oder das Werkzeug zerbricht.

Sind auf diese Weise Risse im Material entstanden, muss man das Werkzeug aus dem Holz ziehen und kann durch Einbringen von Leim in den Riss versuchen, das Werkstück noch zu retten. Schlimmer ist es, wenn das Eisen zerbricht, etwa wenn das Werkzeug direkt an der Krone wegbricht oder ein Stück aus der Schneide herausbricht. Verwendet man bei der Arbeit kein Billigwerkzeug, lässt sich ein solcher Schaden durch gefühlvolles Arbeiten in der Regel vermeiden.

Ist an der Innenseite der Kumme so viel Material entfernt worden, dass die Form erkennbar ist, kann mit dem Sauberschneiden begonnen werden. Auf Grund der Tiefe der Kumme entsteht hierbei jedoch ein Problem, denn man kann mit einem normalen geraden Eisen den Boden nicht sauber schneiden. Dazu benötigt man entweder ein gebogenes oder ein gekröpftes Hohleisen, denn mit einem geraden Eisen bliebe man ab einem gewissen Wandungswinkel mit der Krone des Werkzeugs am Außenrand hängen und könnte dort nicht mehr weiterschnitzen. Deshalb muss man dann zu einem gebogenen oder gekröpften Eisen wechseln. Zum Ausarbeiten solch tiefer Bereiche ist es sinnvoll, sich eine sehr kurze Fase an das Eisen zu schleifen. Das hat zwar den Nachteil, dass man erheblich mehr Kraft als bei einem Eisen mit einer langen Fase aufwenden muss, man kann dafür jedoch viel besser die engen Radien bearbeiten, die bei einer Kumme vorhanden sind.

Erfahrungsgemäß macht das Sauberschneiden des Bodens einer Kumme die meisten Schwierigkeiten. Gelingt es nicht beim Schneiden längs der Faser beide Seiten des Bodens auf gleiche Höhe zu bringen, also ihn eben zu schneiden, kann auch quer zur Faser gearbeitet werden. Wenn mit dem gekröpften oder gebogenen Eisen Schnitt für Schnitt nebeneinander gesetzt wird, erhält man ebenfalls eine schöne und ebene Bodenfläche. Fehlt zum Ebenschneiden des Bodens aber noch die nötige Routine, leistet eine Schwanenhalsziehklinge gute Dienste. Mit ihr lassen sich die Unebenheiten des Bodens sehr gut glätten. Anschließend kann die Kumme, wie beim Schnitzen der Schale schon beschrieben, geschliffen werden. Auch hier gilt, wie bei allen anderen Schleifarbeiten, dass bei harten Hölzern Schleifpapier mit feiner Körnung, bei weichen Hölzern hingegen zu Anfang auch Schleifpapiere mit gröberer Körnung verwendet werden können. Bei harten Hölzern hinterlässt eine gröbere Körnung sichtbare Schleifkratzer, die sich dann meist nur mit sehr viel Mühe oder überhaupt nicht entfernen lassen. Deshalb sollten Arbeiten aus hartem Holz stärker sauber geschnitten werden, sodass zum Nachschleifen kein grobes Schleifpapier mehr gebraucht wird. Weiches Holz kann man dagegen getrost mit grobem Schleifpapier in Form bringen und danach mit zunehmend feineren Sorten die Schleifspuren beseitigen.

Möchte man eine besonders feine Oberfläche erreichen, sollte das Werkstück nach dem ersten Schleifen gewässert werden. Durch das Wässern richten sich die Holzfasern, die in das porige Holz hineingedrückt wurden, wieder auf und die Oberfläche wird sehr rau. Nach dem gründlichen Trocknen des gewässerten Stücks kann man die Oberfläche mit mittelfeinen und feinen Schleifpapieren nachschleifen. Dies kann man beliebig oft wiederholen. Je häufiger man wässert, desto feiner wird die Oberfläche. Trotzdem sollte man darauf achten, dass nicht zu stark gewässert wird, da sonst das Holz wieder zusätzlich Feuchtigkeit aufnimmt und beim Trocknen die Gefahr der Rissbildung oder des Verwerfens verstärkt besteht.

Es folgt das Ausarbeiten der Außenform der Kumme. Zunächst werden Form und Größe der Standfläche festgelegt. Dann wird mit einem Flacheisen mit Stich 5 die grobe Form zurechtgeschlagen. Hierbei muss darauf geachtet werden, dass nicht mit zu viel Kraft gearbeitet wird, denn man kann die Kumme nicht allzu fest in die Schnitzbank einspannen, weil sie wegen ihrer Tiefe leichter zerbrechen kann als eine flache Schale mit niedrigem Rand.

Ist die grobe Form zurechtgeschlagen, wird mit einem Balleisen die Außenform sauber geschnitten. Dabei ist wieder darauf zu achten, dass man mit dem Eisen nicht in die Bankhaken gerät. Eine Zwischenlage ist also auch hier wieder sehr sinnvoll.

Je nach Resultat des Sauberschneidens kann man nun, wie es in der Schnitzersprache heißt, den Schnitt stehen lassen oder durch weiteres Bearbeiten mit einer Ziehklinge und Schleifpapier die Außenform noch verfeinern. Zum Abschluss kann die fertige Kumme geölt oder gewachst werden.

Das Schnitzen von Löffeln

Für den täglichen Gebrauch ist es sicher nicht nötig, Löffel zu schnitzen. Vor Jahrhunderten war das aber noch ganz anders, denn Löffel aus Metall waren für die meisten Menschen nahezu unerschwinglich. Sie waren meist aus Silber oder einem anderen edlen Metall, sodass nur sehr reiche und hochgestellte Persönlichkeiten es sich leisten konnten, solche Löffel zu kaufen und zu benutzen. Deshalb waren die Holzlöffel vor dem Zeitalter der Industrialisierung in den meisten Haushalten gang und gäbe.

Auch wenn es heute für Holzlöffel keinen dringenden Bedarf mehr gibt, so kann beispielsweise ein geschnitztes Salatbesteck trotzdem eine willkommene und dekorative Bereicherung bei Tisch sein.

Als erster Schritt entsteht ein Entwurf für die Form des Holzlöffels. Hat man nach einigen Versuchen die für sich schönste Löffelform gefunden und aufgezeichnet, wird ein Stück stärkeres Papier oder dünner Karton gefaltet und die halbe Löffelform entlang ihrer Längsachse aufgezeichnet und das

1 Die einzelnen Phasen beim Schnitzen eines Salatlöffels.

2 Die Grundform des Löffels wird aufgezeichnet.

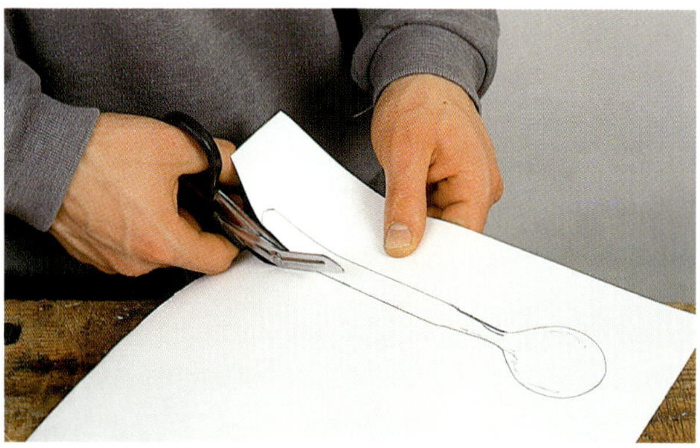

3 Als nächster Schritt wird die Schablone ausgeschnitten.

4 Die Schablone wird sowohl für die Form des Löffels als auch für die der Gabel verwendet.

5 Mit Hilfe der Schablone werden die beiden Formen auf das vorbereitete Holz gezeichnet.

6 Der Rohling wird auf der Bandsäge ausgesägt.

7 Mit einem Tiroler Flacheisen wird der Stiel ausgeschnitzt.

8 Mit einem Flacheisen Stich 5 wird die Innenseite des Löffels ausgearbeitet.

9 Die Löffelrückseite wird mit einem Flacheisen abgeschnitzt.

10 Die Rückseite des Stiels wird bearbeitet.

11 Mit Schleifleinen glättet man zum Abschluss die letzten Unebenheiten.

12 Für die Gabel des Salatbestecks wird mit einem Bohrer ein Loch von ca. 12 mm in den Rohling gebohrt.

13 Anschließend wird auf der Bandsäge ein Dreieck in den Rohling geschnitten und die Gabel dann analog dem Löffel fertig gestellt.

14 Die einzelnen Arbeitsschritte beim Schnitzen der Gabel des Bestecks

Papier auf die gewünschte Größe und Form des Löffels zugeschnitten. Durch das Falten entsteht eine symmetrische Schablone für die Gesamtform des Löffels. Bei dem hier gezeigten Salatbesteck sollen Löffel und Gabel die gleiche Grundform erhalten.

Als Material zum Schnitzen von Löffeln ist das Holz eines Reifholzbaumes, etwa Ahorn, Linde, Erle oder Buche, am besten geeignet. Zuerst wird ein Holzbrett auf ca. 8 mm Dicke zurechtgehobelt. Auf dieses Brett wird die vorbereitete Schablone gelegt. Mit einem Bleistift werden die Konturen der Schablone links und rechts ihrer Längsachse auf das Brett übertragen, sodass die vollständige Löffelform auf dem Brett zu sehen ist.

Mit einer Bandsäge oder einer Dekupiersäge – wer beides nicht zur Verfügung hat, kann auch eine Laubsäge benutzen – schneidet man die äußere Form des Löffels aus.

Als Nächstes wird die äußere Kontur des Löffels mit einem Balleisen nachgeschnitten, sodass der Sägeschnitt nicht mehr zu sehen ist und eventuelle Ungleichheiten korrigiert werden. Dann wird die Vertiefung des Löffels mit einem Hohleisen mit Stich 5 – 6 herausgearbeitet. Zum Sauberschneiden kann man dann ein Eisen mit Stich 4 – 5 einsetzen.

Ist die Löffelinnenseite herausgearbeitet, dreht man den Löffel um und arbeitet die äußere Form aus. Dabei darf der Löffelrand nicht dicker als die Löffelunterseite werden. Je sauberer die Schnitte gesetzt werden, umso ansprechender wird der fertige Löffel aussehen.

Der zweite Rohling, der für die Gabel des Salatbestecks vorgesehen ist, wird in der Löffelmitte mit einem 8 – 10-mm-Loch durchbohrt. Von dieser Bohrung aus schneidet man mit der Dekupiersäge eine V-förmige Aussparung aus. Die grobe Gabelform ist danach schon zu erkennen.

Die entstandenen Kanten und leichten Ausbrechungen, die beim Bohren und Sägen entstanden sind, werden sauber verschnitzt. Dazu eignet sich ein Balleisen oder auch ein Schnitzmesser am besten. Ist dies geschehen, müssen noch die Stiele von Löffel und Gabel bearbeitet werden. Die jeweilige Stielunterseite wird mit einem Ball- oder Flacheisen so bearbeitet, dass ein halbkreisförmiger Stiel entsteht. Damit sich der Löffel gut anfasst, sollte er sehr glatt sein. Gelingt das mit dem Messer oder dem Balleisen allein nicht, kann auch hier wieder Schleifpapier der Körnung 40 zum Grobschleifen verwendet werden. Zum Nachschleifen ist Schleifpapier der Körnung 60 und zum Sauberschleifen ein Papier der Körnung 80 am besten geeignet.

Die Form eines Salatbestecks muss immer von seinem Gebrauch bestimmt sein. Ist der Stiel zu dünn oder zu dick, wird die Handhabung erschwert. Deshalb sollte man schon vor dem Schnitzen ausprobieren, welche die angenehmste Stärke für den Stiel ist. Auch die Form und Länge des Stiels sind wichtige Kriterien für den Gebrauchswert.

Die Oberfläche des Salatbestecks sollte mit einem Paraffinöl bearbeitet werden. Es ist ungiftig, geruchlos sowie geschmacksneutral und hat keine Auswirkungen auf die Speisen, die mit dem Besteck serviert werden.

Das Modelschnitzen

Es gibt zwei Arten der Model: die Druckmodel und die Backmodel. Die Backmodel werden gelegentlich auch Springerle genannt. Druckmodel werden vorwiegend zum Reproduzieren eines ornamentalen oder figürlichen Motivs hergestellt. Dabei unterscheidet man stempelartig erhabene, meist hölzerne Hochdruckmodel und vertiefte Gussformen. Die hölzernen Hochdruckmodel werden vor allem für den Direktdruck auf Textilien (Blaudruck, Zeugdruck), Papier und Tapeten verwendet. Druckmodel werden neben dem Direktdruck auch für den so genannten Reservedruck gebraucht. Dies ist eine Druckart, bei der mit Hilfe von Wachs oder Kleister, dem Papp, Muster auf Baumwolle oder Leinen gedruckt werden. Nach dem Bedrucken wird der Stoff gefärbt und nach dem Trocknen der Farbe wird der Papp wieder ausgewaschen und das originale Bild des Models bleibt auf dem Stoff zurück.

Das Herstellen solcher Model ist in der Regel die Arbeit professioneller Modelstecher. Wer jedoch selbst einmal versuchen möchte solche Model zu schnitzen, kann wie folgt vorgehen:

Meist wird für das Herstellen der Druckmodel Birnbaumholz verwendet. Bevor die Model allerdings geschnitzt werden können, muss eine Zeichnung mit dem jeweiligen Muster auf den hölzernen Block aufgebracht werden. Zum Schutz gegen das Verziehen ist der Block häufig aus mehreren übereinander liegenden Tafeln mit wechselnder Faserrichtung zusammengeleimt. Das Muster muss auf dem Block so angelegt werden, dass es in ein bestimmtes Wiederholungsraster, den Rapport, passt.

Ist der Entwurf fertig, wird das Holz vorbereitet. Die Druckfläche muss sehr glatt sein. Dazu wird die Fläche mit einer Teller- oder Bandschleifmaschine sehr sauber geschliffen. Eventuell entstandene Schleifspuren werden anschließend mit einer Ziehklinge und sehr feinem Schleifpapier entfernt. Auf

Druckmodel zum Herstellen von Spielkarten

diese Fläche überträgt man die Entwurfszeichnung mit Hilfe von Pauspapier. Das Pauspapier legt man mit der schwärzenden Seite unter die Zeichnung auf das Holz. Die Zeichnung wird so befestigt, dass man sie von Zeit zu Zeit anheben kann, um ihre einwandfreie Übertragung kontrollieren zu können.

Ist die Zeichnung auf das Holz übertragen, können eventuell nicht deutlich erkennbare Linien noch nachgezogen werden, dann kann man mit dem Schnitzen beginnen.

Das Muster wird ca. 2 – 4 mm tief herausgearbeitet. Man schneidet zuerst die Konturen der Flächen, die stehen bleiben sollen, und die dann später die Druckfarbe oder Papp auf den Stoff übertragen. Sind diese Konturen herausgearbeitet, schneidet man mit einem Hohleisen oder einem Bohrer die Flächen weg, die keine Farbe oder Papp übertragen sollen. Stehen bleiben also nur die druckenden Flächen. Um feinere Muster in den Block zu arbeiten, kann man beispielsweise Stifte an jenen Stellen in den Druckstock schlagen, wo Punkte gedruckt werden sollen. Kleine Auslassungen in der Fläche kann man auch kerbschnittartig herausarbeiten. Ist das Muster fertig gestellt, wird die Druckfläche des Models noch einmal plan geschliffen, der Staub entfernt und das Model ist fertig.

Bei einem Backmodel werden die Formen tief in das Material eingeschnitzt. Es entstehen sozusagen Negativformen einer Figur oder eines Ornaments. Die traditionelle Motivpalette für Backmodel ist sehr vielfältig. Es gibt Hunde, Häuser, Pflanzen, Fantasiegestalten und noch einiges andere mehr. Backmodel können zudem eine sehr unterschiedliche Größe und Stärke haben.

Auch für ein Backmodel muss als Erstes wieder ein Entwurf gezeichnet werden. Ist dies geschehen, überträgt man auch diese Form auf einen vorher ausgewählten Holzblock der entsprechenden Größe. Beim Entwurf muss darauf geachtet werden, dass eine Form entwickelt wird, die so gestaltet ist, dass sich der Teig später leicht aus dem fertigen Model herausnehmen lässt. Auf keinen Fall darf es bei der Modelschnitzerei zu Hinterschneidungen kommen, denn in diesem Fall kann die Backmasse nur dann aus dem Model herausgelöst werden, wenn man die gepresste Form wieder zerstört.

Ist die Zeichnung auf das Material übertragen, kann mit einem Bohrer Stich 11 die innere Kontur umschnitten werden. Dies wird nicht in einem Arbeitsgang möglich sein, da auch hier die Gefahr besteht, dass das Eisen zu drängen beginnt. Wurde die Form in der nötigen Tiefe umschnitten, bei einem 10 cm großen Model empfiehlt sich eine Tiefe von etwa 8 mm, arbeitet man den innerhalb dieser Umgrenzung befindlichen Teil des Holzes aus. Sind alle Unsauberkeiten der inneren Form beseitigt, kann man mit Kerbschnitten verschiedenste Verzierungen am Model anbringen, um es auf diese Weise noch zusätzlich zu verschönern.

Leuchter mit flämischem und durchbrochenem Wund (gegenüberliegende Seite)

Historische Backmodel (links)

Ornamentschnitzerei

Das Ornament hat in den vergangenen hundert Jahren, spätestens aber mit der Bauhausbewegung, für den modernen Menschen viel von seiner Bedeutung verloren. Doch das Wissen um die Ornamentik und die Fähigkeit, historische Ornamente einordnen und auch authentisch nacharbeiten zu können, darf im Hinblick auf denkmalspflegerische Aspekte nicht verloren gehen und ein wichtiges Aufgabengebiet der Schnitzer.

Der Begriff Ornament leitet sich von dem lateinischen Wort ornare, also dem Schmücken her. Die gesamte Verzierungskunst einer Epoche, einer Kultur oder eines Stils nennt man Ornamentik und ihre praktische Anwendung ist die Ornamentation oder die Ornamentierung.

Unzählige Dinge unseres täglichen Lebens sind mit Ornamenten geschmückt und die Schmuckelemente sind sehr vielfältig. Deshalb ist das ornamentale Vokabular unserer Zeit ebenso vielgestaltig wie das früherer Epochen.

Ornamentformen

Um die Entwicklung der Ornamentik bis heute besser verständlich werden zu lassen, soll hier ein kurzer Rückblick auf ihre Herausbildung und Entwicklung folgen. Die drei Hauptformen des Ornaments zu allen Zeiten sind:

- das konstruierte geometrische Ornament
- das vegetabilische oder Pflanzenornament
- künstliche Formen

Zwei verschiedene Akanthusblattformen: Acanthus smollis (links) und Acanthus spinosus (rechts)

Geschnitztes Trophäenbrett für die Jägerei

Neben diesen Hauptgattungen gibt es Tier- und auch menschliche Formen, architektonische Elemente sowie Schriftzeichen.

Zu den geometrischen Ornamenten zählen u.a. die Flachmustermotive wie Kreise, Ovale, Dreiecke, Rhomben, Vielecke oder andere geometrische Formen sowie das Maßwerk. Eine besondere Ornamentgruppe unter den geometrischen Ornamenten bilden die Bänder wie Mäanderbänder, Kettenbänder, Flechtbänder, Blumenbänder, Blatt- und Rankenbänder, Wasserwogenbänder, Heftschnüre, verzierte Wulste sowie Blatt- und Eierstäbe.

Pflanzenornamente können alle Stufen von der naturgetreuen Nachbildung einer bestimmten Pflanze bis zu botanisch nicht mehr zu identifizierenden Fantasieblüten, -blättern oder -ranken umfassen. Sie reichen von Nachbildungen einzelner Blumen, Früchte, Fruchtgehänge oder Reben bis zur Nachbildung von Lorbeer, Efeu oder Akanthus.

Tierornamente können nachgebildete Löwen, Greife, Adler, Delfine, Muscheln, Schlangen oder fantasievolle Abwandlungen davon sein.

An menschliche Formen angelehnt sind Masken, Fratzen, Grotesken, Sphingen oder Karyatiden.

Zu den künstlichen Formen zählt man Trophäen oder Embleme. Hinzu kommen noch spezielle Ornamente wie Firstbekrönungen, Stirnbretter, Knöpfe, Vasen, Hängezapfen, Rosetten oder Krabben.

Architektonische Ornamente finden sich bei den einzelnen Säulenordnungen, etwa bei den Säulenfüßen, Säulenschäften oder Kapitellen. Auch Pilaster, Triglyphen, Hermen, Karyatiden, Balustraden oder Konsolen zählen hierzu.

In Türfüllungen oder bei Wandvertäfelungen findet man quadratische, rechteckige, kreisförmige Ornamente, Rollwerk, Rocaille und vieles andere mehr.

Allgemein war ein bestimmtes Ornament nicht nur auf eine bestimmte Kunstgattung beschränkt, erfuhr aber meist in einer bestimmten Gattung eine besondere Ausprägung, wie etwa das gotische Maßwerk in der Architektur.

Gedrehte Säule mit geschnitztem Kapitell als Kanzelfuß.

Die Entwicklung der Ornamentik

Das Entstehen der ersten Ornamente reicht bis in jene Zeit zurück, als der Mensch begann, sich künstlerisch auszudrücken und damit das Bestreben entwickelte, Formen zu ordnen oder sie als symbolische Zeichen zu nutzen. Sie dienten neben dem Schmuck auch als Unterscheidungs-, Schutz- und Bezeichnungsmittel und mit Sicherheit hatte das Ornament auch eine kultische Bedeutung.

Der Anfang der Ornamentik reicht bis ins Jungpaläolithikum zurück und ihr Formenspektrum erweiterte sich von elementaren Schmuckformen wie Dreiecken, Kreisen, Rauten, Punkten oder Spiralen im Laufe der Geschichte zu immer komplizierterem und komplexerem Schmuckwerk. Neue Techniken, neue Werkzeuge und Materialien und nicht zuletzt die menschliche Fantasie bewirkten, dass die Ornamentik sich ständig veränderte und sich immer neue Formen entwickelten.

Die einfachsten geschnitzten Ornamente entstanden im Kerb- bzw. Hohlschnitt und seine erste Blüte erlebte die Ornamentik im ägyptischen und griechischen Kulturbereich. In der folgenden Zeit verwendeten dann besonders römische Künstler verschiedenste Ornamentformen, wie die Palmette oder das Akanthus- und Lotosornament.

Unabhängig von der mittelmeerischen Tradition entstand im nördlichen Europa eine eigene Ornamentik mit Tierfiguren und verschlungenen Bändern. Die Wikinger verzierten ihre Schiffe mit reich geschnitzten Bandornamenten, deren Faszination sich der Betrachter auch heute kaum entziehen kann.

Zu karolingischer Zeit und während der Romanik war es vor allem das Kirchengestühl, das die Möglichkeit zum ornamentalen Gestalten bot, denn in den Haushalten der einfachen Leute waren Möbel, wie Tische, Schränke und Stühle, sehr selten und sogar in wohlhabenderen Häusern nur spärlich zu finden. So kommt es, dass aus dieser Zeit kaum in Holz geschnitzte Ornamente erhalten sind. Die meisten überkommenen Ornamente dieser Epoche sind vorwiegend in Stein gehauen. Neben verschiedenen Rankenformen und dem Flechtband sind Rundbogenfries, Zahnschnitt und geometrische Formen am häufigsten anzutreffen. Es ist jedoch durchaus vorstellbar, dass solche in Stein gehauene Ornamente zum Teil auch in Holz geschnitzt wurden.

Eine wirklich neue Entwicklung des Ornaments setzte mit der Gotik ein und zu dieser Zeit erlebte auch das hölzerne Ornament seine erste wirklich große Blütezeit. Wichtigstes Element wurde das streng geometrische Maßwerk. Von der Architektur wurde das Maßwerk dann auf andere Bereiche, wie das Chorgestühl, übertragen. Das gotische Kirchengestühl wurde reich verziert und auch die Altäre waren üppig mit ornamentalem Schmuck versehen. Die Altäre der Hochgotik verzierte man mit unzähligen Türmchen, Krabben, Spitzbögen, Eselsbrücken, Dreiecksmaßwerk, Maßwerksfriesen in Dreiecken, Maßwerksfriesen in Kreisen und vielem anderen mehr. Den Gegenpol zum geometrischen Maßwerk bildete die reiche Pflanzenornamentik, wie man sie etwa am Naumburger Dom in ausgeprägter Form sehen kann. Die gotische Orna-

Stilisierter Acanthus spinosus

Übungsstück eines Akanthusornaments mit Schnörkel

mentik findet sich jedoch nicht nur am Bau, am Chorgestühl, an Altären, Tabernakeln oder Monstranzen, sondern auch an Truhen, Schränken, Tischen, Stühlen.

Eine neue Phase der Entwicklung des Ornaments setzte mit der Renaissance ein. Die Renaissance brachte eine Rückbesinnung auf die antike Ornamentik mit sich und hatte einen völligen Bruch mit dem gotischen Formenvokabular zur Folge.

In Anlehnung an die Antike wurden die Ornamente mit Vasen, Delfinen, Akanthus und anderen vegetabilen Motiven gestaltet, und das in der Renaissance ausgeprägte System aus Stauden, Kandelabern, Figuren und Mischwesen (Grotesken) entwickelte sich über die nächsten Jahrhunderte weiter und blieb bis ins 18. Jahrhundert für die Dekoration mehr oder weniger maßgeblich. Die Ornamentik der Renaissance besticht besonders durch seine vornehme Zurückhaltung und wirkt trotz üppiger Formen nicht schwülstig und aufgesetzt. Im Gegensatz zur Gotik findet sich jetzt der Ornamentschmuck nicht mehr nur vorwiegend in Kirchen, sondern auch in Profanbauten und Bürgerhäusern. Auffallend ist, dass sich die Entwicklung des Ornaments zur Zeit der Renaissance kaum im sakralen Raum vollzog, sieht man von solch bedeutenden Ausnahmen, wie der Augsburger Fuggerkapelle oder dem Hauptaltar der St. Annenkirche in Annaberg ab. Besonders das aufstrebende Bürgertum nutzte die Stilmittel der Renaissance, um sein Selbstbewusstsein zu demonstrieren, und so wurde es immer selbstverständlicher, dass zu einem wohlhabenden bürgerlichen Haushalt verzierte Tische,

Barocke Kanzel in der St. Katharinenkirche in Buchholz, restauriert 1984 – 1998

Schränke und Stühle gehörten. Auch die Schlafstatt wurde nun ein mitunter reich verziertes Prunkstück innerhalb einer Wohnung. Hier konnten sich die Bildschnitzer frei entfalten.

Die Handwerker und Künstler der Renaissance nutzten die Dekorationsformen des antiken Kulturbereichs und ergänzten sie durch neue Elemente. Sie nutzten den Akanthus, das Rollwerk und Grotesken, importierten aus dem islamischen Kulturkreis die Maureske und verwendeten neben den schon bekannten mediterranen Pflanzenformen erstmals auch Elemente aus der nordeuropäischen Pflanzenwelt, wie das Eichenblatt. Auch Früchte des Feldes und des Gartens sind in der Ornamentik dieser Zeit reichlich vertreten. Je weiter die Renaissance voranschritt, desto mehr entwickelte sich aus dem flachen Ornament das in Hochreliefform geschnitzte Ornament. Zur Zeit der Hoch- und Spätrenaissance (Manierismus) wurden die Naturformen wie Blätter, Früchte, aber auch Tiere und Menschen in fast plastischer Form herausgearbeitet. Zudem verzichtete man bei Holzbildwerken mehr und mehr auf die Fassmalerei, d. h. auf das farbige fassen der geschnitzten Holzbildwerke, das zur Zeit der Gotik gang und gäbe war. Es entwickelte sich eine Schnitztechnik, die höchstes Können verlangte, und auf Grund der Höhe der Ornamente musste immer komplizierteres Werkzeug eingesetzt werden. Dies zog eine entsprechende Entwicklung der Werkzeugschmiede nach sich, die nun gekröpfte, gebogene, verkehrt gekröpfte und verkehrt gebogene Eisen herstellen mussten, mit denen Hinterschneidungen und tiefe Gründe sorgfältig bearbeitet werden konnten.

Der Übergang von der Renaissance zum Barock vollzog sich allmählich im Kontext der Gegenreformation. Es entwickelte sich ab der Übergangsphase von der Renaissance zum Barock, dem Manierismus, ein Dekorationsstil, bei dem Schmucksucht, Bewegtheit und Irrationalität immer mehr in den Mittelpunkt traten. Zwar übernahm man im Barock im Wesentlichen alle formalen Elemente der Renaissanceornamentik, doch verloren sie an Klarheit und formaler Disziplin.

Die Formen wurden körperlich plastischer, schwungvoller und in

Harmonische Verbindung zwischen barocken Ornamenten und barocker Plastik

Geschnitzte Fratze für eine Türfüllung

Geschnitztes Medaillon für die Füllung der gleichen Tür

sich verdreht. Sie bildeten Formen, die einen nach oben strebenden Eindruck hervorriefen. Besonders die menschlichen Formen des Barock wurden stets in Posen übersteigerter Verzückung oder unsagbarer Qualen wiedergegeben.

Der Akanthus wurde nicht mehr, wie zuvor, fast natürlich dargestellt, sondern als schwungvoll, wuchtiges, pathetisches Ornament mit eigenartigen Windungen (Bandelwerk, Knorpelwerk). Die bislang statisch wirkende Säule erhielt im Barock durch ihre nun gewundene Form eine eigenartige Bewegtheit und einfache Pilaster wurden zu Balustraden zusammengefasst. Das reich geschnitzte Ornament der

Fragment eines barocken Ornaments, einem sogenannten „Kurhut", vor der Rekonstruktion

Das gleiche geschnitze Ornament nach der Rekonstruktion. Die unteren Teile wurden nach alten Stilvorlagen ergänzt.

Geschnitzte und vergoldete Ornamente an einem barocken Schalldeckel

Geschnitzte Schleife und andere barocke Elemente des Schalldeckels

Renaissance entwickelte sich zu einem überreich gestalteten Sinnenerlebnis.

Das Barock war eine Zeit der Glaubenskämpfe, eine Zeit zahlreicher Kriege, Hungersnöte und Seuchen. Es war die Epoche der absolutistischen Herrscher, deren Repräsentationsbedürfnis grenzenlos war. Diesem Bedürfnis nach Prachtentfaltung verdanken wir zahlreiche prächtige Bauwerke, wie den Dresdener Zwinger, die Würzburger Residenz, das Schleißheimer Schloss mit ihren überbordenden Dekorationen.

Während die Zeit des Barock von großen Auseinandersetzungen in Religion und Politik geprägt war, gab sich das anschließende Rokoko eher als eine Zeit der Leichtigkeit und Sorglosigkeit. Viele Schlösser und sonstige Bauwerke wurden in diesem Sinne umgestaltet. Während der Grundtypus des barocken Bauwerks bestehen blieb, wurde die Ornamentik verändert.

Die wesentlichen Merkmale der Rokokoornamentik sind Leichtigkeit, Asymmetrie und Formenreichtum. In diesem Kontext bekam besonders eine Form, die der Muschel, eine alles überragende Bedeutung. Die Rocaille wurde zentrales Schmuckmotiv und beherrschte die gesamte Ornamentik des Rokoko. Sie fand überreich und in unendlich vielen Variationen überall Verwendung. Die Meister des Rokoko ersetzten pompöse Prachtentfaltung durch die kokette Grazie einer filigranen Ornamentik, deren Hauptmerkmal die asymmetrische Gestaltung war. Jegliche Symmetrie war verpönt, nichts durfte sich wiederholen, und auch wenn einem

Betrachter ein Rokokoraum als symmetrisch erscheint, wird sich bei genauerem Hinsehen das Gegenteil zeigen. Jedes Detail wurde ein klein wenig anders geformt, nichts durfte sich wiederholen und die Leichtigkeit war oberstes Gestaltungsprinzip. Es gab keine Straffheit der Formen mehr und die tragenden Elemente eines Raumes verschwanden fast vollständig hinter dem Dekorativen. Alles sollte mühelose und heiter erscheinen. Das Rokokoornament gleicht einem weichen, fließenden Stoff, der sich anschmiegt, sich ausbreitet, dahinschlängelt und schließlich an seinen Enden in einem ganz zarten naturalistischen Relief verschwindet. Das Neue war gefunden, und an den Fürstenhöfen freute man sich daran.

Aber die Zeit des Rokoko währte nicht ewig. Im späten 18. Jahrhundert wurde diese überreiche, wenn auch zarte Ornamentik zunehmend abgelehnt, denn sie war vor allem höfisch geprägt. Philosophen und Künstler erkannten, dass hinter den schönen Fassaden kein wirklicher Geist existierte. Man strebte nach Neuem, Besseren und um 1760 war das Rokoko schon fast ein überlebter Stil.

Es lag deshalb nahe, sich auf Bewährtes, Gutes und Erhabenes zu besinnen. Der Geist des Klassizismus war geboren und vor allem das Bürgertum entwickelte eine gewisse Sehnsucht nach Einfachheit und Ruhe. Die Kunst dieser Epoche griff zurück auf die klassischen Formen, d. h. auf die Kunst der Griechen und Römer. Begünstigt wurde diese Entwicklung durch die Entdeckung und Ausgrabung von Pompeji und Herculaneum. Beides zog die gebildete Welt in Bann und die griechische und römische Antike wurde, wiederum von den gebildeten Schichten, als unvergängliche Quelle künstlerischer Inspiration erkannt und als solche gepriesen. Auch die Ornamentik des Klassizismus orientierte sich an antiken Schmuckformen. Strenge, Einfachheit sowie Klarheit sind ihre hervorstechendsten Merkmale, und Kränze, Girlanden, antike Vasen und ägyptische Zierformen bildeten die tragenden Bestandteile der klaren klassizistischen Ornamentik.

Dem Klassizismus folgten verschiedene Stilrichtungen, die oft nur sehr begrenzte Bedeutung oder Wirkung hatten. Das Empire war vor allen Dingen in Frankreich und England verbreitet und entwickelte sich dort in unterschiedlichen Ausprägungen.

Deutsche Höfe, die noch immer französischen Einflüssen unterlagen, ahmten die dortigen Entwicklungen nach. So wurden barocke oder Rokokoschlösser vor allem im Inneren im Empirestil neu dekoriert, beispielsweise Schloss Nymphenburg in München.

Dem Klassizismus folgten auch einige andere Stile, wie das Biedermeier in Deutschland, der Zopfstil in Österreich oder der Adams-, Hepplewith- oder Sheratonstil in England.

Im 19. Jahrhundert wurde das Formenrepertoire der Gotik, der Renaissance, des Barock, des Rokoko und der Romanik neu belebt und es entstanden im Historismus

Geschnitztes Rosenstück als Stuhllehnenbekrönung

eine Reihe von Neostilen, die diese Ornamentik früherer Epochen mehr oder weniger eklektisch nutzten. Daher wird die Zeit des Historismus häufig auch mit der Periode des Eklektizismus gleichgesetzt. Der Gefahr der Verwilderung und Beliebigkeit der Stile wurde durch die entstehende Industrialisierung noch zusätzlich Vorschub geleistet, denn die industrielle Ornamentverwertung setzte sich bald in allen Bereichen wie etwa der Architektur, dem Kunstgewerbe oder dem Möbelbau durch. Das führte allerdings auch bald zu einer ersten wirklichen Krise der Ornamentik, da man sich nun fast beliebig aller schon existierenden Formen bediente, die Ornamentik vergangener Epochen nach Bedarf kopierte und einzelne Elemente willkürlich neu kombinierte. Im Zuge der Industrialisierung entstand eine Möbelindustrie, die in großer Stückzahl in Serie gefertigte Möbelstücke herstellte, die mit reichen Schnitzereien verschiedenster Stile verziert wurden. Diese Verzierungen waren oft in besonders reiner Form einem bestimmten Stil nachempfunden, sodass sie schon wegen ihrer Reinheit des Stils als Plagiate erkennbar waren bzw. sind. Es gab aber auch die abstrusesten Mischungen von Stilen in einem Möbelstück, wenn etwa Möbelproduzenten Ornamente vorangegangener Stilperioden gleichzeitig in einem Möbelstück verarbeiteten.

Auch heute haben sich eine ganze Reihe von Künstlern und Kunsthandwerkern ornamentalen Formen zugewandt. Am konsequentesten vollziehen sich diese Entwicklungen gegenwärtig in der Architektur sowie der Fassaden- und Innenraumgestaltung, wo dem Ornament weiterhin der ihm gebührende Platz eingeräumt wird.

Vorgedrechseltes (links) und fertig geschnitztes Säulenkapitell (rechts) für eine Konzertzither

Das Schnitzen eines Ornaments

In der professionellen Holzbildhauerei spielt das Ornament eine wesentlich größere Rolle als das Schnitzen von Figuren. Das Reliefschnitzen ist, wie schon gesagt, eine Methode, bei der ein Muster so aus dem Holz herausgearbeitet wird, dass es sich deutlich sichtbar vor dem Hintergrund abhebt.

Zum Einstieg in die Ornamentschnitzerei ist es günstig, einige einfache Ornamente im Kerbschnitt und im Flachschnitt auszuführen.

Flache Ornamente verlangen noch nicht so viel handwerkliches Geschick und Routine wie tiefere, dennoch hat ein flaches Ornament keinen geringeren Stellenwert in der Schnitzerei, da auch hier ein Schnitzer seine gestalterischen Fähigkeiten sehr gut unter Beweis stellen kann.

Nach der Fertigstellung der Entwurfszeichnung und der Auswahl des geeigneten Schnitzmaterials wird das Holz auf die Schnitzbank gelegt und der Entwurf wiederum mit Hilfe einer Pause auf das Holz übertragen.

Der Entwurf sollte nach Möglichkeit nicht die genaue Wiedergabe eines schon vorgegebenen fertigen Werkes sein, sondern durchaus schon eigene Vorstellungen kreativ umsetzen, denn gerade das Verwirklichen eigener Ideen macht das Schnitzen so spannend, auch wenn das einmal entworfene Motiv anfangs erst bis ins Detail hinein geplant werden muss, bevor man mit dem Schnitzen beginnen kann.

Sollen mehrere identische Ornamente geschnitzt werden, kann man bei der Übertragung der Zeich-

Balkonbrüstung mit geschnitzten Ornamenten

Schablonen zum Aufzeichnen von Ornamenten

Schablone und das unter Verwendung der Schablone geschnitzte Ornament

nung auf das Holz zu einem Kunstgriff greifen. Man überträgt die Zeichnung mit einem Bleistift auf Transparentpapier. Anschließend wird mit einer Nadel die Zeichenlinie in Abständen von ca. 1–2 mm durchstochen. Dies geschieht bei allen Linien der Zeichnung. Auf diese Weise entsteht eine Art Schablone.

Als Nächstes wird Holzkohle, besser noch Zeichenkohle, auf einem mittelgroben Schleifpapier so zerrieben, dass man Kohlenstaub erhält, den man in einer kleinen Schale oder einer Dose sammelt. Dieser Kohlenstaub wird benötigt, um die Entwurfszeichnung zu kopieren und zu vervielfältigen. Um die Zeichnung duplizieren zu können, muss jedoch noch eine so genannte Bonsette angefertigt werden. Diese Bonsette ist eine Stoffrolle, die mit einem dünnen Faden zusammengehalten, und später zum Kopieren des Entwurfs verwendet wird.

Zuerst wird die Schablone aus Transparentpapier auf das zu bezeichnende Werkstück gelegt und die Bonsette vorsichtig in die zerriebene Holzkohle getupft, sodass der feine Holzkohlenstaub an der Rolle haften bleibt. Dann wird die Bonsette vorsichtig auf die Schablone gedrückt. Durch die eingestochenen Löcher wird der Holzkohlenstaub auf das Werkstück übertragen, sodass die Umrisse des Entwurfs auf dem Holz erscheinen. Wurden auf diese Weise alle Linien durchgezeichnet, hebt man das Transparentpapier ab und zeichnet mit einem spitzen Bleistift die gepunkteten Linien nach.

Nachdem der Entwurf auf das Werkstück übertragen wurde, arbeitet man mit einem nicht zu großen Hohl- oder Flacheisen die Linien nach und hebt nach und nach den Grund aus und legt so das Ornament an. Bei tiefen Ornamenten kann es dabei zu Hinterschneidungen kommen, die dann noch mit einem gekröpften und gebogenen Eisen fertig ausgearbeitet werden müssen

Beim Anlegen eines Ornaments darf allerdings nicht gleich von der Entwurfslinie aus gearbeitet werden. Man sollte das Eisen immer ein wenig vor dieser Linie ansetzen, sodass noch ein wenig Material vor der Linie stehen bleibt, das bei eventuellen Korrekturarbeiten später weggeschnitten werden kann.

Bei sich wiederholenden Motiven, beispielsweise bei Ornamentbändern oder anderen Motivreihungen, sollte man darauf achten, dass die Motive eine einheitliche Größe haben. Dies wird anfangs nicht immer gelingen, doch durch Übung erlangt man auch hier die nötige Erfahrung und Sicherheit.

In der Regel hat eine Ornamentschnitzerei zwei Ebenen, den Grund

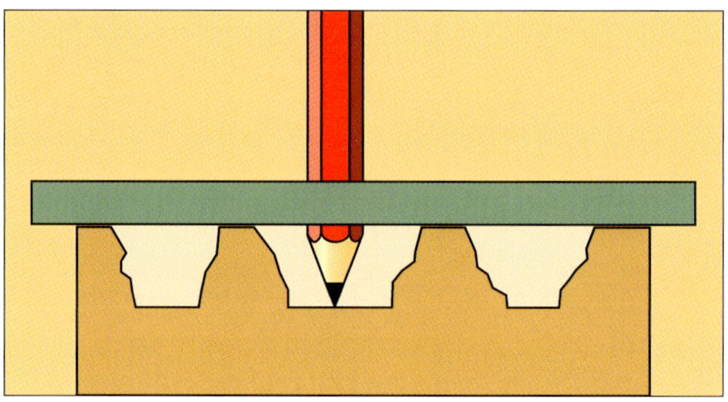

Mit Hilfe einer selbst gebauten Tiefenlehre kann die einheitliche Tiefe des Grundes bei einem Ornament oder Relief kontrolliert werden.

und das darauf angelegte Motiv. Dieser Grund muss auf eine einheitliche Tiefe gebracht, d.h. so geschnitzt werden, dass das Motiv überall die gleiche Höhe über dem Grund hat. Dies ist für den Anfänger häufig sehr schwer. Deshalb kann man auch hier wieder eine Art Tiefenlehre verwenden, wie sie schon im Kapitel über die Schnitztechniken beschrieben wurde, d.h. in eine Leiste wird ein Loch gebohrt, in das ein Bleistift genau hineinpasst. Diese Leiste wird über das zu schnitzende Werk gelegt und mit dem Bleistift kann geprüft werden, ob der Grund ausreichend tief ausgearbeitet ist. Dieses überaus nützliche Hilfsmittel kann bei allen möglichen Reliefarbeiten eingesetzt werden und sollte deshalb immer griffbereit sein.

Ist das Ornament angelegt und gründlich durchgearbeitet, kann mit dem Sauberschneiden begonnen werden. Je tiefer das Ornament ist, desto schwieriger ist das Sauberschneiden und nur mit gekröpften, verkehrt gekröpften, gebogenen oder schräg geschliffenen gekröpften Eisen zu erreichen. Man sollte nicht versuchen, die Späne einfach durch Wegreißen oder Abkratzen zu entfernen, denn eine Grundregel des Schnitzens lautet: Eine saubere Arbeit entsteht nur, wenn durch den Schnitt der Span fällt.

Sollte es trotz der Verwendung gekröpfter und gebogener Eisen nicht gelingen den Grund sauber zu schneiden, kann man den Hintergrund, wie im Kapitel zu den Schnitztechniken schon beschrieben, durch Punzen nacharbeiten.

Auch die so genannte Hämmertechnik eignet sich zum Nachbearbeiten des Hintergrundes. Bei dieser Technik erhält man keine gerade Hintergrundfläche, sondern durch das Nebeneinandersetzen

Verzierte Lade (Lade der Bergbrüderschaft Jöhstadt). Die mittleren Abbildungen sowie die Abbildung links zeigen Details dieser vorwiegend in Kerbschnitztechnik ausgeführten Ornamente.

Ornamental gestaltete Haustür

von Schnitten mit einem Flacheisen von Stich 3 oder 4 entsteht ein Hintergrund, der an gehämmertes Kupferblech erinnert.

Schnitzen eines Wappens

Zum Schnitzen eines Ornaments, in diesem Falle eines Wappens, benötigt man neben dem Entwurf und einer geeigneten Holzplatte:

- je ein Balleisen Stich 1 (1 mm; 4 mm; 8 mm)
- je ein Flacheisen Stich 2 $^1/_2$ (2 mm; 5 mm; 10 mm)
- einen Geißfuß Stich 41 (8 mm)
- je ein Hohleisen Stich 7 (3 mm; 5 mm; 10 mm)
- je einen Bohrer Stich 11 (2 mm; 4 mm; 6 mm; 10 mm)
- ein Schrägeisen Stich 2 (6 mm)

Nachdem die Zeichnung auf das Holz übertragen und das Werkzeug geschärft wurde, beginnt man mit dem Geißfuß Stich 41 (8 mm) die grobe Kontur des Wappens zu schneiden. Das Wappen besteht aus Wappenschild, Helm und Akanthusblattwerk. Das Wappenschild trägt als Symbol einen Fisch und eine so genannte Saufeder, das ist ein Spieß zum Erlegen von Schwarzwild.

Beim Schneiden der äußeren Kontur des Wappens sollte man nicht zu nahe an die Zeichnung geraten, da sonst die Gefahr besteht, dass sich bei einem möglichen Einreißen des Holzes Teile lösen, die stehen bleiben müssen.

Nachdem die äußere Kontur grob festgelegt ist, wählt man aus den bereitgelegten Werkzeugen Balleisen, Flacheisen und Hohleisen aus, deren Form den äußeren Begrenzungslinien an den verschiedenen Stellen des Wappens ent-

Detail der Haustür vor dem Einbau mit gepunztem Grund im Ornament

Geschnitztes Kapitell der gleichen Haustür

Fertig geschnitztes Wappen mit Fischsymbol und Saufeder

1 Mit einem Geißfuß wird die Kontur des Wappens grob umschnitten. Dabei darf das Holz zur Zeichnung hin nicht einreißen.

2 Mit verschiedenen, den Konturformen entsprechenden Eisen wird die Kontur möglichst leicht schräg von der Kontur weg umstochen.

3 Als Nächstes wird mit einem Bohrer der Grund tief geschnitten. Dabei sollte vom zu schnitzenden Motiv weggearbeitet werden.

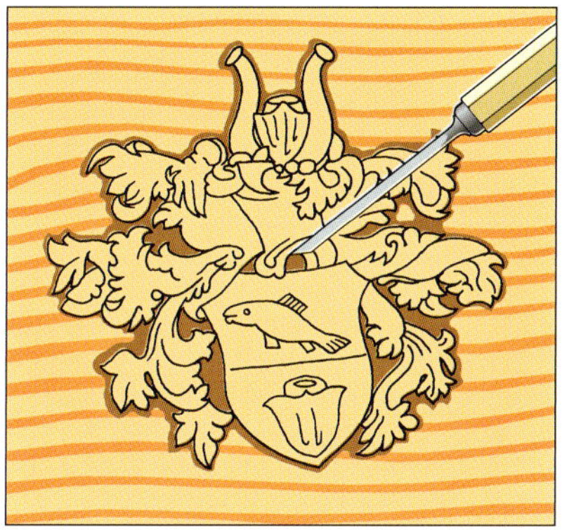

4 Zum Ausarbeiten der inneren Form des Wappens werden verschiedene passende Eisen eingesetzt.

5 Die Plastizität des Wappens wird mit Bohrer und Hohleisen herausgearbeitet.

6 Die jetzt fertig angelegte Arbeit wird nun mit einem oder mehreren Flacheisen sauber geschnitten.

7 Als Nächstes wird der das Wappen umgebende Grund sauber geschnitten. Dabei sollte öfter die Schnittrichtung gewechselt werden.

8 Mit einem Schrägeisen werden noch schwer zugängliche Ecken gesäubert.

sprechen. Bei der Auswahl der passenden Werkzeuge muss immer etwas probiert werden, um die in der Form geeignetsten Eisen herauszufinden. Mit den jeweils die Kontur am besten nachzeichnenden Schnitzeisen wird die Kontur eingestochen. Dabei ist es günstig die Kontur so einzustechen, dass die Markierung der Entwurfszeichnung noch gut sichtbar bleibt, damit immer noch eine Möglichkeit zur Korrektur besteht.

Ist die Kontur sorgfältig umstochen, greift man zu einem Bohrer Stich 11 (10 mm) und schneidet damit zur Kontur hin den Grund tief, bis das Wappen rundum so aussieht, als würde es auf der Holzplatte liegen. An den Stellen, wo man mit dem Bohrer Stich 11 (10 mm) nicht bis an die eingestochene Kontur herankommt, muss zu schmaleren Eisen des Stich 11 gegriffen werden.

Ist die äußere Form des Reliefs festgelegt, sticht man mit passenden Flach-, Hohl- und Balleisen die Konturen nach, die die innere Form des Wappens bestimmen, also den Fisch, die Saufeder, den Helm und jene Teile des Akanthusblattwerks, deren Innenseiten sich nach außen wölben. Die Darstellung der Akanthusblätter ist nicht ganz einfach, denn sie muss den natürlichen Wachstumsverlauf des Blattwerks berücksichtigen. Das Nachstechen der inneren Konturen ist recht aufwändig und sollte mit der nötigen Zeit und Geduld erfolgen.

Mit einem Bohrer von Stich 11 (6 mm) und einem Hohleisen von Stich 7 (5 mm) wird die Plastizität des Wappens herausgearbeitet. Hierbei geht man genauso vor wie beim Schnitzen von Figuren. Sind die Eisen von 6 mm und 5 mm zu breit, müssen an schmalen oder engen Stellen kleinere Hohleisen und Bohrer eingesetzt werden.

Mit dem Flacheisen Stich 2 ½ (5 mm; 10 mm) zieht man als nächsten Schritt die mit Hohleisen und Bohrer angelegten Flächen zusammen. Als Zusammenziehen wird das Glätten der Flächen bezeichnet, indem man die groben Schnitte mit feineren Schnitten überarbeitet. Wie intensiv dieses Verfeinern ausgeführt wird, ist eine individuelle Entscheidung des Schnitzers. Man kann beispielsweise eine Fläche so sauber schneiden, dass kein Schnitt mehr zu sehen ist, man kann jedoch auch so arbeiten, dass ein „flotter" Schnitt sichtbar bleibt. Wurde das Wappen mit dem Flacheisen sauber geschnitten, schneidet man mit den gleichen Flacheisen den Grund sauber.

Ganz zum Schluss werden die Konturen noch einmal nachgearbeitet. Zum Ausarbeiten der Ecken, die man mit den anderen Werkzeugen nicht erreicht, kann ein Schrägeisen Stich 2 eingesetzt werden. Abschließend wird dann noch einmal die Sauberkeit der fertigen Arbeit genau kontrolliert und das Wappen ist fertig und kann nun noch oberflächenbehandelt werden.

Die Art der Oberflächenbehandlung richtet sich auch hier wieder nach dem späteren Gebrauch. Soll das Ornament beispielsweise als Türfüllung dienen, muss die Oberfläche selbstverständlich so behandelt werden wie die der Tür.

Man kann ein fertiges Ornament aber auch beizen, ölen, wachsen, lackieren, fassen oder bemalen, sollte aber vor allem bei einer farbigen Gestaltung darauf achten, dass man hierbei nicht zu viel des Guten tut und das fertige Werk dann nicht farbig, sondern bunt aussieht.

Löwenkopf und Löwenpfote mit Akanthusblatt für ein Empire-Möbel (gegenüberliegende Seite)

Zum Schnitzen werden mehrere Teile gleichzeitig mit dünnem Leim auf ein Brett geleimt.

Ein Beispiel für rationelles Arbeiten beim Schnitzen von mehreren gleichen Motiven.

Schriften schnitzen

Das Schnitzen von Schriften ist gegenüber allen modernen Verfahren der Schriftgestaltung eine recht mühselige Sache. Doch gut ausgeführt, bekommt eine geschnitzte Schrift den exklusiven Reiz des Besonderen. Um jedoch dahin zu gelangen, braucht ein Schnitzer viel Erfahrung und ebenso viel Übung.

Schrift ist eines der wichtigsten Mittel der menschlichen Kommunikation. Mit Hilfe der Schrift kann die Aufmerksamkeit vieler Menschen auf eine bestimmte Mitteilung gelenkt werden, sie kann aber auch rein ästhetischen Zwecken dienen. Kommen beide Funktionen zusammen, ist die Schrift wie kaum ein anderes Medium geeignet, den Informationsaustausch unter den Menschen zu fördern. Sie vermag den Wert einer Information positiv oder negativ zu beeinflussen.

Doch Schrift vermittelt nicht nur Text bzw. Information, sondern sie wirkt auch emotional auf den Leser. Zwischen Schrift und Sprache besteht zweifellos ein direkter Zusammenhang. Erst durch die Schrift wird einem Gedanken Dauerhaftigkeit verliehen und durch sie können Gedanken anderen vermittelt werden. Zudem sorgt die Schrift dafür, dass der Sprache Stabilität und Bestand gegeben wird.

Unser ganzes Leben sind wir von Schrift umgeben, mit deren Hilfe den Menschen die unterschiedlichsten Botschaften vermittelt werden. Es gab wohl kaum eine Zeit, in der der Mensch so sehr mit der Schrift verbunden war, wie in der heutigen, und deshalb ist mehr denn je die Lesbarkeit einer Schrift zu einem wichtigen Kriterium für deren Qualität geworden. Dies gilt besonders für die Schrift in den Printmedien, es gilt allerdings genauso für alle anderen Bereiche in denen Schrift eine Rolle spielt, nicht zuletzt für in Holz geschnitzte Schriften.

Vor dem Schnitzen einer schönen Schrift sollte man sich zuerst über den Zweck ihrer Verwendung klar werden. Wird ein deutlich und schnell lesbares Schriftbild verlangt, muss eine Schrift mit eingängigen und leicht lesbaren Buchstaben verwendet werden. Auch die Anordnung der Buchstaben steht mit ihrer Lesbarkeit in einem direkten Zusammenhang.

Ehrenmal, gestaltet unter Verwendung einer unziale-ähnlichen Schrift

Soll das Schriftbild einen eher schmückenden Charakter erhalten und die Lesbarkeit nicht unbedingt im Vordergrund stehen, kann man sich auch einer dekorativen Schrift mit komplizierteren Buchstaben bedienen.

Die gebräuchlichsten Schriftarten sind die gebrochenen Schriften, die Unziale und die Antiqua. Die Antiqua ist wahrscheinlich die Schrift, die dem modernen Geschmacksempfinden am Nächsten kommt. Deshalb werden auch die meisten Druckwerke in einer Antiquaschrift gesetzt.

Die gebrochenen Schriften wirken dagegen etwas antiquierter bzw. haben einen ausgeprägt historisierenden und traditionellen Charakter. Die Unziale wird hauptsächlich im sakralen Bereich verwendet.

Die einzelnen Schriftarten werden wieder in eine Vielzahl von Untergruppen unterschieden, die jedoch hier nicht alle genannt werden können. Dies würde den Rahmen dieses Kapitels sprengen. Wer sich intensiver mit diesem Thema beschäftigen möchte, sollte auf die zahlreich vorhandene Fachliteratur zurückgreifen.

Geschnitztes Monogramm in Kerbschrifttechnik

Auch die Materialauswahl spielt beim Schnitzen von Schrift eine wichtige Rolle. Für eine gut lesbare Schrift darf kein Holz verwendet werden, das eine besonders unruhige Maserung oder viele Äste oder andere Fehler hat.

Nachdem der Text, die passende Schrift und das geeignete Holz ausgewählt wurden, zeichnet man die Schrift auf Papier und korrigiert den Text und das Schriftbild entsprechend den eigenen Bedürfnissen.

Als Nächstes muss das Schriftbild festgelegt werden. Hier gibt es zwei Möglichkeiten: die gekerbte oder die erhabene Schrift. Auch Zwischenformen sind möglich, wenn etwa eine Schrift entwickelt wird, bei der durch Kerbungen eine erhabene Fläche als Schriftbild stehen bleibt.

Gekerbte Schriften

Zum Ausführen einer Kerbschrift benötigt man ein Balleisen, mehrere Flach- und Hohleisen sowie einen Geißfuß. Zunächst wird die gezeichnete Schrift jedoch auf das Material übertragen. Dazu legt man den Entwurf auf das Brett und befestigt ihn dort mit Klebestreifen. Dazwischen kommt eine Lage Pauspapier mit der durchpausenden Seite nach unten. Mit einem kräftigen Stift oder einem Kugelschreiber paust man die Zeichnung durch das Kohlepapier auf das Brett. Anschließend werden Entwurf und Pauspapier vom Brett abgenommen, jedoch erst dann, wenn man sich vergewissert hat, ob alle Linien erkennbar sind. Sollten einige Linien nicht deutlich genug durchgezeichnet worden sein, muss man dies nachholen, bevor man dann die Entwurfszeichnung endgültig abnimmt.

Wenn man eine Schrift mehrfach ausführen möchte, z. B. für einen Wegweiser, kann man sich einer etwas anderen Methode der Übertragung des Entwurfs bedienen: Die Konturen der Schrift auf dem Entwurfskarton werden im geringen Abstand voneinander mit einer Nadel durchstochen, sodass, hält man die Entwurfszeichnung gegen das Licht, die Kontur als eine Reihe von Lichtpunkten erscheint. Diese Schablone legt man nun auf das zu bearbeitende Holz. Zuvor muss allerdings noch etwas Holzkohle mit Hilfe von grobem Schleifpapier zu feinem Staub zerrieben werden. Mit einem zusammengerollten Stück Stoff stupft man nun vorsichtig in diesen Holzkohlestaub und drückt die Stoffrolle anschließend wiederum stupfend auf die Schablone. Der Holzkohlestaub dringt durch die feinen Löcher der Schablone und haftet leicht auf dem Holzbrett, in das die Schrift geschnitzt werden soll. Nun können die feinen Kohlestaubpünktchen mit Bleistift nachgezeichnet bzw. miteinander verbunden werden und der Schriftentwurf ist auf das Holz übertragen. Diese

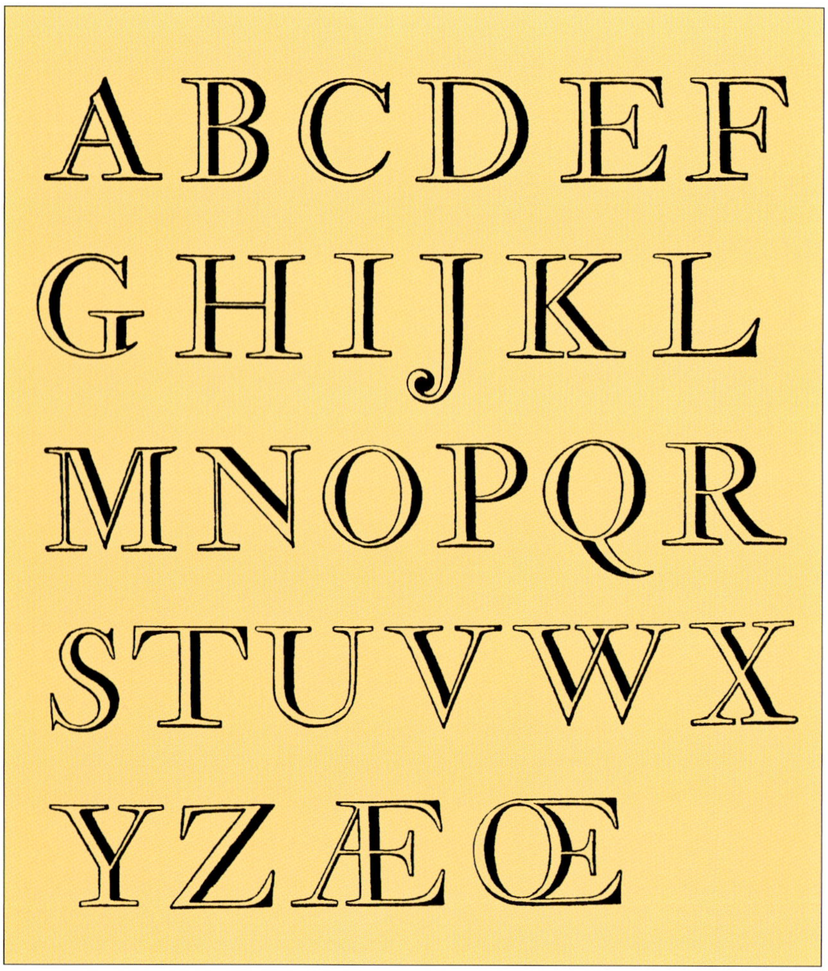

Beispiel für eine Antiqua-Schrift

Entwurf (links) und Ausführung (rechts) einer Schrifttafel

Art der Übertragung lohnt sich allerdings nur, wenn man von einem Entwurf mehrere identische Ausführungen anfertigen möchte.

Nun kann die Schrift geschnitzt werden. Das Balleisen wird wie beim Kerbschnitt auf den geraden Linien eingesetzt. Man kann aber auch zuerst den Raum zwischen den Begrenzungslinien der Buchstaben mit einem Geißfuß anlegen und dann mit dem Balleisen alle geraden Linien in gleichmäßiger Tiefe abstechen. Dabei muss man darauf achten, dass alle Striche eines Buchstabens eine einheitliche Fläche ergeben.

Besonders sorgfältig müssen die Enden eines Buchstabenteils ausgearbeitet werden. Bei Antiqua-Buchstaben müssen am Ende jeweils Häkchen geschnitzt werden. Sie verleihen den Buchstaben ihren besonderen Reiz. Auf diese Häkchen sollte man viel Mühe und Zeit verwenden, da sie ganz wichtig für die Wirkung des Buchstabens und die Gesamterscheinung der fertigen Schrift sind.

Zum besseren Verständnis soll am Beispiel des Buchstaben A der Centaur-Antiqua, die 1929 von

1 Das Monogramm wird auf eine Lindenholzplatte aufgezeichnet.

2 Mit dem Geißfuß werden die Linien nachgeschnitzt.

3 An der Stelle, wo man mit dem Geißfuß gegen das Holz schneidet, wird jetzt mit der Faser glatt geschnitten.

4 Als Letztes werden noch vorhandene Unsauberkeiten beseitigt.

Bruce Rogers entworfen wurde, der Schnitzvorgang erläutert werden.

Zum Schnitzen des A setzt man am besten ein 20 mm und ein 10 mm breites Balleisen, einen 10 mm breiten Geißfuß Stich 41 und ein 20 mm breites schräg angeschliffenes Balleisen ein.

Nachdem der Buchstabe auf das Holz gezeichnet wurde, schneidet man mit dem Geißfuß sowohl den schmaleren Anstrich als auch den breiteren Abstrich des Buchstabens bis fast an die Enden der Linien.

Als Nächstes werden mit dem Eisen Stich 1 (10 mm) die beiden Schnitte vorsichtig so weitergeführt, dass sich die jeweils äußeren Seitenflächen des Anstrichs und des Abstrichs treffen. Hierbei muss besonders darauf geachtet werden, dass sich die Flächen begegnen und sich keine Schnitte kreuzen. Kommt es zu Überkreuzungen, wirkt der geschnittene Buchstabe später unsauber. Der Schnitt muss also dort enden, wo er auf den anderen Schnitt trifft. Ist die Spitze des A sauber ausgearbeitet, wird mit dem schräg angeschliffenen Balleisen Stich 2 (20 mm) die Begrenzung des Anstrichs und des Abstrichs auf der Zeile ausgeführt. Dabei muss der Winkel dieses Begrenzungsschnittes zum Grund der Schrift gleich dem der Kerben sein, die den Anstrich und Abstrich des A bilden.

Nun schneidet man mit dem Balleisen Stich 1 (10 mm) die inneren Seitenflächen sowohl des Anstrichs als auch des Abstrichs sauber. Dabei muss man darauf achten,

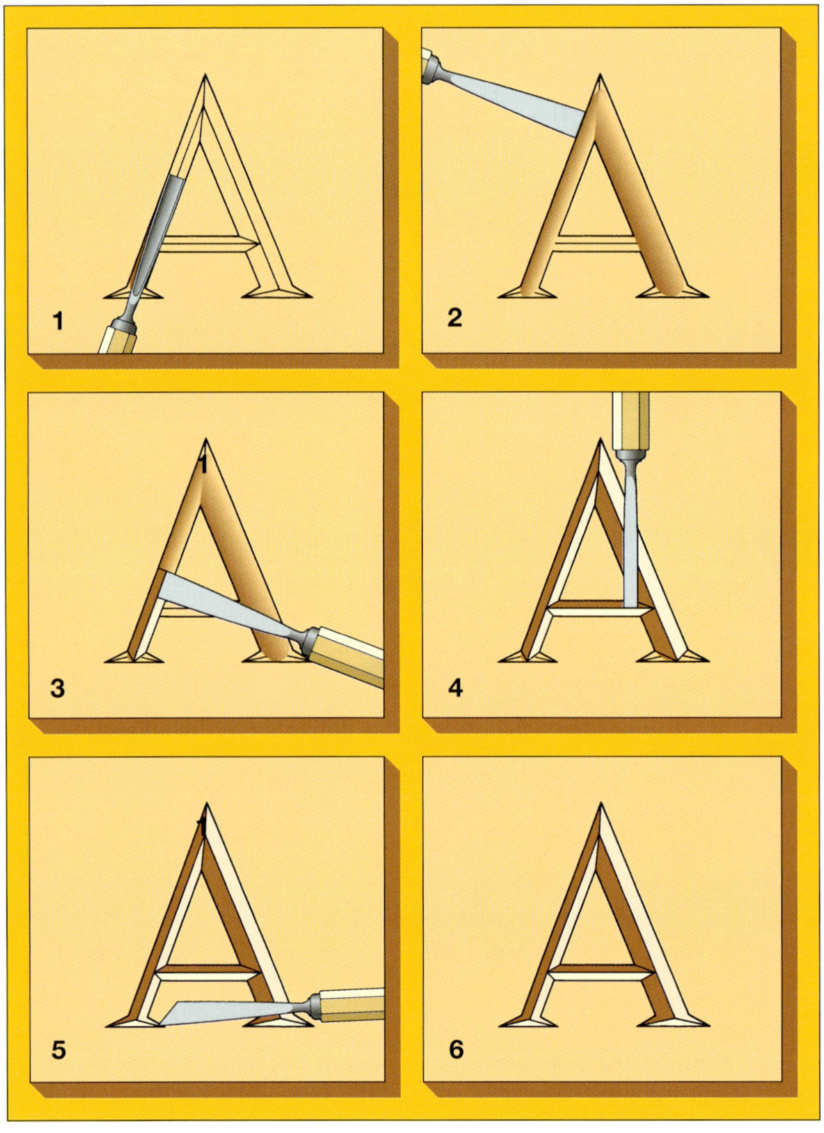

Schnitzen der Buchstaben A der Centaur- Antiqua: Mit dem Geißfuß werden An- und Abstrich des A vorgeschnitten (1); es folgt das Sauberstechen der äußeren Konturen des An- und Abstrichs (2); als nächstes werden die Innenkanten sauber geschnitten (3); nun folgt das Ausarbeiten des Querstrichs (4) und das Herausarbeiten der „Füßchen“ (5).

Die Buchstaben A, B, und C in gekerbter Ausführung in der oberen Reihe und in gebrochener Schrift darunter

dass sich die äußeren und inneren Schnittflächen des An- und Abstrichs genau auf einer Ebene treffen und der Abstrich deutlich breiter ist als der Anstrich.

Sind An- und Abstrich des A so ausgearbeitet, dass sie eine gleiche Tiefe haben, an der Spitze genau aufeinanderstoßen und zum Zeilengrund eine saubere Begrenzung bilden, kann mit dem Balleisen Stich 1 (10 mm) der Querstrich durch jeweils zwei gegeneinander gesetzte Kerbschnitte eingesetzt werden. Auch der Querstrich des A muss die gleiche Tiefe haben wie der An- und Abstrich. Zum Schluss werden mit dem Schrägeisen die Füßchen am Zeilengrund so ausgearbeitet, dass die Spitzen der Füßchen genau in Zeilenrichtung zeigen.

Ebenso geht man auch bei der Gestaltung von Buchstaben mit gewölbten Strichen vor, nur werden hier die Balleisen durch Flach- und Hohleisen der entsprechenden Stiche ausgetauscht. Bei gewölbten Buchstaben muss allerdings der äußere Bogen immer eine andere Wölbung haben als der innere, d.h. man muss für außen ein flacheres Eisen einsetzen als für innen. Die Rundungen der Buchstaben werden mit Flach- und Hohleisen ausgearbeitet. Wichtig dabei ist, dass die Außenlinien und die Innenkanten der Buchstaben einen gleichmäßigen Verlauf haben, denn es beeinträchtigt das Aussehen der fertig ge-

Christusmonogramm auf einem Medaillon in Kerbschrift

schnitzten Schrift sehr, wenn diese Linien unterschiedlich verlaufen. Es gibt Schriften, bei denen die Breite der Schrift einheitlich ist, etwa die Akzidenz Grotesk. Es gibt aber auch Schriften, bei denen der Anstrich des Buchstaben A wesentlich schmaler ist als der Abstrich. Auch die senkrechten Striche des Buchstaben N sind bei einer solchen Schrift schmaler als der Diagonalstrich. Dies verleiht einer solchen Schrift ihre Eleganz und sollte beim Schnitzen unbedingt betont werden. Bei der Gestaltung von Rundungen, etwa bei einem O, ist die Breite der Seiten wesentlich größer als die der oberen und unteren Begrenzung des Buchstabens.

Der Abstand zwischen den einzelnen Buchstaben sollte ausgeglichen sein. Stehen die Buchstaben zu eng beieinander, wirkt dies ebenso störend, als wenn sie zu weit auseinander stehen oder zu enge und zu weite Abstände wechseln. Man kann den Abstand von Buchstaben allerdings nicht einfach auf ein bestimmtes Maß festlegen, denn jeder Buchstabe steht zu einem anderen in einem bestimmten Verhältnis. Für die Festlegung des richtigen Abstands braucht man ein gewisses ästhetisches Gefühl für die Schrift und einen Blick für das Verhältnis von verwendetem Holz und Schrifttyp, denn auch das verwendete Material beeinflusst die richtigen Abstände. So braucht ein wenig strukturiertes Material wie Ahorn viel geringere Abstände als ein stark gemaserter Schriftgrund aus Esche.

Hinweisschild in gekerbter Antiqua

Erhabene Schriften

Gebrochene Schriften wirken in der heutigen Zeit ein wenig antiquiert, werden aber bei traditionellen Schriftgestaltungen trotzdem noch immer gern verwendet. Zu den bekanntesten Schriften zählen hier die Alte Schwabacher, die Luthersche Fraktur und die Breitkopf-Fraktur.

Soll eine Alte Schwabacher oder Luthersche Fraktur erhaben geschnitzt werden, muss auch hier zunächst wieder ein Entwurf gezeichnet werden, da die Stellung der Buchstaben zueinander hier eine große Rolle spielt. Da es bei diesen Schriften nur wenige gerade Linien gibt, muss man etwas länger probieren, um einen ausgewogenen Buchstabenabstand und so ein ästhetisches Verhältnis der einzelnen Buchstaben zueinander zu erhalten. Darauf muss sehr viel Sorgfalt verwendet werden, denn nichts wirkt so ungünstig auf ein Schriftbild wie falsche Buchstabenabstände.

Entspricht der Entwurf den eigenen Vorstellungen, überträgt man ihn, wie oben beschrieben, auf das gewählte Material. Zum Schnitzen einer erhabenen Schrift benötigt man Balleisen, Flacheisen und Hohleisen unterschiedlicher Breite sowie einen Geißfuß.

Zuerst schneidet man mit dem Geißfuß um die Buchstaben. Dabei muss man darauf achten, dass man nicht in den Bereich eines anderen Buchstabens hineinschneidet. Sind die Außenkonturen der Buchstaben umschnitten, legt man mit einem

Drei Buchstaben, geschnitzt in erhabener Fraktur

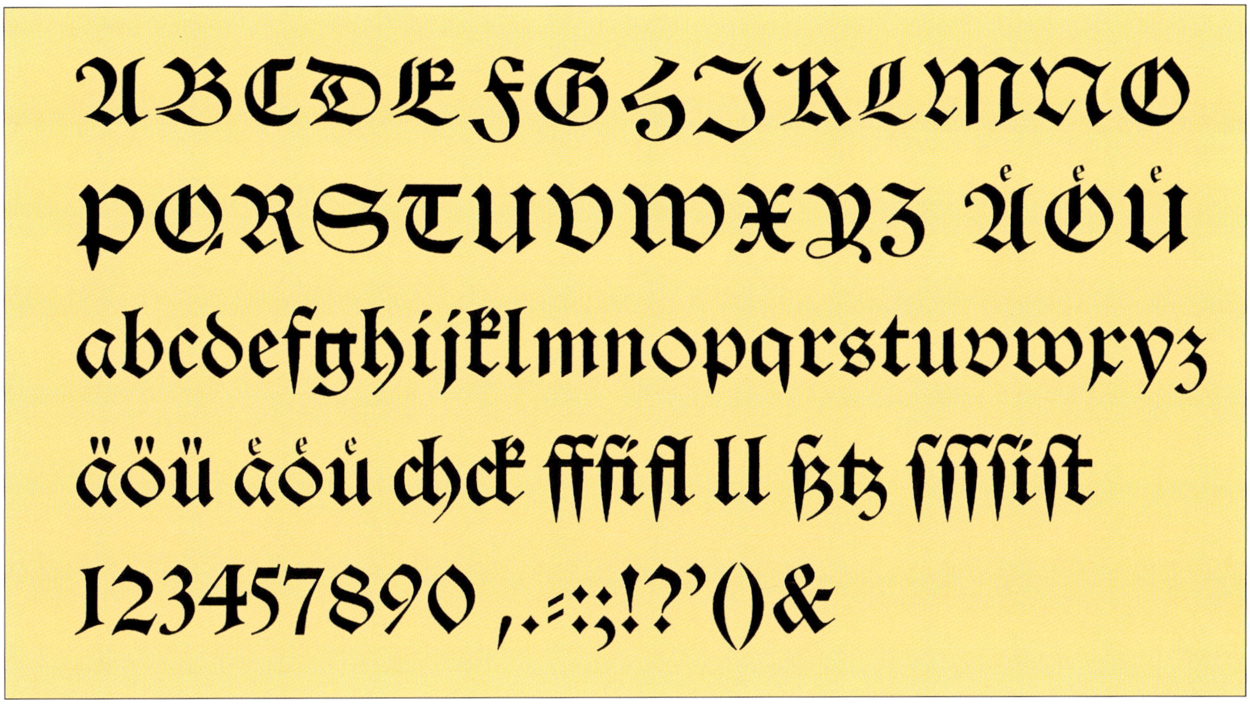

Beispiel für eine Frakturschrift: Alte Schwabacher

Ball-, Flach- und Hohleisen die Außenkanten der Buchstaben fest. Die Reliefbuchstaben sollten jedoch nicht ganz senkrecht zum Grund stehen, sondern leicht schräg geschnitten werden, da man so den entgegengesetzten Effekt erzielt, wie bei gekerbten Schriften.

Am Beispiel des Buchstaben O der Alten Schwabacher soll das Schnitzen einer erhabenen Schrift verdeutlicht werden. Dazu benötigt man ein Balleisen Stich 1 (10 mm), ein Balleisen Stich 1 (20 mm), ein Balleisen Stich 2, also ein Schrägeisen, einen Bohrer Stich 10 (8 mm) und noch mehrere Flach- und Hohleisen verschiedener Breiten und Stiche. Diese vielen Flach- und Hohleisen werden bei einer Schrift wie der Alten Schwabacher benötigt, weil hier eine Reihe verschiedener Radien geschnitten werden müssen.

Zunächst wählt man die passenden Flach- und Hohleisen aus, mit denen man die äußere Form des Buchstabens abstechen kann. Man setzt das Eisen zuerst ein klein wenig außerhalb der aufgezeichneten Linie an, damit später eventuell noch Korrekturen möglich sind. Sind die gewölbten Formen des O umstochen, werden mit dem Balleisen, wie zuvor schon mit dem Hohleisen die gewölbten Formen, die geraden Formen des O nachgestochen. Sind die äußeren Formen fertig, werden in gleicher Weise die inneren Formen des Buchstabens ausgearbeitet.

Als Nächstes wird mit einem Bohrer Stich 10 (8 mm) das Holz rund um den Buchstaben auf die nötige Tiefe abgenommen. Zur Gewährleistung einer gleichmäßigen Tiefe sollte ab und zu mit der schon beschriebenen Tiefenlehre nachgemessen werden. Nachdem nun der äußere Grund auf die gewünschte Tiefe gebracht wurde, wird der innere Bereich des Buchstabens ebenso auf die erforderliche Tiefe geschnitten.

Als Nächstes wird der oben beschriebene erste Arbeitsschritt wiederholt, nur dass jetzt genau von der aufgezeichneten Linie aus geschnitzt wird. Dabei ist es wichtig, immer den passenden Stich des Eisens vorher auszuwählen.

Wurde die Kontur innen und außen sauber ausgearbeitet, schneidet man den Grund mit einem sehr flachen Flacheisen möglichst Stich 2 $^1/_2$ sauber. Die Ecken werden, falls erforderlich, mit einem Schrägeisen nachgearbeitet. Zum Abschluss sollte der Grund noch einmal mit der Tiefenlehre geprüft werden, um sicherzugehen, dass keine Unregelmäßigkeiten mehr vorhanden sind.

Bei erhabenen Schriften spielt der Hintergrund eine wichtige Rolle. Deshalb sollten die Schnitzmarkierungen sehr regelmäßig sein und der Hintergrund eine einheitliche Tiefe erhalten.

Beispiel für eine Unziale

Mit einem Hohleisen werden als Nächstes sorgfältig die Zwischenräume herausgearbeitet. Auch bei diesem Arbeitsschritt sollte man vorsichtig mit dem Eisen vorgehen und möglichst nicht abrutschen, denn mit der Schneide des Eisens kann so ein anderer Buchstabe beschädigt oder ein Stück eines nebenstehenden Buchstabens weggeschnitten werden.

Ist der Grund mit dem Hohleisen sorgfältig ausgearbeitet, folgt das Sauberschneiden des Grundes. Dies geschieht im Wechsel mit dem Ausarbeiten der Kanten der Buchstaben, die auf den Grund stoßen. Sie müssen so geschnitten werden, dass sie mit dem Grund einen sauber und gleichmäßig ausgearbeiteten rechten, oder bei schräg geschnittenen Buchstaben, einen stumpfen Winkel bilden. Dabei ist darauf zu achten, dass nicht mehrere Einstiche nebeneinander in den Grund gehen, da dies ein unsauberes Bild ergibt und der Grund dann wie zerhackt aussieht. Dazu ist

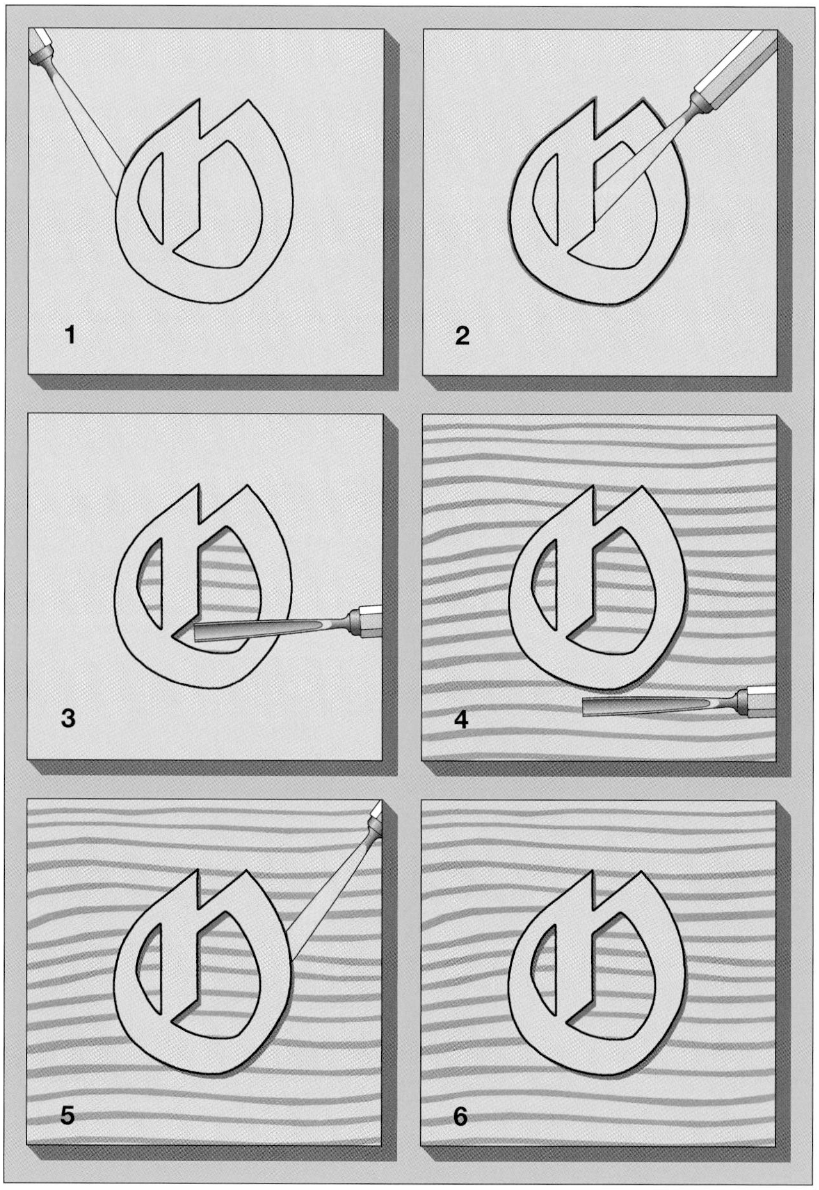

Schnitzen des Buchstaben O der Alten Schwabacher: Mit passenden Ball-, Flach- und Hohleisen wird die Kontur des O umstochen (1 u. 2); mit einem Bohrer Stich 10 oder 11 wird der Grund innen (3) und außen (4) tief geschnitten; mit passenden Flach- oder Schrägeisen (Stich 2, 2 $^1/_2$, 3) wird der Grund sauber geschnitten (5).

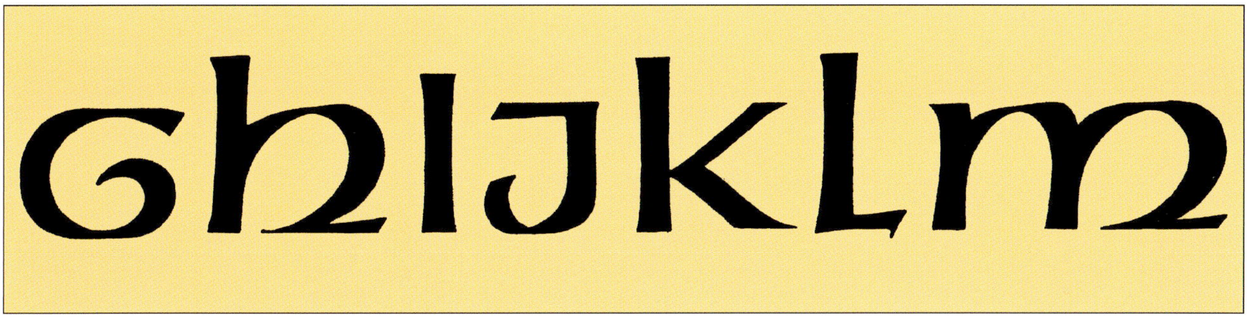

aber einige Übung nötig. Deshalb ist es besser, nicht gleich mit den kompliziertesten Buchstaben zu beginnen, sondern sich allmählich an dieses schwierige Terrain heranzuarbeiten.

Wie schon beim Ornament kann man aber auch hier den Grund mit Punzen oder der Hämmertechnik strukturieren.

Die oben beschriebenen Techniken des Schriftschnitzens kann man natürlich auch bei jeder anderen Schrift anwenden, d. h. man kann eine gebrochene Schrift als Kerbschrift gestalten und eine Antiqua erhaben schnitzen. Das Gleiche gilt für die Unziale und andere Sonderschriften.

Soll eine Antiquaschrift erhaben geschnitzt werden, kann man die einzelnen erhabenen Buchstaben als Fläche stehen lassen oder die Buchstaben wie bei einem Negativ der Kerbschrift herausarbeiten. Es ist auch möglich die Schrift als Fläche abzusenken und die Grundfläche erhaben stehen zu lassen. Das macht jedoch sehr viel Arbeit, da die Schrift dann wie ein geschnitzter Grund behandelt werden muss. Da eine Schrift naturgemäß sehr viele Ecken hat, müssen alle diese Ecken sehr sorgfältig ausgearbeitet werden, was bei einer Antiquaschrift ungemein aufwändig und zeitraubend ist. Deshalb empfehle ich diese Schnitztechnik für solche Schriften nicht. Ihre Anwendung ist eher bei einer Unziale oder einer gebrochenen Schrift sinnvoll.

Ist die Schrift fertig geschnitzt, kann man gegebenenfalls mit einem geraden Schleifklotz und Schleifpapier die Fläche der Schrift noch abschleifen, damit eventuell entstandene Verschmutzungen und stehen gebliebene Markierungen beseitigt werden. Anschließend muss die geschliffene Fläche vor der nachfolgenden Oberflächenbehandlung sorgfältig abgebürstet werden.

Um eine Schrift noch lesbarer werden zu lassen, können die einzelnen Buchstaben zum Schluss durch eine kontrastierende Farbgestaltung stärker hervorgehoben werden.

Wegweiser in erhabener Schrift

Das Figurenschnitzen

Das Figurenschnitzen wird im Allgemeinen als die Krone der Schnitzkunst angesehen. Angesichts von Werken solcher Meister wie Veit Stoss, Tilman Riemenschneider oder Michael Pacher ist dem auch nichts zu entgegnen. Das Schnitzen von Figuren ist eine sehr komplexe Tätigkeit und verlangt neben einer hohen Fingerfertigkeit auch die Fähigkeit, dreidimensionale Vorstellungen zu entwickeln, um eine Figur in allen ihren Dimensionen richtig gestalten zu können.

Das Schnitzen von Figuren ist ohne Zweifel der hervorragendste Bereich und zugleich die hohe Schule der Holzschnitzkunst. Dass die Figurenschnitzerei ein so hohes Ansehen genießt, hat vermutlich mehrere Gründe. Zum einen sind es sicherlich die recht hohen Anforderungen an das Können eines Schnitzers, die dem Figurenschnitzen einen so hohen Rang einräumen. Zum anderen ist es vermutlich auch die Tatsache, dass sogar jeder Laie relativ leicht feststellen kann, ob eine Figur vor allem anatomisch richtig geschnitzt wurde oder nicht. Zwar wird ein Betrachter oft nicht in der Lage sein zu sagen, warum an einer Figur etwas nicht stimmt, aber er wird es spüren. Und wahrscheinlich ist es diese enge Verbindung des Betrachters zu geschnitzten Figuren, die ihnen ihre Bedeutsamkeit verleiht. Hinzu kommt als Drittes noch ein historischer Aspekt. Die frühesten Figuren der Menschheitsgeschichte hatten kultischen Charakter. Viele der bekannten prähistorischen Figuren symbolisieren weibliche Formen und dienten vermutlich archaischen Fruchtbarkeitsriten. Das Weibliche galt als Ausdruck der Fruchtbarkeit und Quelle allen Lebens und genoss ein entsprechend hohes Ansehen, das sich natürlich auch auf deren Nachahmung in Form kleiner Statuetten übertrug. Und etwas von dieser hohen Wertschätzung hat sich möglicherweise bis heute indirekt fortgeschrieben und ist ein denkbarer Hintergrund für das hohe Ansehen, das Figuren, also auch geschnitzte Figuren, in der Gegenwart genießen.

Zu Beginn sollen die Begriffe Plastik oder Skulptur etwas genauer eingegrenzt werden, um deutlich zu machen, wovon im Folgenden die Rede ist. In der Regel bezeichnet man jene Figuren als Plastiken, die in einer aufbauenden Technik entstanden sind, d.h. mit Ton oder Plastellina aufgebaut und dann durch ein Gießverfahren in Gips, Kunststein, Bronze oder ähnliches Material abgegossen wurden. Im Unterschied dazu werden Skulpturen aus Stein, Holz oder anderen festen Materialien herausgearbeitet. Da aber diese Begriffe oft ungenau verwendet werden, hat sich der Begriff der Holzplastik eingebürgert, obwohl er der oben gemachten Unterscheidung widerspricht.

In Lindenholz geschnitzte Sphinx

Die Entwicklung der Holzskulptur

Wie schon erwähnt, wurden bereits vor 30000 Jahren Figuren geschnitzt. Von diesen Anfängen bildhaften Gestaltens hat sich allerdings nichts erhalten und so kann man auch nur darüber spekulieren, ob den aus Mammutelfenbein geschnitzten Menschen- und Tierfiguren schon Werke aus Holz zur Seite gestanden haben.

Die ältesten in größerer Anzahl erhaltenen Holzskulpturen stammen aus karolingischer Zeit. Die während der Regentschaft Karls des Großen entstandenen Holzskulpturen stellen meist Heilige dar und wirken sehr statisch. Die Faltenwürfe sind nicht nach der Natur gearbeitet, sondern wirken eher konstruiert.

Die frühromanischen Figuren ähneln noch sehr denen der Karolingerzeit. Auch bei ihnen wurde wenig Augenmerk auf eine korrekte Anatomie gelegt, aber die Physiognomien der Skulpturen sind oft schon von sehr hoher Ausdruckskraft. Auch ihre Gestik und Körperhaltung tragen dazu bei, dass man bei der Betrachtung dieser Figuren eigentümlich berührt wird.

Der Romanik, die in Deutschland höchste Entfaltung erlebte und besonders im Rheinland prächtige Kaiserdome hervorbrachte, folgte von Frankreich kommend die Gotik und mit ihr die großen Kathedralen. Ausgangspunkt der Kathedralgotik war das Gebiet der Ile de France. Als Gründungsbau der Gotik gilt die Abteikirche von Saint-Denis bei Paris, und von dort aus verbreitete sich die Gotik nicht zuletzt über die großen Dombauhütten im Laufe der nächsten Jahrhunderte über ganz Europa. Höhe-

Geschnitzte Figur der Heiligen Barbara, Gotik

punkte dieser Entwicklung waren die gotischen Kathedralen Frankreichs, Englands und auch Deutschlands.

Deutsche Baumeister hatten ihre Lehrjahre oft in Frankreich verbracht und schufen später dann solch bedeutende Werke wie das Straßburger Münster, den Kölner Dom oder den Prager Veitsdom. Mit dem Bau des Prager Veitsdoms endete die Geschichte der gotischen Dombauhütten. Diesen Dombauhütten gehörten auch zahlreiche Bildhauer und Steinmetze an, von denen jedoch meist keine Namen überliefert sind, da die Person des Künstlers zur Zeit der Gotik immer hinter seinem Werk zurückstand. Deshalb werden viele Werk dieser Zeit Meistern zugeschrieben, die solch Namen wie Meister des Naumburger Doms oder ähnliche Hilfsbezeichnungen tragen, da nur ihr Werk, nicht aber ihre Identität bekannt ist. Selbst die vorhandenen Meisterzeichen sind selten Signaturen, sondern dienten der Abrechnung geleisteter Arbeit.

Durch die Dombauhütten kam es zu einer ersten großen Blüte der Holzskulptur in Europa. Die gotischen Kathedralen wurden mit Altären, Epitaphen und anderem bildhauerischem Schmuck versehen und es entstanden neben vielen Steinmetzarbeiten auch zahllose Kunstwerke aus Holz. Das Chorgestühl, die Chorschranken, Beichtstühle, Kanzeln oder Altarschreine wurden aus Holz geschnitzt und oft mit Reliefs und Figuren aus Holz geschmückt. Die bedeutendsten Holzschnitzer, die nun mehr und mehr auch namentlich hervortraten, brachte die Hochgotik hervor. Zu ihnen zählen Tilman Riemenschneider, Veit Stoss oder Michael Pacher. Diese großen Künstler markieren mit ihren Werken tendenziell den Übergang zur Renaissance. Die Gesichter, Hände und Füße sind schon so überzeugend gearbeitet, dass man annehmen kann, sie haben intensive anatomische Studien betrieben.

Aber erst zur Zeit der Renaissance trieben die Künstler dann konkrete anatomische Studien. In Deutschland war dies Albrecht Dürer, der, vergleichbar mit Meistern wie Michelangelo, Leonardo da Vinci und Raffael, tiefer in das Wesen der Anatomie des Menschen eindrang. Diese Künstler stellten Regeln für die Künstleranatomie auf, die auch heute noch weitgehend ihre Gültigkeit haben. Während der Renaissance spielte die Holzskulptur keine bedeutende Rolle. Erst zur Zeit des Barock erhielt das Material Holz in der figürlichen Plastik wieder einen bedeutenderen Stellenwert, denn für die Gestaltung der vor Verzückung gewundenen Körper der Figuren in barocken Altären war Holz besser geeignet, als jedes andere Material, sieht man von Stuck einmal ab.

Im Klassizismus trat die Holzfigur dann wieder in den Hintergrund und erst das frühe 20. Jahrhundert ließ die Holzplastik, etwa durch Ernst Barlach, wieder aufleben.

Barocke Darstellung der Beweinung Christi

Das Schnitzen einer Figur

Sowohl menschliche Figuren als auch Tierfiguren lassen sich auf unterschiedliche Weise schnitzen. Sie können in der Hand oder auf der Figurenschraube gearbeitet werden.

Die einfachste Möglichkeit, eine Figur in Holz zu formen, ist das Schnitzen in der Hand. Figuren, die nicht größer als 15 cm sind, sollten besser ohne Figurenschraube geschnitzt werden, da die Beweglichkeit der Figur in der Hand größer ist. Man kann allerdings das Anlegen der Figur vorher in der Schnitzbank erledigen, damit man sich bei der groben Abnahme der Späne nicht verletzt, was beim Anlegen in der Hand durchaus passieren kann. Es gibt aber auch Schnitzer, die selbst Figuren von 30 – 40 cm Größe noch ohne Einspannvorrichtung in der Hand herstellen.

Ochs und Esel

Das Schnitzen einer Tierfigur in der Hand

Bevor man damit beginnen kann, eine kleine Tierfigur in der Hand zu schnitzen, muss wiederum eine Entwurfszeichnung angefertigt werden. Besonders beim Figurenschnitzen ist es wichtig, sich vor Beginn der Arbeit zeichnerisch Klarheit über die Form zu verschaffen. Wer nicht in der Lage ist, seine Ideen zeichnerisch zu Papier zu bringen, dem wird es schwerfallen, seine bildnerischen Vorstellungen später in Holz umzusetzen. Deshalb ist die Entwurfsarbeit hier sehr wichtig.

Fallen die Zeichnungen zufriedenstellend aus, kann man die Umrisse der Zeichnung auf einen Karton übertragen. Aus diesem Karton wird als Nächstes eine Schablone ausgeschnitten. Die Schablone wird auf das Holz gelegt, aus dem die Figur geschnitzt werden soll. Zuvor wird das Brett aber auf die nötige Dicke gehobelt, damit man beim Schnitzen nicht zu viel Material abnehmen muss.

Dann werden mit der Schablone die Umrisse der Figur auf das Holz übertragen. Dabei ist es wichtig auf das materialgerechte Übertragen des Entwurfs zu achten. Besonders bei Tierfiguren wird häufig der Fehler gemacht, die Beine quer zur Faserrichtung aufzuzeichnen. Spätestens bei den ersten Schnitten auf der Bandsäge wird klar, dass die Beine längs der Faserrichtung verlaufen müssen, da die meist dünnen Beine der Tierfigur, werden sie quer zu Faserrichtung auf das Holz gezeichnet, beim Aussägen sofort abbrechen. Deshalb muss man vor dem Ausschneiden prüfen, in welcher Richtung die Faser verläuft, und die Schablone so auflegen, dass die Beine immer in Faserrichtung liegen. Das Gleiche gilt für den Schwanz, den die Figur eventuell erhalten soll. Auch er darf nicht quer zur Faserrichtung verlaufen, da auch er sogleich abbrechen würde. Deshalb sollte man schon bei der Komposition der Figur darauf achten, dass der Schwanz entweder so gestaltet wird, dass er am Körper anliegt oder wenigstens so verläuft, dass er nicht quer zum Faserverlauf steht.

Pinguin aus Eichenholz

So entsteht eine einfachen Tierfigur

1 Das Profil eines Hundes wird auf einen Zeichenkarton gezeichnet.

2 Das aufgezeichnete Profil wird ausgeschnitten.

3 Das Profil wird auf eine dünne Sperrholzplatte übertragen.

4 Aus der Sperrholzplatte wird das Profil ausgesägt. Auf diese Weise kann man eine wieder verwendbare Schablone herstellen.

5 Die Schablone wird so auf ein Stück Lindenholz gelegt, dass Beine und Schwanz in Faserrichtung zeigen.

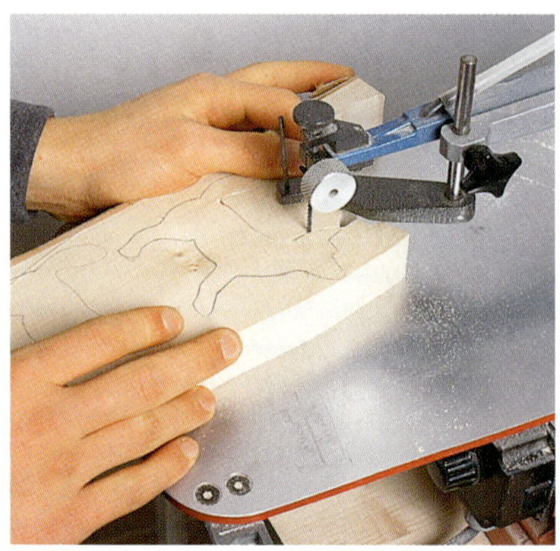

6 Mit einer Dekupiersäge wird nun das aufgezeichnete Profil ausgesägt.

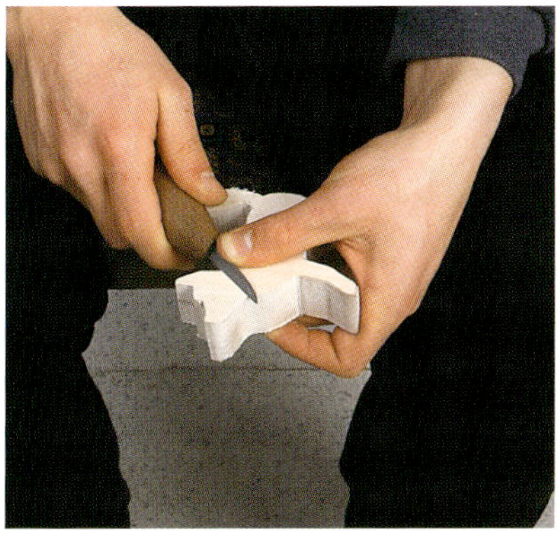

7 Die Kopfform des Hundes wird mit einem Schnitzmesser begrenzt.

8 Man sollte beim Schnitzen immer kleine Schnitte machen. Deshalb muss statt einem Schnitt mehrmals nachgeschnitten werden.

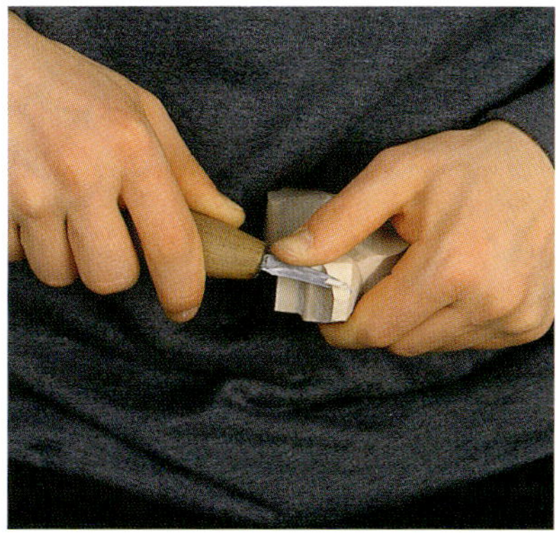

9 Die Kanten des Profils werden mit exakten Schnitten gebrochen.

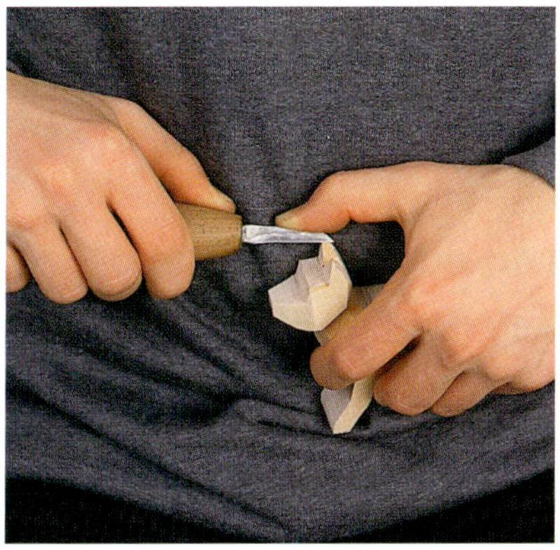

10 Nun werden die Ohren sorgfältig ausgearbeitet.

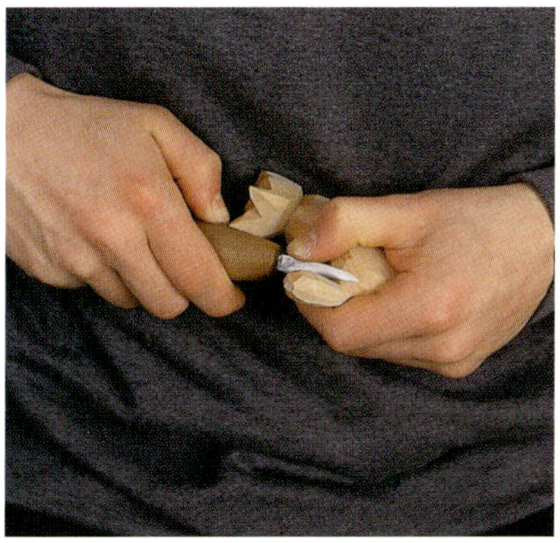

11 Der Schwanz muss vorsichtig geschnitzt werden, damit er nicht abbricht.

12 Mit einer Feinsäge wird ein Schnitt zwischen die Beine gesetzt.

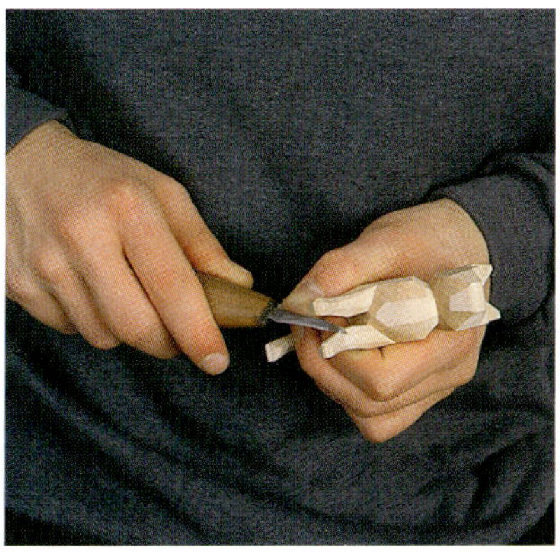

13 Nun kann man mit dem Schnitzmesser die Beine ausschnitzen.

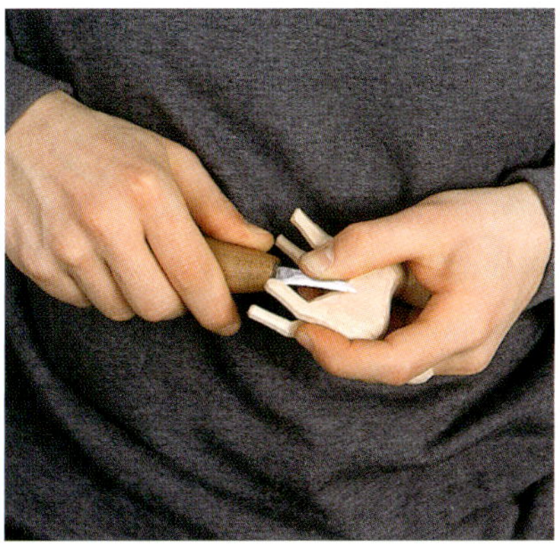

14 Der Unterleib des Hundes wird durch Brechen der Kanten plastisch gestaltet.

Wurde dies alles beachtet, kann man mit dem Aussägen beginnen. Je nach Größe der geplanten Figur werden nun entweder mit einer Dekupiersäge oder mit einer Bandsäge die Konturen der Figur ausgeschnitten. Das Arbeiten an der Dekupiersäge ist relativ ungefährlich. Bei der Arbeit an der Bandsäge muss man vorsichtiger vorgehen. Besonders bei einem Wechsel der Schnittrichtung ist darauf zu achten, dass das Sägeband nicht in der Maschine verbogen wird, da es sonst zu einem Verlaufen des Sägebandes kommt und das Band bei extremer Belastung sogar reißen kann.

Wurde die Kontur der Figur ausgeschnitten, kann mit dem eigentlichen Schnitzen begonnen werden. Erfahrungsgemäß ist es besser, sich zuvor die besonders gefährdeten Fingerkuppen mit Heftpflaster zu verkleben, damit es nicht zu Stich- oder Schnittverletzungen kommt. Als Sitzgelegenheit sollte man einen bequemen, stabilen Stuhl verwenden und bei der Arbeit sowohl den Rohling als auch das Werkzeug immer fest in der Hand halten.

Es gibt zwei Möglichkeiten, in der Hand zu schnitzen. Man kann lediglich mit einem Messer arbeiten, man kann allerdings neben dem Messer noch verschiedene Bohrer, Flacheisen, Geißfüße, Hohleisen sowie Balleisen einsetzen.

Wird nur mit dem Messer geschnitzt, entstehen meist etwas kantige und derbe Formen. Bei der Verwendung von normalen Schnitzeisen ist es jedoch durchaus möglich, auch ohne Einspannvorrichtung eine kleine Skulptur mit detaillierten Formen zu schaffen.

Viele renommierte Schnitzer benutzen zum Anfertigen ihrer wunderbaren Figuren keinerlei Einspannvorrichtungen und haben sich durch ihre jahrelange Tätigkeit solche Fertigkeiten angeeignet, dass man selbst mit der Lupe keine Unsauberkeiten an der fertigen Figur finden kann.

Als Erstes wird die Halspartie der Figur grob ausgearbeitet und dann die Schnauzenform festgelegt. Es folgt das Herausarbeiten der Ohren, eventuell der Augenpartie und des Mauls. Danach wird die Rückenpartie festgelegt und als nächstes der Schwanz herausgearbeitet. Dann wird der Rumpf grob ausgearbeitet; den Abschluss bilden die Beine der jeweiligen Tierfigur.

Bevor nun die Feinarbeit folgt, muss man entscheiden, wie weit die Figur im Detail ausgearbeitet werden soll. Da Tiere in der Regel ein Federkleid, ein Fell oder Schuppen haben, muss man wissen, wie man solche Details bildnerisch umsetzen möchte. Die Gestaltung von Vierbeinern erfordert auch ein bestimmtes Wissen um die Zusammenhänge und Eigenarten der Tieranatomie, d. h. jeder, der eine bestimmte Tierfigur schnitzen möchte, muss sich zuvor mit den anatomischen Besonderheiten des von ihm gewählten Tiers intensiv auseinandersetzen.

Anfangs werden in der Hand geschnitzte Tierfiguren sicherlich eine etwas statische Haltung haben, doch im Laufe der Zeit wird man mehr und mehr in der Lage sein, ein Tier auch in dynamischer Bewegung darzustellen. Für diese Art der Darstellung bedarf es einer guten und genauen Beobachtungsgabe sowie der Sicherheit, diese Beobachtungen dann auch in eine Figur umsetzen zu können. Als Anfänger sollte man sich aber zuerst darauf beschränken, die wesentlichen Merkmale einer Art oder Rasse herauszufinden und

Drei geschnitzte Schäfchen

Figur eines Kleibers (oben) und einer Meise (rechts), in der Hand geschnitzt und bemalt

darzustellen. Hat man hier einige Sicherheit gewonnen, kann man als Nächstes versuchen, verschiedene Tierarten in der Größe zueinander passend zu schnitzen, wie etwa alle Tiere eines Bauernhofs oder die Tiere der Arche Noah.

Um solch kleine Kunstwerke entstehen zu lassen, sollte man sich Zeit nehmen, und ganz entspannt und in aller Ruhe arbeiten, denn nur so ist man in der Lage die nötige Sorgfalt und Akkuratesse zu entwickeln, die unbedingt nötig ist, um gut durchgearbeitete Figuren zu schaffen. Das soll aber nicht heißen, dass nur bis ins kleinste Detail diffizil gestaltete Figuren in der Schnitzerei künstlerisch von Bedeutung sind, denn auch archaisch wirkende Figuren können durchaus eine große Wirkung haben und eine besondere Wärme ausstrahlen.

Beim Schnitzen von menschlichen Figuren in der Hand wird im Prinzip nicht anders vorgegangen als beim Schnitzen von Tierfiguren. Allerdings muss man bei der Darstellung von Menschen ein besonderes Augenmerk auf das Gesicht, die Hände und eventuell auch auf die Kleidung legen.

Geschnitzter Hirschkopf als Dekoration am Haus eines Jägers

Das Schnitzen mit der Figurenschraube

Vor allem zum Schnitzen von größeren Figuren empfiehlt es sich, eine Figurenschraube zu verwenden. Bevor man jedoch mit dem Schnitzen beginnen kann, sind noch einige Vorbereitungen nötig.

„Zeichne, Antonio – zeichne, Antonio – zeichne und verlier keine Zeit“, diesen Satz schrieb Michelangelo an den Rand einer Schülerzeichnung. Michelangelo, das Universalgenie und der überragende Bildhauer der Hochrenaissance, wusste genau, welche herausragende Bedeutung das Zeichnen für einen Bildhauer hat. Dies ist bis heute so geblieben und gilt für Schnitzer in gleichem Maße.

Durch das Zeichnen werden Erkenntnisse gewonnen, die für den bildnerischen Prozess äußerst wichtig sind. Durch das Zeichnen werden entscheidende Probleme bei der Gestaltung deutlich, und durch ihr Sichtbarmachen wird es leichter sie zu verdeutlichen und schließlich zu korrigieren.

Wenn es gelingt, eine Figur zeichnerisch zu bewältigen, können zwar beim Schnitzen noch dem Material geschuldete Schwierigkeiten auftauchen, aber der komplizierte, gedankliche Aufbau der Figur hat durch die Zeichnung ein solides Gerüst bekommen. Eine große Sorgfalt beim Zeichnen bringt auf jeden Fall mehr Sicherheit bei der plastischen Umsetzung. Dabei ist es zweitrangig, mit welchen Mitteln man zeichnet. Jeder kann die ihm gemäße Zeichentechnik einsetzen und mit Bleistift, Kreide, Kohle, Feder, Kugelschreiber oder Filzstift zeichnen. Alle Zeichenmaterialien sind geeignet und erlaubt. Wichtig ist jedoch, dass man beim Zeichnen die

Musizierende Kinder

Wahrnehmungen und die subjektiven Vorstellungen von einer Figur mit anatomischen, physiologischen und perspektivischen Kenntnissen untermauert. Es ist deshalb wichtig zu wissen, warum sich ein Muskel so und nicht anders wölbt, weshalb eine Sehne an einer bestimmten Stelle hervortritt, wieso eine Verkürzung bei einem vorgestreckten Arm oder Bein entsteht oder warum ein Faltenwurf eine ganz bestimmte Form hat. Durch das Zeichnen kann man also allen visuell wahrnehmbaren Eindrücken auf den Grund gehen. Da das Zeichnen ein gewisses Maß an Können verlangt, sollte man sich dafür ausreichend Zeit nehmen.

Ist der Entwurf für die gezeichnete Figur abgeschlossen, sollte man an einem Modell prüfen, ob sich die dort fixierten Ideen auch in eine realisierbare plastische Form bringen lassen, d. h. man sollte die Figur nach dem Zeichnen und vor dem Schnitzen modellieren. Dazu sind Materialien wie Plastilina oder Ton gut geeignet. Das Modellieren hat den Vorteil, dass abgenommenes Material wieder angesetzt und so mit der Form experimentiert werden kann. Im Gegensatz zu einer in Holz geschnitzten Figur ist eine modellierte Plastik eine aufgebaute Form, bei der Korrekturen in unendlicher Zahl möglich sind, während bei der Schnitztechnik einmal entferntes Material nicht wieder angesetzt werden kann.

Beim Zeichnen und Modellieren von menschlichen Figuren empfiehlt es sich, zum Prüfen der Stimmigkeit der Komposition eine Gliederpuppe zu verwenden. Eine solche Puppe ist im Künstlerfachhandel erhältlich und kann bei einem Entwurf eine große Hilfe sein. Kopf, Rumpf und Gliedmaßen sind in anatomisch richtiger Weise angeordnet und beweglich. So kann man eine komplizierte Komposition mit Hilfe dieser Gliederpuppe leichter visualisieren.

Das intensive Zeichnen und Modellieren mag vielen als übertriebener Aufwand erscheinen, doch ist diese gründliche Vorarbeit beim Schnitzen von großem Nutzen, da die Zeit, die in diese Vorarbeiten investiert wurde, später auf jeden Fall wieder eingespart wird, weil man sich durch diese vorbereitenden Studien schon Klarheit über die geplante Gestaltung der Figur geschaffen hat.

Das Umsetzen der modellierten Figur in Holz erfolgt mit Hilfe von drei Zirkeln bzw. Tastern. Dazu werden im Sockelbereich des Modells und des Rohlings drei Punkte festgelegt. Danach überträgt man eine bestimmte Stelle des Modells jeweils von drei Punkten aus auf die Figur. Stimmen später dann die Abstände der Punkte beim Modell mit denen an der geschnitzten Figur überein, ist die richtige Tiefe an dieser Stelle erreicht und man darf dort kein Material mehr abnehmen.

Ist ein Punkt festgelegt, kann man von dort aus wieder andere Punkte bestimmen und überprüfen. Sind genügend solcher Punkte zum Vergleich von Modell und Figur erarbeitet worden, kann der Rest per Augenmaß überprüft werden. Man kann den Fortgang der Arbeit aber auch mit dem Zirkel immer wieder kontrollieren.

Das Übertragen eines Modell (hier ein Tonmodell) geschieht mit Hilfe eines Zirkels und eines Tasters.

Gliederpuppe für die Entwurfsarbeit.

Noch leichter als mit drei Zirkeln lässt sich die Arbeit mit einem Punktiergerät überprüfen. Ein Punktiergerät ist allerdings nicht ganz billig. Nur wer etwas mehr in sein Hobby investieren kann und will, sollte sich so ein Gerät anschaffen. Das Punktiergerät ist ein verstellbares Holz- oder Messingkreuz, an dem drei verstellbare Spitzen befestigt sind. Mit ihm kann man in einem Arbeitsgang die Abstände einstellen und übertragen.

Entsprechen Zeichnung und Modell den eigenen Vorstellungen, kann das Schnitzholz vorbereitet werden, d.h. aus dem vorhandenen Vorrat wird ein Stück Holz mit dem nötigen Maß ausgewählt. Aus der Entwurfszeichnung fertigt man sich eine Schablone in der Draufsicht und legt sie auf das Werkstück. Die Konturen der Schablone werden auf das Holz übertragen und mit der Bandsäge die Kontur der Figur ausgesägt. Man kann anschließend auch noch die Seitenkontur der Figur ausschneiden. Da aber die Auflagefläche durch das ausgesägte Profil schon uneben geworden ist, sollte man beim Sägen auf der Bandsäge hier besonders vorsichtig sein, damit kein Unfall geschieht. Durch das Aussägen von zwei Seiten erspart man sich allerdings einige körperliche Anstrengung. Wer über keine Bandsäge verfügt und sich diese Vorarbeit in keiner Schreinerei erledigen lassen möchte, kann auch mit seinem Schnitzwerkzeug die Figur aus dem vollen Holz herausschlagen. Dies nimmt allerdings einige Zeit mehr in Anspruch und ist zudem recht anstrengend.

Wenn der Figurrohling auf der Bandsäge ausgeschnitten wurde, spannt man ihn zur groben Anlage zunächst zwischen zwei Bankhaken in die Schnitzbank. Steht nur eine kleinere, d.h. eine etwas leichtere Schnitzbank zur Verfügung, so sollte man das Blatt der Schnitzbank mit dem Gestell der Schnitzbank mit Schrauben verbinden, um der Bank mehr Stabilität zu geben. Außerdem sollte das Gestell der Schnitzbank zusätzlich durch schwere Steine, gusseiserne Gegenstände, Gewichte oder ähnliches beschwert werden, damit sie sich beim Anlegen möglichst nicht von der Stelle bewegt. Ist der Figurenrohling in die Schnitzbank eingespannt und wird beim Anlegen mit Klüpfel und Schnitzeisen gearbeitet, kann eine leichte Schnitzbank schnell von der Stelle bewegt und durch die Werkstatt geschoben

1 Die Form der Figur wird auf stärkeren Zeichenkarton aufgezeichnet.

2 Nach der Zeichnung wird eine Schablone erstellt, mit deren Hilfe die Kontur der Figur auf das Holz übertragen wird.

3 Mit einer Bandsäge wird nun die Kontur der Figur ausgeschnitten.

4 Als nächster Schritt wird mit einer Handbohrmaschine ein Loch in den unteren Teil der Figur gebohrt.

werden. Das schadet zum einen dem Fußboden und stört, was noch viel wichtiger ist, bei der Arbeit, denn man verliert beim Anlegen der Figur schnell die Konzentration und die Sicherheit, wenn man die Bank ständig in ihre ursprüngliche Position zurückschieben muss. Hat die Werkstatt einen hölzernen Fußboden, kann man die Bank zusätzlich mit dem Boden fest verschrauben, sodass sie nicht verrückt.

Aus dem Werkzeugbestand wählt man nun ein Hohleisen Stich 8 oder einen Bohrer Stich 9 sowie einen größeren Geißfuß von Stich 41 aus. Die Werkzeuge müssen für diesen Arbeitsgang auf jeden Fall scharf sein, die Fasen sollten jedoch nicht zu lang angeschliffen werden, da es beim Anlegen oft zum Drängen des Werkzeugs kommt und die Schneide ausbrechen kann.

Mit Klüpfel und Hohleisen arbeitet man nun die entsprechenden Punkte, die für die Begrenzung der Form der Figur von Bedeutung sind, so weit zurück, dass die Form gut erkennbar ist, aber immer noch genügend Material für die Korrektur stehen bleibt.

Einem routinierten Schnitzer wird es sicherlich keine besondere Mühe machen, auch während des Anlegens noch Veränderungen an der Figur vorzunehmen. Der Anfänger sollte sich aber erst einmal darauf beschränken, die Form so getreu wie möglich entsprechend dem Modell herauszuarbeiten. Es ist sehr sinnvoll sich für das Anlegen einer Figur ein gewisses System anzueignen. Hierfür gibt es unterschiedliche Möglichkeiten, die, jede für sich, durchaus Sinn haben. Welche die für die eigene Arbeitsweise effektivste Vorgehensweise ist, muss man durch Ausprobieren der verschiedenen Varianten selbst herausfinden. Es gibt Schnitzer, die zuerst den Kopf rundum anlegen, während

5 In dieses Loch wird das Holzgewinde der Figurenschraube eingeführt.

6 Die hölzerne Figurenschraubenhalterung bzw. der Galgen werden über das Trapezgewinde gesteckt und mit einem Knebel wird die Figurenschraube festgezogen.

7 Die Figur ist jetzt in die Schnitzbank eingespannt und man kann mit dem Anlegen beginnen.

8 Zuerst wird die grobe Form festgelegt.

andere Schnitzer zuerst die ganze Vorderpartie und danach die Rückseite herausarbeiten. Auf keinen Fall sollte man so vorgehen, dass man hier ein wenig klopft, dort ein wenig anlegt, denn dabei verliert man sehr schnell die Kontrolle über das Stück.

Mit dem Hohleisen oder dem Bohrer wird nun die äußere grobe Form gründlich herausgearbeitet. Sollten ganze Absätze in der Form auftauchen, kann man zur Not auch den großen Geißfuß einsetzen. Ist die grobe Form fertig und sind die entscheidenden Punkte herausgearbeitet, folgt das Durcharbeiten der Figur. Dazu verwendet man ein etwas kleineres Hohleisen Stich 8 oder einen entsprechenden Bohrer, um die diffizileren Formen der Figur auszuformen. Bei diesem Arbeitsgang muss die Figur hin und wieder ausgespannt und aufgestellt werden um zu überprüfen, ob die einzelnen Bereiche richtig ausgearbeitet werden, denn neben dem Messen mit Zirkel und Taster sollte man sich immer auch auf den optischen Eindruck, den die Figur in diesem Zwischenstadium macht, stützen.

Nach dem Durcharbeiten wird die Figurenschraube mit Hilfe eines Knebels in den Sockel der Figur eingedreht. Dabei muss darauf geachtet werden, dass die Schraube nicht durch den Sockel stößt und dort ein unansehnliches Loch hinterlässt, dass später sichtbar bleibt. Besonders bei Figuren mit offenen Beinen kann dies leicht passieren. Bei solchen Figuren sollte man die Schraube am besten so eindrehen, dass die Schraubenspitze durch einen Fuß in ein Bein der Figur geführt wird.
Wurde die Figurenschraube gut in der Figur befestigt, steckt man das herausstehende Teil der Schraube in die Figurenschraubenhalterung oder den Galgen und zieht die Figu-

9 Ist die Figur vollständig angelegt, kann mit dem Ausarbeiten des Gesichts begonnen werden.

10 Zum Schluss werden die Hände ausgearbeitet. In die Hände des Flötenspielers, mit denen er die Flöte hält, wird ein Loch gearbeitet.

11 Die Oberflächenbehandlung wird mit dünnem, farblosem Lack ausgeführt.

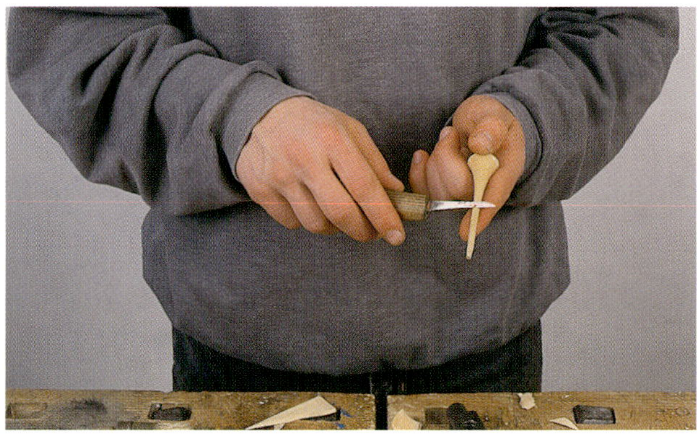

12 Für den Flötenspieler wird mit dem Schnitzmesser eine Flöte geschnitzt

13 Die Flöte wird in die Hande des Flötenspielers eingepasst.

14 Die Abbildung fasst nochmals die einzelnen Fertigungsschritte der Figur zusammen.

renschraube mit dem Figurenschraubenknebel fest. Zwischen Schraube und Figur sollte man allerdings noch Beilagscheiben legen, sodass der Knebel nicht allzu stark in das Holz der Figurenschraubenhalterung gezogen wird.

Nun spannt man die Figurenschraubenhalterung in der gewünschten Stellung in die Schnitzbank und legt sich die nötigen Schnitzeisen auf der Bank zurecht. Mit einem kleineren Hohleisen arbeitet man die Formen heraus, die das Aussehen der Figur bestimmen. Dabei werden die noch sichtbaren Schnittspuren nach und nach immer weiter zusammengezogen, d. h. die Erhöhungen der Schnittränder werden immer ein wenig niedriger geschnitten, bis Flächen entstehen.

Wo man mit dem Sauberschneiden beginnt, ist eine individuelle Entscheidung. Auf jeden Fall sollte man so vorgehen, dass, ist man auf Grund eines Fehlers bei der Arbeit gezwungen, die Figur leicht zu verändern, am hinteren Teil der Figur noch so viel Material stehen geblieben ist, dass man den Fehler durch kleine Änderungen an der Figur ausgleichen kann. Beim Sauberschneiden sollten alle Partien der Figur gleich bewertet werden. Lässt man alle Sorgfalt z. B. nur dem Gesicht zukommen und vernachlässigt die anderen Partien, werden diese Bereiche später den Gesamteindruck auf unangenehme Art beeinflussen.

Durch das Sauberschneiden erhält die Figur ihr endgültiges Aussehen. Wie das Wort schon sagt, soll die Figur sauber geschnitten werden, d. h. auch hier muss, wie weiter vorn im Buch schon gesagt, „mit dem Schnitt der Span fallen". Das bedeutet so zu schnitzen, dass der Span nach dem Schnitt abfällt und weggeblasen werden kann. Gelingt das nicht, sollte man auf keinen Fall an dem noch festsitzenden Span zupfen oder versuchen ihn abzureißen, denn wird der Span abgerissen, bleiben auf jeden Fall Reste der Faser stehen, die dann später den Eindruck unsauberer Arbeit hinterlassen.

Besonders unzugängliche Stellen kann man unter Umständen nur gegen die Wuchsrichtung des Holzes ausarbeiten. Dabei muss beson-

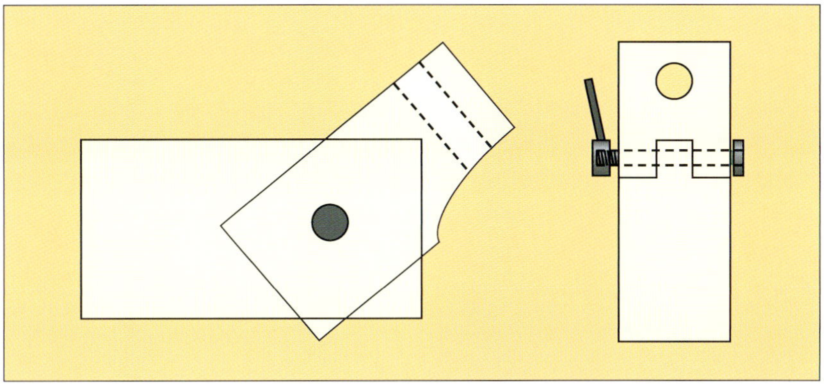

Verstellbarer Galgen für die Figurenschraube

Liebespaar, in Eichenholz geschnitzt

Volkstümlich geschnitzte Skifahrer

ders vorsichtig vorgegangen und unbedingt mit scharfem Werkzeug geschnitzt werden. Wenn man dann gegen die Faser und immer noch ein wenig quer schneidet, kann man auch hier zu einem guten Ergebnis kommen.

Da Holz ein natürlich gewachsenes Material ist, sind Unregelmäßigkeiten im Material unvermeidlich. Ein Holzstück ohne Unregelmäßigkeiten wäre sogar ein sehr langweiliges Material. Unregelmäßigkeiten im Holz sind gewissermaßen dessen Schmuck. Da aber jedes Holzstück einen charakteristischen Wuchs hat und keines genau wie das andere ist, wird jeder Schnitzer durch die Eigenheiten des jeweiligen Materials, etwa durch junge Äste, Verwachsungen oder Verfärbungen beim Sauberschneiden oft vor größere Schwierigkeiten gestellt. Ein gerade gewachsenes Stück Holz lässt sich längs zur Faser und auch quer zur Faser meist recht gut bearbeiten. Befindet sich aber in einem solchen Stück Holz Wimmerwuchs, wird das Schnitzen mitunter sehr problematisch, denn bei einem solchen Holzstück ändert sich ständig seine Wuchsrichtung. Dies stellt an den Schnitzer und sein künstlerisches Einfühlungsvermögen hohe Anforderungen. Das Wichtigste ist hierbei, die abzunehmende Spandicke so gering wie möglich zu halten. Deshalb sollte man jetzt besser zehn dünne Spänchen abtragen, als mit einem Schnitt ein zu tiefes Loch in das Holz zu reißen. Man muss bei diesem Arbeitsgang sehr achtsam sein und bei jedem Span die Wuchsrichtung gewissermaßen erfühlen. Lässt die Konzentration nach, entsteht hier sofort ein Fehler. Beim Bearbeiten solcher Stellen ist es ganz wichtig, das Werkzeug vorher noch einmal abzuziehen und dann möglichst quer zur Faser zu schneiden.

Ein anderes „Übel" für jeden Schnitzer sind ins Holz eingewachsene Äste. Während bei großen Figuren die Äste selten den optischen Eindruck stören und sogar ein zusätzlicher ästhetischer Reiz sind, kann ein Ast bei einer kleinen Figur das ganze gestalterische Konzept durcheinander bringen. Einige Holzarten, wie etwa Lindenholz, können von außen kaum wahrnehmbare Ästchen haben, die sich immer weiter vergrößern, je mehr Material man davon abträgt. In der Regel merkt man dies allerdings schon beim Anlegen einer Figur und sollte ein solches Holzstück am besten gleich aussortieren, noch bevor man hier viel Arbeit investiert hat.

Bemerkt man aber erst beim Sauberschneiden diesen Materialfehler und ist der Meinung, dass ein solcher Ast den Eindruck der Figur nicht allzu sehr stören wird, muss man ihn sehr gründlich sauber schneiden.

Dies ist in der Regel nur möglich, indem man mit dem Eisen von allen Seiten her in Richtung des Astzentrums schneidet und das Eisen dabei seitlich zieht. Da die Äste meist viel härter sind als das übrige Holz, kommt es vor, dass die Werkzeugschneide ausbricht oder sich je nach Härtegrad des Werkzeugs umlegt. Deshalb sollte man schon im Vorfeld des Bearbeitens von Ästen ein Eisen wählen, dessen Fase kürzer geschliffen ist. Dadurch ist die Fase stabiler. Man muss aber etwas mehr Kraft aufwenden als bei einem Eisen mit längerer Fase, doch dafür ist das Werkzeug durch den stumpferen Schnittwinkel stabiler. Durch ein solches Vorgehen schont man sein Werkzeug sehr.

Besonders beim Sauberschneiden ist es ganz wichtig, mit sauberen Händen zu arbeiten, denn wird die Figur jetzt mit schmutzigen Händen berührt, hinterlässt man besonders an den Schnitträndern rasch Spuren, die dazu führen, dass der Gesamteindruck der fertigen Arbeit beeinträchtigt wird.

Die sauber geschnittene Fläche ist gewissermaßen das Aushängeschild des Schnitzers. Je nach Neigung bevorzugt der eine Schnitzer eine absolut glatte Fläche und der andere unterstützt den ästhetischen Reiz seiner Figur dadurch, dass er die Schnitte sichtbar bleiben lässt.

Schwerstarbeit im Bergwerk, (gegenüberliegende Seite)

Grundregeln der Anatomie

Zum Schnitzen von Figuren sind Grundkenntnisse der Anatomie des Menschen bzw. des Tieres unerlässlich. Auf Grund der Vielgestaltigkeit der Tierwelt ist es nicht möglich, hier auf die unterschiedlichen Tierarten und deren Anatomie einzugehen.

Auch die menschliche Anatomie ist so umfangreich, dass hier nur einige elementare Fragen besprochen werden können.

Jeder, der sich der menschlichen Figur gestalterisch nähert, stellt sehr bald fest, wie hilfreich es ist, über einige Grundkenntnisse der Anatomie zu verfügen. Die großen Meister der Antike, der Renaissance und später des Klassizismus beherrschten die menschliche Anatomie perfekt. Einige von ihnen erarbeiteten heute noch gültige Regelwerke, wie Praxiteles, Leonardo da Vinci oder Albrecht Dürer.

Die meisten Wissenschaftler oder Künstler, die allgemein verständliche und für die künstlerische Gestaltung brauchbare Anatomien erarbeiteten, machten den Kopf des Menschen zum Grundmaß (Kanon) ihrer Proportionslehre. Bei einem erwachsenen Menschen rechnet man ungefähr acht Kopflängen auf die Körperhöhe. Vom Kopf beginnend ergeben sich also wichtige und für die Proportion markante Punkte. Bei zwei Kopflängen etwa beginnen die Brustwarzen und die Achselhöhle, die Taille liegt bei drei Kopflängen.

Heute ist Saunatag.

Waldarbeiter beim Holzspalten (gegenüberliegende Seite)

Das Schambein markiert die Körpermitte, befindet sich also bei vier Kopflängen. Das Knie befindet sich bei sechs Kopflängen und ein Drittel Kopflänge markiert die Knöchelhöhe des Fußes.

Selbstverständlich müssen dabei spezifische anatomische Unterschiede zwischen Mann und Frau berücksichtigt werden. Während sich beim Mann das Schultergelenk ein Drittel Kopflänge unter dem Kinn befindet, liegt dieses Maß bei der Frau bei einer halben Kopflänge. Das bedeutet also, dass die Schultern einer weiblichen Figur bei der Gestaltung tiefer angesetzt werden müssen.

Trotz aller anatomischen Gesetzmäßigkeiten hat sich natürlich das Idealbild der menschlichen Figur im Laufe der Zeit auch verändert. So haben beispielsweise die vielfältigen sportlichen Aktivitäten von Frauen dazu geführt, dass sie häufiger ein verhältnismäßig schmales Becken und breite Schultern bekommen, was bei Frauen vor ca. 100 Jahren viel seltener vorkam. Das hängt sicherlich auch mit dem gewandelten Schönheitsideal zusammen.

Die menschliche Anatomie erschöpft sich allerdings nicht nur im Verhältnis der Gliedmaßen und Körperteile zueinander. Sie umfasst auch das komplizierte Zusammenspiel von Knochen, Muskeln, Sehnen, Haut und Fettpolstern. Um hier nicht allzu viele Fehler bei der Gestaltung zu machen, sollte man seine Umgebung sorgfältig beobachten und, wie schon gesagt, möglichst häufig zeichnen.

Da es auf Dauer wahrscheinlich recht eintönig wird, menschliche Figuren ausschließlich in aufrechter Haltung und mit angelegten Armen darzustellen, sollte man versuchen jeder Figur möglichst individuelle Züge zu geben. Dazu muss man sich über das Zusammenspiel der einzelnen Körperteile Klarheit verschaffen. Es ist ein großer Unterschied, ob ein Muskel ein Beugemuskel oder Streckmuskel, also ein Beuger oder Strecker, oder ob der Muskel ein Ringmuskel ist. Man muss gewissermaßen unter die Haut blicken können, um zu wissen, wo ein Muskel angewachsen ist und welche Funktion er bei den einzelnen Bewegungen des Körpers hat. Je mehr Klarheit und Wissen man darüber hat, umso einfacher ist es Figuren zu schnitzen, bei denen Stand- und Spielbein herausgearbeitet werden. Stand- und Spielbein bildnerisch darzustellen heißt auch zu wissen, dass durch die Stellung von Stand- und Spielbein auch die Haltung des Oberkörpers, d. h. des Brustkorbs und der Schultern, mitbeeinflusst wird.

Die Menschen werden jedoch nicht nur nach dem Geschlecht unterschieden. Ein weiteres Unterscheidungsmerkmal ist der Körpertyp. Es gibt dabei drei Grundtypen:

- den leptosomen Typ, d. h. den sehr schlanken Typ,
- den athletischen Typ, der die Idealvorstellung der Körperproportionen repräsentiert
- den pyknischen Typ, der umgangssprachlich als „der Dicke“ bezeichnet wird.

Nur selten lässt sich ein Mensch eindeutig einem dieser Typen zuordnen. Fast jeder Mensch ist ein Mischtyp mit vorherrschenden Merkmalen.

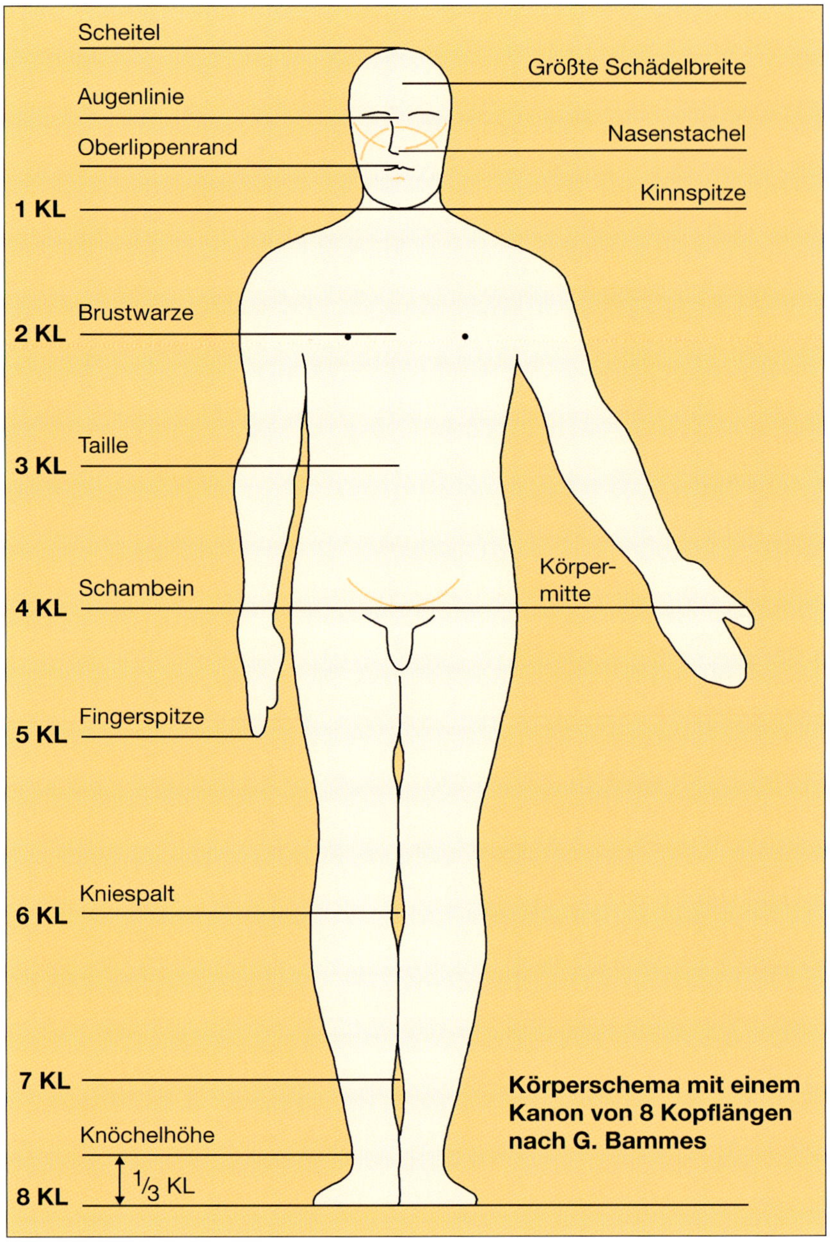

Körperschema mit einem Kanon von 8 Kopflängen nach G. Bammes

Der Gesichtsausdruck, auch Mimik oder Physiognomie genannt, eröffnet dem Gestalter von Figuren ein unerschöpfliches Reservoir an Darstellungsmöglichkeiten. Zwar wird der Gesichtsausdruck ganz entscheidend durch das Zusammenspiel der Gesichtsmuskeln und der Augenbewegungen bestimmt, doch korrespondiert der Gesichtsausdruck immer auch mit einer bestimmten Körperhaltung.

Die Nuancierungen der Mimik scheinen unerschöpflich. Da gibt es Freude und Zorn, Aufmerksamkeit und Entspanntheit, Nachdenklichkeit und Ekel, aber auch Entsetzen, Enttäuschung, Schmerz und Verachtung. Auffallend ist, dass der Mensch bei Negativäußerungen

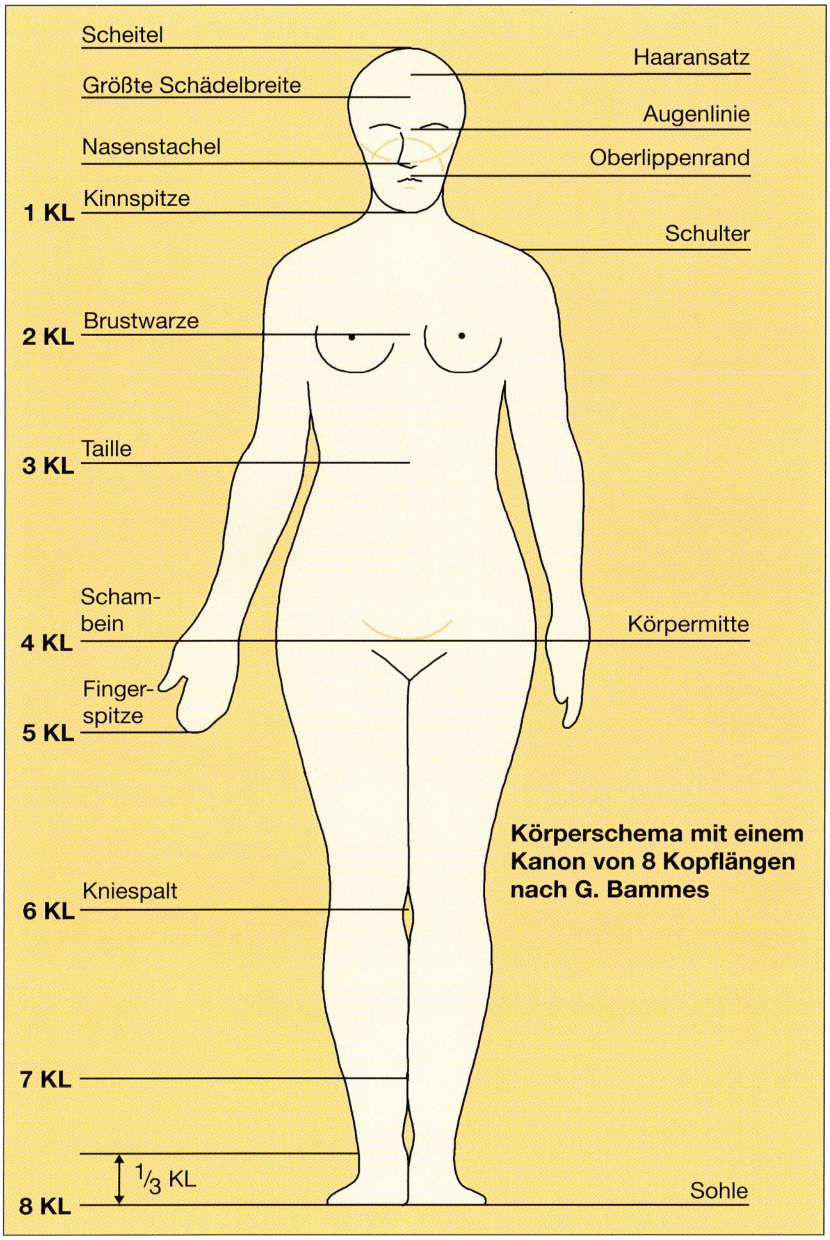

Körperschema mit einem Kanon von 8 Kopflängen nach G. Bammes

seiner Befindlichkeit scheinbar über ein größeres Ausdrucksrepertoire verfügt als bei Äußerungen der Freude.

Je intensiver man sich mit der Anatomie auseinander setzt, desto mehr Fragen tauchen auf und desto mehr Probleme werden deutlich, denen man gründlicher nachgehen möchte, um beim Schnitzen von Figuren noch bessere Ergebnisse zu erhalten. Der Vielfalt anatomischer Problemstellungen kann man an dieser Stelle leider auch nicht annähernd gerecht werden, und jeder, der sich eingehender mit der Anatomie von Mensch und Tier befassen möchte, sollte auf die wirklich guten Veröffentlichungen zur Künstleranatomie zurückgreifen, die man in ausreichender Zahl im Buchhandel findet.

Zwar ist die Anatomie ein besonders wichtiger Bestandteil des figürlichen Gestaltens und man sollte ihr einen angemessenen Platz einräumen, doch darf man vor allem als Anfänger der Anatomie kein zu großes Gewicht geben. Wird eine Figur nur unter rein anatomischen Gesichtspunkten bewertet, lässt man viele andere wichtige Aspekte außer Acht, die für die Gesamtwirkung wichtig sind. An erster Stelle muss immer die gestalterische Absicht stehen, und eben sie lässt sich allein durch die genaue Einhaltung anatomischer Regeln nicht verwirklichen.

Kopf und Hände

Bei bekleideten Figuren sind Hände und Kopf diejenigen Teile der Figur, die den kritischen Blicken des Betrachters am meisten ausgesetzt sind. Schon die Alten Meister schenkten deshalb diesen Körperteilen ihre besondere Aufmerksamkeit und auch heute sollte man auf ihre Ausarbeitung besonderen Wert legen. Viele kleine Fehler in der Anatomie werden vom Betrachter toleriert, wenn Kopf, Gesicht und Hände gut gearbeitet sind. Doch ebenso kritisch werden Fehler in diesem Bereich wahrgenommen und bewertet.

Beim Schnitzen von Kopf und Händen sollte man den Mut zur Plastizität haben. Häufig werden Gesichter leider sehr flächenhaft geschnitzt und wirken dann ausdruckslos, unbeholfen und vierschrötig. Dies rührt meist daher, dass sich viele Anfänger davor scheuen, das Holz dort wegzunehmen, wo es für einen intensiven Ausdruck nötig ist. Sie bringen sich damit um die Möglichkeit, bei der Figur eine intensive Tiefenwirkung zu erreichen, denn es ist unbedingt notwendig, markante Gesichtsteile auch als solche zu betonen.

Beim frontalen Schnitzen ist es sehr wichtig, sich das Gesicht immer wieder im Profil anzusehen, da man sonst leicht die Übersicht über die Gestaltung des Profils verliert und das Gesicht fast zu einem Relief wird. Deshalb muss die Figurenschraube von Zeit zu Zeit aufgedreht und die Figur hin und her gewendet werden, damit man sie, und damit auch den Kopf, von allen Seiten ansehen kann.

Die Nase ist immer der hervorstehendste Teil eines Gesichts. Die Augen werden als Kugeln geschnitzt, die in die Augenhöhlen eingebettet sind. Sie treten leicht daraus hervor und werden von Lidern überdeckt.

Der Mund wird durch die Wülste der Lippen gebildet und von den Mundwinkeln begrenzt. Nasenflügel, Jochbein, Stirn und Kinn sind wichtige Elemente für die Darstellung eines Gesichts. Die Nasenflügel können ganz unterschiedlich, etwa ausladend oder zart, geformt sein. Ein Jochbein kann hervorspringen, aber auch unauffällig aussehen. Die Stirn kann hoch oder flach, fliehend oder gerade ausgebildet werden und das Kinn kann rund und kräftig oder spitz geformt sein. Die Ohren können groß oder klein, anliegend oder abstehend aussehen und die Mundwinkel heruntergezogen oder nach oben gewölbt sein. All dieses trägt zum Ausdruck des Gesichts bei.

Auch die Aufteilung des Gesichts ist sehr wichtig. Eine Regel besagt, dass sich die Augenlinie in der Gesichtsmitte befinden muss. Ein Drittel der Gesichtshöhe entspricht in etwa der Länge des Nasenrückens. Die Anordnung der Ohren

Anatomische Studie: Nase

Anatomische Studie: Auge

ist entsprechend der Nasenhöhe. Fehler werden oft auch bei der Gestaltung des Mundes gemacht. Häufig wird zu viel Platz zwischen Mund und Nase gelassen. Daher ist darauf zu achten, dass die Oberlippe sich ganz organisch von den Nasenflügeln aus hervorwölbt und wieder zurückspringt und sich darunter die Unterlippe ausbildet. Das Kinn schließt dann das Gesicht nach unten ab.

Alle diese Merkmale des Gesichts lassen sich im Alltag in vielfältigster Form beobachten. Aus der Summe dieser Eigenarten entsteht der Charakter eines Gesichts. Dies richtig zu beobachten, sollte sich jeder Schnitzer angewöhnen, auch wenn es nicht immer gleich in einer Figur umsetzbar ist. Man darf sich auf keinen Fall entmutigen lassen, wenn der erste Versuch nicht gelingt, und sollte es wieder und wieder aufs Neue versuchen.

Einige Besonderheiten bei der Gestaltung müssen beachtet werden, möchte man Kindlichkeit, Jugend, Alter oder die Geschlechtsspezifik besonders prägnant herausarbeiten.

Die Kindlichkeit betont man, wenn die Augenlinie deutlich sichtbar unterhalb der Gesichtsmitte verläuft, die Nase sehr klein und die Augen sehr groß ausgeführt werden. Die Wangen sollten als sehr weiche Formen ausgebildet und bei Kleinkindern ein besonders großer Hinterkopf geformt werden.

Mit zunehmendem Alter werden die Formen des Gesichts prägnanter, d. h. die Nase wird größer, die Augen werden kleiner und treten mehr zurück. Die Wangen sind nicht mehr so rund, sondern das Jochbein tritt stärker hervor.

Bei der Darstellung männlicher Figuren spielt auch der Adamsapfel eine wichtige Rolle, während ein spezifisch weiblicher Ausdruck immer durch weichere Formen erreicht wird. Auch das Haar birgt viele Möglichkeiten, Männlichkeit oder Weiblichkeit auszudrücken.

Die Darstellung der Hände bereitet vielen Anfängern Probleme. Deshalb sollte der noch nicht so erfahrene Schnitzer Hände möglichst in sehr reduzierter Form darstellen, d.h. die ersten Arbeiten sollte man so gestalten, dass die Form der Hände nur angedeutet wird. Nach einiger Übung und Erfahrungen mit den Eigenheiten der Anatomie der Hände können diese dann auch differenzierter und feingliedriger ausgearbeitet werden.

Die Hände entsprechen bei geöffneter Hand etwa der Größe der Gesichtsfläche der Figur, müssen allerdings bei männlichen und weiblichen Figuren differenziert werden. Während Männer eine etwas größere Hand haben, sind die Frauenhände graziler, doch auch innerhalb der Geschlechter kann die Handgröße sehr differieren. So haben die Hände eines körperlich schwer arbeitenden Mannes sicherlich eine andere Form und Größe als die eines vorwiegend geistig tätigen Mannes. Auch Kinderhände sind für die Darstellung sehr reizvoll, denn die Rundlichkeit der Kinderhände übt auf den Betrachter die gleiche Wirkung aus wie das kindliche Gesicht. Die Hand ist somit ein starkes Ausdrucksmittel für die Gestaltung der Figur.

Bei der praktischen Ausführung der Hände können eine ganze Reihe Probleme auftauchen. Oft entspricht der Faserverlauf des Holzes nicht der Richtung, in die eine abstehende Hand weisen soll. Quer zur Faserrichtung abstehende Hände oder gar Finger können aber sehr leicht abgebrochen werden. Deshalb sollte man sich schon beim Entwurf darüber Gedanken machen, wie man die Gestalt der Hände dem Faserverlauf anpassen kann. Lässt sich das nicht realisieren, sollte man überlegen, ob man diese kritische Stelle durch Hinzufügen eines Attributs ein wenig stärker sichern kann.

Die Kleidung

In der Regel nimmt die Kleidung die größte Fläche der Figur ein. Sie bestimmt den allgemeinen Eindruck der Figur. Hier bestehen viele Möglichkeiten, diese Fläche kreativ zu gestalten. Man kann die Kleidung nur ganz dezent andeuten oder aber durch einen üppigen Faltenwurf ein prachtvolles Gewand darstellen. Stoffe kann man durch Stauchungen und Falten darstellen und Saumenden können mit Flachschnitt- oder Kerbschnittornamenten versehen werden. Wer gut beobachten kann, dem wird es sogar gelingen, durch die Art des Faltenwurfes darzustellen, um welchen Stoff es sich handelt. So fällt Seide beispielsweise anders als Leinen. Neben Stofftextur und Faltenwurf kann auch die Darstellung von Rüschen, Spitzen, Schnüren und besonderen Kragenformen die Figur bereichern. Das bedeutet aber nicht, dass mehr Zierrat eine Figur zwangsläufig verbessert. Man kann aber mit solchen Mitteln eine etwas zu statisch geratene Komposition interessanter werden lassen.

Die Art und Weise wie man die Kleidung einer Figur anlegt, kann auch dazu genutzt werden, eine bestimmte Person darzustellen, die allein schon über die Kleidung identfizierbar ist, denn häufig ist es so, dass man eine bestimmte Kleidung einer ganz konkreten Person zuordnet. Dies ist besonders bei der Darstellung historischer Persönlichkeiten günstig. Beim Schnitzen einer Figur, die auf einem historischen Vorbild beruht, kann die Kleidung auch Indiz dafür sein, zu welcher Zeit diese Person wirklich gelebt hat.

Man darf bei der Darstellung von Kleidung nicht außer Acht lassen, dass die Kleidung das anatomische Gefüge des Körpers optisch verändert. So bewirkt etwa ein Gürtel, der einen etwas fülligen Bauch umschließt, eine optische Zweiteilung der Figur. Deshalb sollte man sich den Verlauf dieser Teilungslinie vorher genau ansehen, um auch die Wirkung hervorzubringen, die man damit beabsichtigt. In den letzten Jahren war es üblich, Jacken, Mäntel, Pullover und andere Kleidungsstücke mit Polstern so auszustatten, dass bestimmte Körperpartien dadurch betont wurden, etwa die Schultern durch Schulterpolster. Solche Details lassen sich durchaus auch in die Gestaltung einbeziehen, denn solche Feinheiten, werden sie überzeugend und nachvollziehbar umgesetzt, machen eine Figur noch reizvoller. Dazu zählt auch die Wiedergabe von Oberflächen- oder Materialtexturen wie Haut, Stoff, Leder oder Metall. Dies erreicht man beispielsweise durch großflächige, kleine, feine, zusammengesetzte, sauber geschnittene oder gepunzte Flächen.

Eine Musikschülerin

Das Relief

Die Bezeichnung Relief hat ihren Ursprung im lateinischen relevare und bedeutet erheben. Man kann ein Relief im Grunde auch als eine Art Zeichnung verstehen, die sich aus der Fläche hervorhebt und somit plastisch wird. Es stellt eine Zwischenform zwischen Plastik und Zeichnung dar. Bei einem Relief ist es unerheblich, ob die Fläche eben oder gewölbt ist (gewölbte Flächen als Reliefgrund findet man bei einem Säulenrelief).

Der Reiz des Reliefs liegt darin, die Eigenschaften der Plastik mit den Möglichkeiten, die die Zeichnung in sich birgt, zu verbinden. Von der Plastik übernimmt das Relief in erster Linie die Dreidimensionalität, d.h. das Relief ist in seiner Struktur ertastbar und körperlich. Einem Lichtwechsel folgt ein Wechsel des Erscheinungsbildes. Von der Zeichnung übernimmt das Relief die Staffelung, die Perspektive und die Darstellung weiter Räume, wie etwa Landschaften.

Man unterscheidet verschiedene Reliefarten:

- das Hochrelief
- das flach-plastische Relief
- das halbhohe Relief
- das Flachrelief

Das Hochrelief ähnelt in seinem Aufbau am stärksten der Vollplastik, da es mit einem Hintergrund hinterlegt ist und deshalb auch keine Verkürzungen hat. Beim flach-plastischen Relief wird hingegen aus der Betrachterperspektive heraus die Tiefendimension um einen Verhältnisfaktor verkürzt. Bei einem halbhohen Relief, auch Semi-Relief genannt, verkürzt sich die Tiefendimension um die Hälfte. Am stärksten ist diese Verkürzung der Tiefendimension jedoch beim Flach- oder Basrelief ausgebildet, d.h. das Flach- oder Basrelief kommt der Zeichnung am nächsten. Verkürzung bedeutet nun allerdings nicht, dass einer Vollplastik einfach die Rückseite weggeschnitten würde, sondern es wird nach proportionalen, perspektivischen und optischen Gesetzmäßigkeiten der Wölbungsakzent verschoben. Die obere Reliefebene und der Reliefgrund bestimmen die Relieftiefe. Die obere Reliefebene entspricht dem Ausgangsmaß der Platte oder des Blocks, in den das Relief geschnitten wurde. Die tiefste Stelle des Reliefs ist, vom Betrachter aus gesehen, der Reliefgrund.

Geschnitztes Medaillon in Reliefform

Bauer mit Pflug, geschnitzt in Lindenholz (gegenüberliegende Seite)

Am schwierigsten lässt sich ein Hochrelief schnitzen, denn bei einem solchen Relief müssen Figuren oder andere Teile hinterschnitten werden. Das bedeutet, dass man wie bei einer Vollplastik hinter die Figur oder die anderen Teile des Reliefs sehen kann. Um die Bereiche zwischen den erhabenen Relieffiguren und dem Grund sauber schneiden zu können, muss man häufig mit gekröpften, verkehrt gekröpften, gebogenen oder verkehrt gebogenen Eisen arbeiten. Deshalb sollte der ungeübte Einsteiger erst mit einem Flachrelief beginnen.

Die Hauptschwierigkeit beim Schnitzen eines Flachreliefs besteht darin, die Verkürzungen der Tiefendimension richtig umzusetzen. Handwerklich ist dies zwar nicht so problematisch, aber es setzt einige Vorstellungskraft und die Kenntnis perspektivischer Darstellungsweisen

1 Mit Hilfe einer Schablone wird das Wappen auf das Holz gezeichnet.

2 Nach dem Übertragen des Entwurfs muss geprüft werden, ob alle Bestandteile aufgezeichnet wurden.

3 Mit einem Geißfuß oder Bohrer wird nun die Kontur des Wappens ausgeschnitten.

4 Als Nächstes wird mit einem Geißfuß die innere Kontur des Wappentiers nachgeschnitten.

5 Mit einem Flacheisen schneidet man nun den Grund des Wappens.

6 Mit einem Punzeisen wird zum Abschluss der Grund des Wappens strukturiert.

Das fertig geschnitzte Wappen

und ihre richtigen Umsetzung voraus.

Anders als bei einer Vollplastik wird ein Relief aus einer Platte herausgearbeitet. Hierfür sind besondere Voraussetzungen notwendig. Der Träger des Reliefs, also die Platte, muss sorgfältig vorbereitet werden. Soll nur ein kleines Relief geschnitzt werden, reicht oft ein einzelnes Brett aus. Soll das Relief aber größer werden, ist es nötig, das Holz dafür zu verleimen.

Dabei muss folgendes beachtet werden: Genau wie Blöcke zum Figurenschnitzen dürfen Tafeln oder Platten zuerst nur Kern an Kern verleimt werden. Erreicht man die nötige Breite durch eine Kern-an-Kern-Verleimung nicht, so muss das Holz dann weiter Splint an Splint und wieder Kern an Kern verleimt werden. Dabei sollten die zu verleimenden Teilstücke vorwiegend aus stehenden Jahresringen bestehen. Stehende Jahresringe verhindern ein allzu starkes Verwerfen einer verleimten Tafel oder Platte. Liegende Jahresringe führen dazu, dass sich die verleimte Tafel stark verzieht und auch das Maserungsbild sehr unruhig wird, besonders dann, wenn sich stehende und liegende Jahresringe zu stark abwechseln.

Auch die Holzfarbe der zu verleimenden Teile ist wichtig. Es sollte nur gleichfarbiges Holz miteinander verleimt werden. Wechseln Farbe und Struktur innerhalb einer Reliefplatte zu sehr, kann es sein, dass die Aufmerksamkeit des Betrachters mehr auf die Farb- und Strukturunterschiede gelenkt wird als auf die Darstellung bzw. das Motiv.

Sind alle Teilstücke der Reliefplatte ausgewählt und passend sortiert, werden sie auf einer Abrichthobelmaschine gefügt. Eine gute Fuge ist sehr wichtig für den Gesamteindruck der Arbeit, d.h. eine Fuge ist dann am besten, wenn sie später nicht wahrgenommen wird. Deshalb muss die Abrichthobelmaschine beim Fügen besonders genau eingestellt sein. Man sollte beim Fügen auf der Maschine bei einem Durchgang möglichst nicht zu viel Material abnehmen und auch der Vorschub darf nicht zu stark sein. Das gilt im Prinzip für alle Verleimungen, ist aber bei einer Plattenherstellung besonders wichtig.

Die gefügten und sortierten Stücke können nach dem Abrichten Kern an Kern und Splint an Splint verleimt und mit Hilfe von Schraubzwingen verspannt werden, bis der Leim abbindet. Hierfür ist, wie beim Verleimen von Blöcken, eine entsprechende Raumtemperatur nötig, die bei 23 °C liegen sollte. Ist der Leim getrocknet, kann man die Zwingen wieder lösen und die Platte auf der einen Seite abrichten. Die andere Seite wird dann auf einer Dicktenhobelmaschine parallel gehobelt.

Handelt es sich um eine größere Platte, sollte man zur Unterstützung ihrer Stabilität und um ein Verziehen zu verhindern, Gratleisten einziehen. Gratleisten sind etwas stärkere Leisten, an deren langer Seite ein Schwalbenschwanz gefräst oder gesägt ist. Das Gegenstück zum Schwalbenschwanz wird quer zur Faserrichtung in die Platte gefräst bzw. gesägt und zwar so, dass sich die Gratleiste straff in die Platte einschlagen lässt. Es ist hierbei sehr wichtig, genau zu arbeiten. Lässt sich die Gratleiste zu leicht einschieben, ist sie wirkungslos. Geht das Einschieben jedoch zu schwer, kann die Platte auseinander reißen. Ganz genau gearbeitet wurde dann, wenn die Gratleiste fest sitzt, ohne eingeleimt zu sein. Dies gelingt jedoch nur bei viel Routine. Deshalb ist es besser, diese Arbeit von einem professionellen Schreiner oder Tischler in einer Werkstatt ausführen zu lassen.

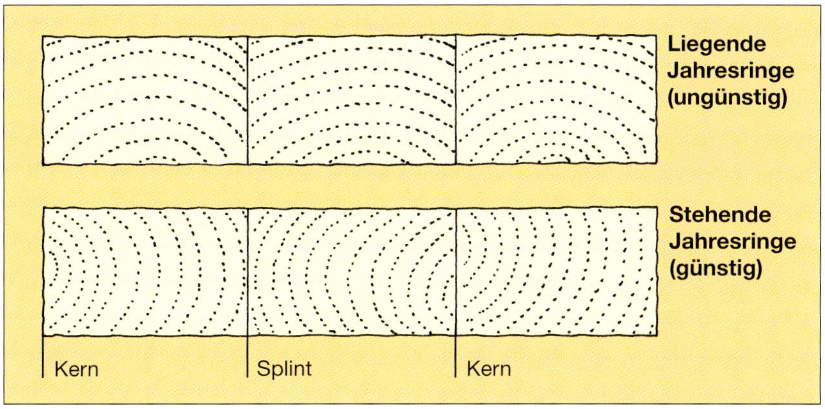

Bei der Verleimung bewirken stehende Jahresringe, dass sich die Platte weniger verzieht. Bei liegenden Jahresringen kann sich die Platte aber sehr stark verziehen.

Für die Gestaltung des Reliefs ist ebenso wie bei der Vollplastik eine sorgfältig ausgeführte Vorzeichnung wichtig, denn beim Zeichnen des Entwurfs werden Probleme deutlich, die später Schwierigkeiten bei der Umsetzung machen könnten. Das Hauptproblem beim Reliefschnitzen ist die Perspektive. Alle in Blickrichtung nach vorn gerichteten Bildteile müssen verkürzt dargestellt werden. Die Tiefendimension des Reliefs erleichtert zwar die Darstellung von Verkürzungen etwas, kann jedoch bei ungünstigen Schattenwirkungen den Gesamteindruck des Reliefs auch verfälschen. Besonders schwierig ist die Ausarbeitung einer Darstellung, bei der etwa ein ausgestreckter Arm aus dem Bild weist. Ein solches Motiv sollte erst in Angriff genommen werden, wenn man schon sehr viel Erfahrung in der Umsetzung perspektivischer Ansichten, in diesem Fall von Verkürzungen, hat und sich seiner bildnerischen Mittel sicher ist.

Darstellungen im Profil sind dagegen wesentlich einfacher in Holz umzusetzen. Tiere sind hier ebenso dankbare Motive wie Menschen in Bewegung. Im alten Ägypten wusste man das schon vor sehr langer Zeit und so entstanden vor tausenden Jahren, wenn auch nicht in Holz, beispielhafte Leistungen der Reliefkunst.

Ist der Entwurf fertig, kann man ihn wieder mit Hilfe von Kohlepapier auf die vorbereitete Platte übertragen. Das Übertragen des Entwurfs geht rascher, wenn man sorgfältig darauf achtet, dass kein Detail und keine Linie vergessen wird. Wenn man die Entwurfszeichnung erst einmal vom Brett abgenommen hat, macht es große Probleme, sie wieder deckungsgleich aufzulegen. Deshalb sollte man am besten nicht alle Ecken der Zeichnung auf der Holzplatte befestigen, sondern den Entwurf so anbringen, dass man ihn an einer Ecke zur Kontrolle etwas anheben kann. Ist die Zeichnung sorgfältig übertragen, kann mit dem Schnitzen begonnen werden.

Zunächst spannt man die Platte zwischen Bankhaken in die Schnitzbank. Zwischen Platte und Bankhaken sollten kleine Zulagen gelegt werden, damit keine Druckstellen auf der Platte entstehen. Nun kann die Platte fest eingespannt und der Bankhaken mit leichten Hammerschlägen noch etwas tiefer geschlagen werden. Dadurch sitzt die Platte fest auf der Bank und es kann beim Schnitzen nicht zu Vibrationen kommen.

Einfaches Relief mit der Darstellung einer Echse

Zum Anlegen des Reliefs verwendet man einen möglichst hochschenkligen Bohrer von etwa Stich 9 – 11 und schneidet die Konturen des Motivs nach. Auch hier sollte man den Schnitt wieder etwas vor der markierten Entwurfslinie ansetzen, damit später noch die Möglichkeit zur Korrektur besteht und ein möglicherweise gegen die Faser geführter Schnitt nicht gleich in die Zeichnungsfläche dringt. Bei Motiven mit unterschiedlichen Bildebenen muss sorgfältig darauf geachtet werden, dass diese Bildebenen nicht durcheinander geraten. Der Vordergrund muss also am höchsten und der Hintergrund am tiefsten in der Bildfläche stehen. Damit die Tiefe der einzelnen Ebenen auch innerhalb der gesamten Bildfläche gleich bleibt, kann man zur Kontrolle auch hier wieder die selbst gefertigten Tiefenlehre einsetzen.

Ist die Tiefenlehre auf das gewünschte Maß gebracht, tastet man den Grund entsprechend der eingestellten Tiefe ab, legt einige Flächenpunkte gleicher Höhe fest und bringt diese Punkte dann auf eine Ebene, sodass eine Fläche gleicher Höhe entsteht. Für diese Arbeit verwendet man am besten einen Bohrer oder ein Hohleisen.

Da nicht immer genau vorhersehbar ist, wie das fertig geschnitzte Relief am Schluss tatsächlich wirkt, sollte man beim Anlegen etwas Material stehen lassen, damit noch genug Spielraum für mögliche Korrekturen bleibt. Sind Vordergrund, Bildmitte und Hintergrund angelegt, beginnt man mit dem Sauberschneiden. Das Sauberschneiden eines flachen Reliefs ist nicht allzu schwierig, während das Sauberschneiden eines Hochreliefs ungleich komplizierter ist, da man nicht mehr alle Stellen des Reliefs mit einem geraden Eisen bearbeiten kann, sondern nur noch gekröpfte, verkehrt gekröpfte und gebogene Eisen einsetzbar sind. Die Schneiden dieser Werkzeuge sind vielseitiger zu verwenden als die gerader Eisen. Dafür lassen sie sich aber schwerer handhaben und es bedarf einiger Übung, bis man sie werkgerecht einsetzen kann. Deshalb sollte man sich, wenn es nicht sofort so funktioniert, wie man es sich vorgestellt hat, auch hier wieder die alte Weisheit ins Gedächtnis rufen, die besagt, dass „noch kein Meister vom Himmel gefallen" ist.

Auch beim Reliefschnitzen muss man sich aus den schon genannten Gründen regelmäßig die Hände waschen, denn einmal entstandene Schmutzkanten auf einer fertig geschnitzten Fläche lassen sich sehr schwer entfernen.

Da die Lichtverhältnisse für die Wirkung eines fertigen Reliefs eine große Bedeutung haben, sollte man sich die Lichtsituation an dem Platz – falls er schon bekannt ist –, an dem das Relief später angebracht werden soll, vor Beginn der Arbeit genau ansehen. Ein starker Schlagschatten bringt ein Relief besonders gut zur Geltung, denn er unterstützt die Plastizität einer Schnitzarbeit. Schwieriger ist es, wenn das Licht von verschiedenen Seiten einfällt. Hier besteht die Gefahr, dass sich die Schattenwürfe gegenseitig neutralisieren.

Auch ein Relief kann farbig gestaltet und somit seine Wirkung unterstützt werden. Viele Anregungen dafür kann man sich bei den

Reich geschnitztes Relief, farbig gefasst

gotischen Meistern holen. An den Schnitzaltären der Gotik finden sich oft wunderbare Reliefs, die meist zur Unterstützung der Wirkung der Plastiken hinzugefügt und oft durch Fassmalerei farbig gestaltet wurden. Das farbige Gestalten von geschnitzten Arbeiten, also auch die Fassmalerei, wird im folgenden Kapitel noch eingehender behandelt.

Auf Grund der Eigenheiten des Materials sowie der Probleme mit Perspektive und Anatomie wird man in den seltensten Fällen gleich zu Beginn eine perfekte Arbeit zustande bringen. Selbst große Meister müssen oft in ihre Trickkiste greifen, um ein wirklich gelungenes Werk zu vollenden. Deshalb sind kleinere Fehler bei einem fertigen Relief fast unvermeidlich und sollten besonders in der Anfangsphase nicht überbewertet werden. Auch Fehler, die in einer Arbeit vorhanden sind, entbehren nicht immer eines gewissen Reizes und erzeugen mitunter eine besondere Art von Liebenswürdigkeit und Charme und man muss sich dessen nicht schämen. Das Wichtigste ist die Freude am Schnitzen, und niemand ist perfekt und muss es auch nicht sein. Wenn Fehler gemacht werden, kann man immer auch daraus lernen und sie bei nächster Gelegenheit abstellen.

Freie Formen

Es gibt Figuren, die in ihrer Abstraktion so weit getrieben sind, dass man sie nicht mehr als die Wiedergabe eines Menschen oder eines Tieres bezeichnen kann. Die freie Form, also die nicht an konkreten Vorbildern orientierte Form, birgt viele Möglichkeiten in sich, der Kreativität freien Lauf zu lassen und Ideen unkonventionell umzusetzen. Ein exemplarisches Beispiel für eine solche Form ist die weltberühmte Figur des Briten Henry Moore vor dem alten Bundeskanzleramt in Bonn. Auch wenn man den Sinngehalt dieser Figur nicht kennt, so kann man sich der Schönheit der fließenden Form und dem Zusammenspiel der beiden Formteile kaum entziehen. Auch ohne eine direkte Aussage kann also eine ästhetische Wirkung entstehen.

Man sollte sich freien Formen allerdings erst dann zuwenden, wenn man die wichtigsten und nötigsten Grundlagen figürlichen Arbeitens beherrscht. Hat man sich dazu entschlossen, freie oder offene Formen zu gestalten, sollte man sich zuerst ein Gestaltungsprinzip erarbeiten. Es ist beispielsweise möglich, nach geometrischen und trigonometrischen Formen zu arbeiten und Regeln wie den Goldenen Schnitt in die Gestaltung einzubeziehen. Hierfür gibt es viele Ansatzpunkte, wie etwa die Zahlenreihe des Fibonaci. Diese Zahlenreihe verkörpert das ideale Verhältnis zweier ungleicher Teile einer Strecke zueinander und besagt, dass das Addieren der vorangegangenen Zahl das Verhältnis zur nächsten Zahl bildet. So lautet die Zahlenreihe 1, 2, 3, 5, 8, 13, 21 usw. Es ist sicherlich sehr reizvoll ein Gestaltungsprinzip zu entwickeln, das auf diesen Zahlenverhältnissen oder der Proportionslehre aufbaut.

Eine andere Möglichkeit ist, schöne Formen oder Linienführungen aus Natur oder Geometrie als Gestaltungsmuster zu übernehmen. So entwickelte der polnische Formgestalter Pawlowski eine Lehre von der natürlich gebildeten Form. Dazu hing er beispielsweise eine Kette an zwei Punkten auf und unterbrach die so entstandene natürliche Kurve, indem er mit einer Nadel an einer beliebigen Stelle der Kette diese Linie beeinflusste. Je nachdem, ob diese Unterbrechung links, rechts, in der Mitte, weiter oben oder weiter unten stattfand, nahm die Kettenlinie eine andere Form an. Solche Versuche können zu interessanten freien Formen inspirieren.

Von einer ganz anderen Seite kann man sich der freien Form nähern, lässt man sich von der Struktur des Materials leiten, denn abhängig von der Seite, von der her man das Holz schneidet, zeigen sich ganz unterschiedliche Materialstrukturen.

Es macht durchaus einen Unterschied, ob man die Jahresringe oder die Markstrahlen anschneidet. Es macht aber auch einen Unterschied, ob man den Schnitt an einem Seitenbrett ausführt oder ob man ein Brett mit stehenden Jahresringen bearbeitet. Stets wird das Holz anders aussehen. Doch auch Äste, Wimmer, Verwachsungen oder Einschlüsse können interessante Gestaltungsmöglichkeiten bieten. Hier kann man ansetzen und sich einfach vom Holz verführen lassen.

Neben den Holzfehlern gibt die Maserung, vorwiegend die der Nadelhölzer, Raum zum Gestalten. Man kann z. B. einen Holzblock aus Fichte, Kiefer oder Lärche nehmen, in jede Seite eine muldenförmige Vertiefung schneiden und dann die verschiedenen Linienführungen der Maserung, die sich ergeben haben, genau betrachten. Aus dieser Linienstruktur lässt sich ein reiches Formenspiel entwickeln, und man stellt schnell fest, dass es eine unendliche Vielfalt an Möglichkeiten gibt und dass die Natur mit uns und wir mit der Natur spielen können, man muss sich nur intensiv mit dem Werkstoff Holz auseinandersetzen und lernen, das Wesen des Holzes zu begreifen.

Ist man in der Lage die „Sprache" des Holzes zu verstehen, und dies gelingt nur, wenn man sich gründlich mit dem Aufbau, der Struktur, dem Wachstums und der Spezifik der einzelnen Holzarten beschäftigt, folgt der Sinn für die Ästhetik des Holzes und die gestalterischen Möglichkeiten, die sich daraus ergeben, fast von allein.

Diese freie Form entstand aus der Fantasie und diente nur dem Zweck, sich an der reinen Form zu erfreuen, ohne ihr eine inhaltliche Interpretation zu geben.

Oberflächenbehandlung

Durch eine zusätzliche Oberflächenbehandlung kann man einer Arbeit den letzten Schliff geben, sie aber auch verderben. Deshalb sollte man sehr genau abwägen, welche Art der Oberflächenbehandlung man wählt. Die Möglichkeiten sind sehr vielfältig und reichen vom einfachen Wachsen oder Ölen bis zur aufwändigen Fassmalerei oder Vergoldung. An der Art der Oberflächenbehandlung kann man demonstrieren, wie gut man sich in das Material einfühlen kann.

Es gibt eine Vielzahl von Möglichkeiten, die Oberfläche einer fertigen Schnitzarbeit zu behandeln. Wichtigstes Kriterium für die Oberflächenbehandlung sollte der spätere Verwendungszweck einer geschnitzten Arbeit sein.

Für Figuren ist die am häufigsten verwendete Art der Oberflächenbehandlung das Fassen oder das Bemalen. Bei Gebrauchsgegenständen kommt es darauf an, dass die Oberflächenbehandlung den Gebrauchswert des Gegenstandes verbessert und nicht mindert. Hier sind vor allem das Beizen, das Wachsen, das Ölen und teilweise das Lackieren die geeignetsten Methoden. Die Oberflächenbehandlung von Ornamenten hängt davon ab, ob diese Ornamente eine reine Schmuckfunktion haben, Teil eines Gebrauchsgegenstandes sind oder wechselnden Witterungsbedingungen ausgesetzt sein werden.

Das Bleichen

Ehe die einzelnen Oberflächenbehandlungsmethoden näher erläutert werden, einige Bemerkungen zur Beseitigung von Verfärbungen im Holz, die das Aussehen der fertigen Arbeit sehr stark beeinträchtigen können, wie z. B. die Blaufäule.

Eine erprobte Methode zum Beseitigen von Verfärbungen ist das Bleichen. Hierbei haben sich vor allem Mittel bewährt, die aus mehreren Komponenten bestehen. Mit einem Alkaloid wird die zu bleichende Arbeit vorbereitet. Dieses Alkaloid wird in gelöster Form mit einem Naturhaarpinsel auf das Material gestrichen. Nachdem das Alkaloid eingetrocknet ist, wird mit einem anderen Pinsel Wasserstoffperoxid auf das Holz aufgetragen. Es entsteht eine heftige chemische Reaktion, bei der die im Holz befindlichen Farbpartikel aufgelöst werden. Nach einigen Minuten Reaktionszeit ist die eingestrichene Fläche gebleicht. Mit einem weiteren Pinsel wird nun als Neutralisierungsmittel Essigsäure aufgetragen. Danach muss das Holz allerdings gründlich ausgewaschen werden, um Reaktionen von im Holz noch verbliebenem Bleichmittel mit dem darauf aufgebrachten Oberflächenmittel vorzubeugen.

Es gibt daneben andere Mittel wie Oxalsäure oder Kaliumoxalat, um Holz zu bleichen. Auch Natriumperoxid, schwefelige Säure, Schwefelsäure, Salzsäure und Chlorlaugen sind zum Bleichen geeignet. Vor Verwendung all dieser Bleich-

Beim Bleichen von Holz sollte unbedingt eine Gesichtsschutzmaske getragen werden, da die Holzbleichmittel zu den gesundheitschädlichen Chemikalien zählen.

Sicherheitsvorkehrungen

- Bleichmittel sind gefährliche Chemikalien und sollten deshalb für Kinder unzugänglich aufbewahrt werden.
- Tragen Sie bei der Arbeit Gummihandschuhe, eine Schutzbrille und eine Schürze.
- Sorgen Sie für eine gute Raumdurchlüftung oder bleichen Sie im Freien.
- Stellen Sie sich Wasser bereit, sodass Sie sich sofort waschen können, wenn Sie Spritzer des Bleichmittels abbekommen haben.
- Sollten Sie Bleichmittel ins Auge bekommen, spülen Sie das Auge sofort mit klarem Wasser und konsultieren Sie einen Arzt.
- Mischen Sie die zwei Lösungen nur auf dem Holz und tragen Sie sie immer nur mit zwei verschiedenen Pinseln auf. Entsorgen Sie übrig gebliebene Beize umweltgerecht.

mittel sollte man sich jedoch genau darüber informieren, wie die jeweilige Holzart auf das Mittel reagiert. Beispielsweise ist Wasserstoffperoxid für gerbstoffarme Hölzer, wie Ahorn, Kirschbaum, Birnbaum oder Esche, gut einsetzbar, während es für Eiche mit ihrem hohen Gerbstoffgehalt ungeeignet ist.

Zum Bleichen mit Wasserstoffperoxid benötigt man eine Mischung aus Wasser, Wasserstoffperoxid und Salmiakgeist im Mischungsverhältnis von ungefähr

- 500 g 30%iges Wasserstoffperoxid
- 400 g Wasser
- 100 g Salmiakgeist

Diese Lösung wird mit dem Pinsel auf das Holz aufgetragen. Der sich bildende Schaum bleibt auf dem Holz stehen, bis er getrocknet ist. Nach dem Trocknen muss die Arbeit gründlich mit warmem Wasser abgewaschen werden.

Eine zu intensive Behandlung mit konzentrierten Lösungen der oben genannten Mittel kann jedoch dazu führen, dass die Oberfläche zerstört wird. Zudem ist der Umgang mit solchen Mitteln nicht ganz ungefährlich und deshalb müssen die jeweiligen Schutzvorschriften bei allen diesen Verfahren bzw. Substanzen unbedingt eingehalten werden.

Das Beizen

Bei den Beizen wird zwischen Pigmentbeizen und chemischen Beizen unterschieden. Pigmentbeizen sind Beizen, denen Farbpigmente zugesetzt wurden, die die Färbung des Holzes bewirken. Pigmentbeizen können verschiedene Beizgrundlagen haben, wie die Ölbeizen, Wasserbeizen, Wachsbeizen oder Nitrobeizen.

Wachsbeize und Wachs zum Auskitten

Beim Beizen mit Pigmentbeizen entsteht immer ein negatives Beizbild, d.h. dass etwa bei Hölzern wie Fichte die Beizflüssigkeit in das hellere, weichere Holz stärker als in das dunklere, festere Holz eindringt. Das führt dazu, dass sich das Aussehen des Holzes gewissermaßen in sein Gegenteil verkehrt. Das ursprünglich hellere Holz wird dunkler und das ursprünglich dunklere Holz ist dann heller. Dies geschieht bei allen Pigmentbeizen.

Eine spezielle Pigmentbeize ist die Wachsbeize. Sie wird häufig als Beizmittel für Schnitzarbeiten verwendet und kann im Fachhandel erworben werden.

Die Wachsbeize wird aus der Flasche in eine flache Schale gegossen. Dann taucht man mit einem Pinsel, der nicht zu hart, aber auch nicht zu weich ist, in die Beizflüssigkeit und trägt sie möglichst längs zur Faserrichtung auf die Oberfläche auf. Um keine bösen Überraschungen zu erleben, sollte man vorher eine Beizprobe mit dem gleichen Material und unter den gleichen Bedingungen machen.

Wurde die Beize sorgfältig auf die Arbeit aufgetragen, muss sie etwas antrocknen. Bevor sie jedoch richtig getrocknet ist, wird die Beize vertrieben, d.h. mit einem Pinsel wird über die noch nicht ganz trockene Beize gefahren, um Pinselspuren, die vom ersten Auftrag auf der Oberfläche zurückgeblieben sind, zu verwischen. So erhält man eine gleichmäßig gebeizte Fläche, bei der nur noch die Maserung die unterschiedlichen Farbnuancen des Holzes hervorruft. Nachdem die Beize vertrieben ist, lässt man die Arbeit möglichst 10 – 12 Stunden stehen und bürstet sie danach mit einer mittelweichen Bürste ab. Je nach Wachsgehalt und nach Intensität des Bürstens entsteht ein seidenmatter Glanz auf der Oberfläche. Der Bürstenrand darf dabei jedoch nicht an die schon fertig geschnitzte Arbeit stoßen, denn berührt in diesem Stadium ein harter Gegenstand etwas stärker die gebeizte Fläche, entsteht ein glänzender Fleck, den man auch durch weiteres Bürsten nicht mehr herausarbeiten kann.

Wasserbeizen werden in ähnlicher Weise verarbeitet. Zur Wasserbeize sollte immer etwas Salmiakgeist gegeben werden, da die Beizflüssigkeit durch das Hinzusetzen von Salmiakgeist gleichmäßiger verdunstet und so ein homogenerer Farbton entsteht. Mitunter ist es sinnvoll, das Holz vor der Anwendung von Wasser- und Wachsbeizen

Vorbeize (1 l Wasser)	Nachbeize (1 l Wasser)	Farbton
Tannin 10 g	Kaliumbichromat 5 g	hellgelb-braun
Pyrogallussäure 10 g	Kaliumbichromat 30 g	braun
Pyrogallussäure 15 g	Kaliumbichromat 30 g	mittelbraun
Tamin 20 g	Kaliumbichromat 10 g	hellbraun
Brenzkatechin 1 g	Kaliumbichromat 10 g	grünbraun
Brenzkatechin 5 g	Kaliumbichromat 10 g	schwarzbraun
Brenzkatechin 1 g Paramin 0,5 g	Kaliumbichromat 10 g	dunkelbraun
Tamin 15 g Paramin 2 g	Kupferchlorid 5 g	rötlichbraun

Einige Beizrezepte für Nadelhölzer

zu wässern. Durch das Wässern verhindert man, dass sich die Holzfasern nach dem Auftrag der Beizflüssigkeit aufrichten und die Schnitzarbeit eine raue Oberfläche bekommt. Vor dem Beizen wird also mit einem weichen Schwamm oder einem Pinsel etwas Wasser auf das Werkstück aufgetragen. Ist die Oberfläche wieder abgetrocknet, entfernt man mit feinem Schleifpapier die aufgerichteten Holzfasern. Vor allem bei Gebrauchsgegenständen ist es sehr sinnvoll, das Wässern und Schleifen mehrmals zu wiederholen. Man erhält so eine sehr saubere und glatte Oberfläche.

Neben den Pigmentbeizen gibt es noch chemische Beizen. Sie setzen sich aus zwei Bestandteilen, den Gerbsäuren und den Metallsalzen, zusammen und werden als zwei Komponenten aufgetragen. Verschiedene Hölzer wie z. B. Eichenholz haben einen relativ hohen Gerbsäureanteil, andere Hölzer enthalten wiederum sehr wenig Gerbsäure. Möchte man die zuletzt genannten Hölzer mit einer so genannten Positivbeize behandeln, muss man erst Gerbsäure in das Holz eindringen lassen, d. h. das Holz mit Gerbsäure einstreichen. Drei Gerbsäuresorten sind derzeit am verbreitetsten: Tannin, Pyrogallussäure und Brenzkatechin. Diese Gerbsäuren sind in Pulverform erhältlich und werden in Wasser aufgelöst. Man sollte nur so viel Gerbsäure auflösen, wie man verarbeiten kann, denn die Gerbsäure schimmelt bei längerer Aufbewahrung und ist dann nicht mehr verwendbar.

Die zweite Komponente der chemischen Beizen sind die Metallsalze, vor allem Chromsalze, Eisensalze, Kupfersalze, Nickelsalze und Silbersalze. Auch sie müssen in Wasser gelöst werden, können aber, im Gegensatz zu den Gerbsäuren, in gelöster Form aufbewahrt werden. Diese Salze sind zum Teil giftige

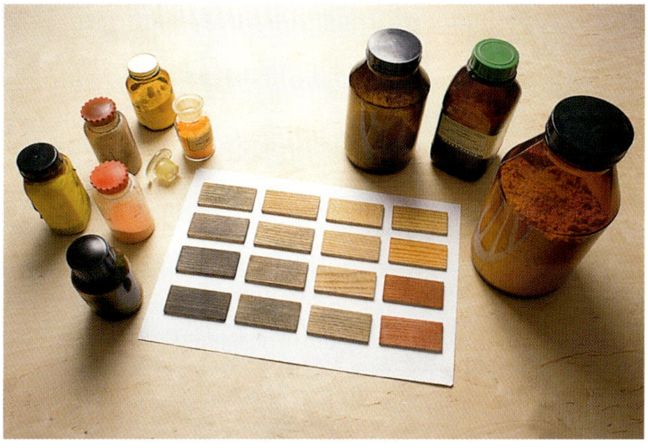

Metallsalze, Gerbsäuren und Beizproben

Beizproben von Metallsalzbeizen

Beizproben von Pigmentbeizen

Chemikalien, die entsprechend gekennzeichnet und aufbewahrt werden müssen. Auf keinen Fall sollte man sie in Lebensmittelbehältnissen und für Kinder erreichbar lagern.

Unterschiedliche Salze ergeben bei gleicher Gerbsäuresorte sehr unterschiedliche Farbtönungen. Würde man beispielsweise gerbsäurehaltiges Eichenholz nicht mit einer Vorbeize behandeln, so erhielte man mit Kupferchlorid eine hellgelb-braune, mit Eisenchlorid eine graue, mit Eisensulfat eine graugrüne und mit Kaliumchromat eine gelbbraune Färbung. Manganchlorid ruft eine braune, Nickelchlorid eine hellbraune, Kupfersulfat eine graugrüne, Eisenacetat eine bläulich-grüne, Kobaldchlorid eine dunkelbraune, Kaliumbichromat eine braune, Zinkchlorid ein gelbbraune und Nickelsulfat eine olivbraune Färbung hervor. Wie die einzelne Gerbsäuren und Metallsalze miteinander reagieren, muss jeder für sich herausfinden. Man kann die unterschiedlichsten Mischungen herstellen und damit auch immer wieder neue Farbtöne kreieren.

Beim Beizen mit Metallsalzbeizen geht man wie folgt vor: Zuerst werden die Gerbsäure- und Metallsalzlösungen hergestellt. Dann wird mit einem sauberen weichen Pinsel die Gerbsäure aufgetragen. Dies muss sehr gleichmäßig geschehen und dabei darauf geachtet werden, dass keine Verunreinigungen auf dem Material vorhanden sind. So kann es sein, dass die Gerbsäure beispielsweise schon auf Schleifpapierreste oder kleine Metallspäne sehr heftig reagiert und Farbveränderungen im Holz hervorruft. Deshalb muss die zu beizende Fläche absolut sauber sein.

Ist die Vorbeize, also die Gerbsäure, sorgfältig aufgetragen, wird das Werkstück zum Trocknen zur Seite gelegt. Nachdem die Vorbeize gut abgetrocknet ist, wird entweder mit dem gründlich ausgewaschenen Pinsel oder einem anderen sauberen Pinsel die Metallsalzlösung aufgetragen. Dies muss auch jetzt wieder sehr gleichmäßig erfolgen, um den gewünschten Beizton zu erhalten.

Beim Einstreichen der Beize sollte man vorsichtig vorgehen, um nicht andere im Raum befindliche Gegenstände, die nicht gebeizt werden sollen, zu bespritzen, denn beim Einstreichen von Werkstücken entstehen immer Spritzer. Deshalb ist es besser, andere Objekte in der Werkstatt sorgfältig mit Tüchern abzudecken.

Die Gerbsäure und die Metallsalze haben, abhängig von der Sorte bzw. dem Salz, unterschiedliche Reaktions- oder Färbezeiten und eine unterschiedliche Intensität in der Wirkung. Heftig miteinander reagierende Doppelbeizen ergeben meist einen sehr intensiven Farbton, während Beizen, die länger zum Entwickeln brauchen, dezentere Farbtöne entstehen lassen. Metallsalzbeizen können sogar noch über Jahre hinweg die Farbe ändern und mitunter erst nach längerer Zeit ihren endgültigen Farbton ausbilden. Für experimentierfreudige

Bemalter erzgebirgischer Lichterengel aus der Zeit um 1900

Schnitzer eröffnet sich hier ein weites Feld für Versuche mit Farbtönen und -nuancen. So kann man etwa einzelne Vorbeizen bzw. die Salze miteinander mischen oder noch andere Vorbeizen wie Katechu und Paramin zusätzlich verwenden und wird von Mal zu Mal neue, reizvolle Farbtöne erhalten.

Man darf sich allerdings nicht darauf verlassen, dass die einmal gefundene Beizmischung immer die gleiche Farbwirkung hervorruft und sollte deshalb vorher immer eine Beizprobe auf Abfallstücken des zu beizenden Holzes durchführen.

Nach dem Beizen müssen die Hände gründlich gewaschen werden, um Reste der zum Teil giftigen Chemikalien zu entfernen. Gerbsäure kann, wird sie nicht richtig abgewaschen, in die Haut eindringen und sie verfärben. Deshalb sollte man beim Beizen am besten immer Gummihandschuhe tragen.

Bemalen

Neben dem Beizen lässt sich Holz auf verschiedenste Weise bemalen. Vermutlich gibt es genauso viele Bemaltechniken für Holz, wie es Maltechniken für Leinwand oder Papier gibt.

Bemalt werden vor allem Figuren und teilweise auch Ornamente. Am einfachsten lässt sich ein Figur oder ein Ornament mit deckenden Wasserfarben bemalen. Dazu muss die Schnitzarbeit jedoch sehr sauber gearbeitet sein, denn an unsauber geschnitzten Stellen bekommt man bei der Bemalung große Probleme, besonders dann, wenn in einem solchen Bereich verschiedene Farben aneinander stoßen, denn der Pinsel bleibt an kleinen stehen gebliebenen Fasern hängen und man kann keine saubere Kontur ziehen.

Neben der deckenden Bemalung gibt es die lasierende Bemalung. Hier wird die Malfarbe in einer Konsistenz aufgetragen, dass das Holz zwar die Farbe aufnimmt, die Struktur des Holzes aber sichtbar bleibt. Lasierende Bemalungen kann man sowohl mit Wasserfarben als auch mit Ölfarben ausführen. Sie üben auf Grund ihrer zurückhaltenden Farbgebung einen besonderen Reiz auf den Betrachter aus. Besonders wegen der sichtbar bleibenden Holzstruktur hat diese Maltechnik viele Liebhaber. Bei einer lasierenden Bemalung ist es allerdings besser, auf die Verwendung von Weiß zu verzichten, da ein lasierender Weißauftrag in der Regel grau und unansehnlich wirkt.

Es ist auch möglich, beide Maltechniken, also die deckende und lasierende Bemalung, bei einer Figur anzuweden. So können Haut, Haare und Kleidung lasierend gemalt werden, während weiße Bereiche der Kleidung deckend ausgeführt werden. Eine solche Bemalung hat ihren besonderen Reiz. Allerdings muss der Lasur malende Künstler sich seiner Mittel sehr sicher sein, denn Korrekturen sind bei einer solchen Bemalung selten möglich. Deshalb ist es besser, vorher einige Erfahrung in der Aquarellmalerei zu sammeln, die man dann bei der Bemalung von Figuren nutzen kann.

Das Wissen um die Trocknungseigenschaften einer bestimmten Farbe ist ebenso wichtig wie das Bemalen selbst, denn eine Farbe kann nach dem Trocknen ganz anders aussehen bzw. wirken als beim Farbauftrag. Da Farben im feuchten Zustand immer kräftiger wirken als nach dem Trocknen, muss dies beim Bemalen mitberücksichtigt werden.

Eine mögliche Alternative zum deckenden oder lasierenden Bemalen ist das Lackieren. Das Lackieren einer geschnitzten Figur ist allerdings sehr umstritten und nicht jedermanns Sache, doch gelegentlich lässt es sich wohl nicht vermeiden, eine bemalte Figur mit etwas Lack zu schützen. Hier sollte aber ein möglichst dünner Lackauftrag genügen. Er kann entweder mit Pinsel oder mit einer Spritzpistole erfolgen. Ob man einen Pinsel oder eine Lackierpistole verwendet, sollte man davon abhängig machen, mit welcher Lackiertechnik man den feinsten Lackauftrag erhält. Wichtig ist dafür die Konsistenz des Lacks. Ist er zu dünn, entsteht ein fleckiges Oberflächenbild, ist er zu dick, lässt er sich weder gut streichen noch spritzen. Ein zu starker Lackauftrag bewirkt, dass der Lack verläuft und sich so genannte Nasen bilden. Sollen ringporige Hölzer lackiert werden, müssen die Holzporen zunächst mit Porenfüller geschlossen werden. Diese Porenfüller, die farblich auf die jeweilige Holzart abgestimmt sein müssen, sind im Handel erhältlich. Werden die Poren nicht gefüllt, können sich dort Luftbläschen bilden, die die Lackoberfläche beeinträchtigen.

Temperafarben und Pinsel

Ölfarben, Malmittel und Pinsel

Fassmalerei

Das Bemalen von Figuren mit Lasurfarben und deckenden Farben ist relativ einfach und mit etwas Übung leicht zu erlernen. Wesentlich umfangreichere Kenntnisse verlangt die Fassmalerei. Eigentlich ist die Fassmalerei ein eigenes Handwerk. Sie wurde vor allem von den Alten Meistern angewendet und mitunter auch zum Kaschieren von Formmängeln eingesetzt.

In einigen Epochen war es üblich, die Figuren, besonders aber die Kleidungspartien nicht sehr sauber auszuarbeiten, sondern sie durch die Fassmalerei zu veredeln, und es gab Zeiten, in denen der Fassmaler ein wesentlich höheres Ansehen genoss als der Bildhauer selbst.

Das Besondere an der Fassmalerei ist, dass die Farbe (Temperafarbe) nicht direkt auf das Holz

1 Die fertig geschnitzte Figur wird mit einem Leimwasser eingestrichen.

2 Als Nächstes wird eine Leimtränke mit einem kurzhaarigen, festen Pinsel aufgestupft.

3 Nach dem Ablöschen mit Leimwasser wird die erste Kreideschicht aufgetragen.

4 Nachdem mehrmals geschliffen und Kreidegrund aufgetragen wurde, beginnt man mit dem Bemalen. Zuerst werden die großen Flächen bemalt.

5 Als Nächstes folgt das Malen der feinen Details, wie Augen, Mund oder auch die Feinheiten der Kleidung.

6 Als Letztes bemalt man dann noch Accessoires – in diesem Fall den Leuchter der Figur.

Die einzeln Phasen beim Fassen einer Figur

gemalt wird, sondern wie bei einem Tafelbild ein aus mehreren Schichten bestehender Malgrund aufgebaut werden muss, auf den dann die Farbe aufgetragen wird.

Ausgangsmaterialien der Fassmalerei sind feine Schlämmkreide und guter Glutinleim. Dann stellt man aus etwa 10 g Glutinleim und einem Liter warmem Wasser, in das der Glutinleim gegeben wurde, ein Leimwasser her. Dieses Leimwasser wird sorgfältig auf die ganze Figur oder die gesamte Fläche des zu fassenden Ornaments gestupft. Dabei darf keine auch noch so kleine Fläche ausgelassen werden. Zum Stupfen verwendet man einen kurzhaarigen, etwas festeren Pinsel.

Anschließend stellt man den so genannten Kreidegrund her, der aus mehreren Schichten besteht. Dafür wird ein etwas dickeres Leimwasser mit ca. 50 g Perlleim, der im nicht erwärmten Leimkocher gut mit Wasser bedeckt sein muss, hergestellt. Man lässt den Leim etwa 3 Stunden im Leimkocher quellen, bis er eine gelbgrau-weißliche Farbe angenommen hat und sich leicht hin und her bewegen lässt. Als Nächstes wird der Leim im Wasserbad erwärmt. Dabei wird der Leim flüssig. Auch wenn das Gerät zum Erwärmen Leimkocher heißt, darf der Leim darin auf keinen Fall kochen. Mit einem Esslöffel gibt man nun gute Schlämmkreide in den Leim. Nach und bildet sich ein Kegel. Hat der Kegel die Oberfläche des Leims erreicht, rührt man die Schlämmkreide vorsichtig unter den Leim und die Grundierkreide ist fertig. Wer einen besonders geschmeidigen Kreidegrund haben möchte, kann einen Teil der Schlämmkreide durch Kaolin ersetzen.

Als nächster Schritt wird der Kreidegrund wiederum durch Stupfen auf die Schnitzarbeit aufgetragen. Dieses erste Stupfen sollte man wieder sehr sorgfältig ausführen und keine Stelle auslassen. Ist dieser erste Stupfgrund abgetrocknet, löscht man ihn mit Leimwasser ab, d.h. von dem Leimwasser, mit dem zuerst gestupft wurde, wird ein Teil abgenommen und der gestupfte Kreidegrund damit eingestrichen. Auch hier muss wieder darauf geachtet werden, dass alle Bereiche gleichmäßig mit Leimwasser bestrichen werden. Nach dem Abtrocknen streicht man die Arbeit wieder mit Kreidegrund ein. Dies erfolgt insgesamt zweimal, wobei die zuletzt aufgetragene Schicht immer abgetrocknet sein muss.

Ist der zweite Kreidegrund abgetrocknet, kann man mit dem ersten Schleifen beginnen, d.h. mit einem Wattebausch oder Wattetupfer wird die leicht angefeuchtete Oberfläche so lange bearbeitet, bis sie glatt ist. Diese so geglättete Oberfläche wird wieder mit Leimtränke eingestrichen, d.h. die Oberfläche wird gelöscht. Danach wird noch zweimal Kreidegrund aufgetragen, dem aber jetzt noch etwas Leim zugesetzt wurde. Dadurch wird der Kreidegrund härter. Nach nochmaligem Schleifen und Ablöschen des Kreidegrundes wird eine sechste und siebte Schicht Kreidegrund aufgetragen und zum Schluss die Oberfläche noch einmal ganz sorgfältig geschliffen. Anschließend kann man mit einem Polierachat diesen Kreidegrund so schleifen, dass er wie Stein aussieht.

Auf diesen Kreidegrund wird nun die Malfarbe aufgebracht. Ebenso wie bei einem gemalten Bild sollte auch hier der gewünschte Farbton vorher gemischt und die Farbe nicht ungemischt aufgetragen werden, denn wird eine reine Farbe aus der Tube oder aus dem Glas auf den Malgrund aufgetragen, fehlen ihr die wichtigen Grauanteile, die in einer reinen Farbe noch nicht enthalten, und die für die richtige Farbwirkung wichtig sind. Das nötige Wissen über Farbmischungen kann man sich vorher mit Hilfe von Anleitungen, Farblehren, Mustern oder durch eigene Versuche aneignen. Solche Versuche bringen hier, verbunden mit soliden theoretischen Grundlagen, die besten Ergebnisse, da eigene Erfahrungen sich am dauerhaftesten einprägen.

Vergolden

In der Schnitzkunst und Fassmalerei der Alten Meister nahm die Vergoldung einen besonderen Platz ein, und auch heute hat das Vergolden geschnitzter Werke durchaus seine Berechtigung. Natürlich ist es nicht immer nötig, eine Figur mit Gold zu belegen, aber dort, wo es angebracht ist und es die Wirkung einer Figur oder eines Ornaments noch mehr unterstützt, sollte dies auch getan werden.

Der Kreidegrund, der für die Fassmalerei verwendet wird, ist auch die ideale Grundlage einer Polimentvergoldung. Sie ist die hochwertigste Art der Vergoldung. Als Werkzeuge braucht man ein Vergolderkissen aus Leder, einen Anschießer und einen Polierachat. Polierachate gibt es in verschiedenen Formen und als gerade und als gekröpfte Stifte zu kaufen. Dazu kommt ein Vergoldermesser und eben das Poliment, d.h. die Goldhaftschicht. Das Poliment ist die Schicht zwischen Kreidegrund und

1 Das zum Vergolden nötige Material und Werkzeug: Anschießer, Bolus, Blattgoldbüchel, Vergolderkissen, Polierachat, Einkehrpinsel.

2 Im Gegensatz zum Blattgold muss Schlagmetall zum Schluss gründlich mit Zapponlack überstrichen werden.

3 Auftragen des Kreidegrunds in mehreren Schichten.

4 Mit der Leimlösche wird die Kreidegrundschicht abgedeckt.

5 Die Verbindung zwischen Kreidegrund und Blattgold schafft das Poliment. Hier wird es aufgetragen.

6 Mit einem Messer wird ein Blättchen Gold aus dem Büchel auf das Vergolderkissen gelegt.

7 Ein Anschießer wird durch Hin- und Herbewegen der Haare auf der Haut elektrostatisch aufgela-. den.

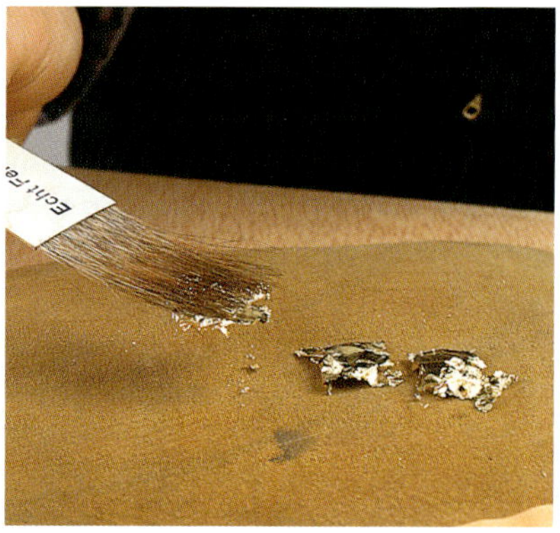

8 So lässt sich das zerteilte Blattgold gut vom Vergolderkissen aufnehmen.

9 Das aufgenommene Blattgold wird auf das vorbereitete Poliment gebracht.

10 Bei einem bestimmten Trocknungsgrad ist das Gold polierbar. Dies geschieht mit einem Polierachat.

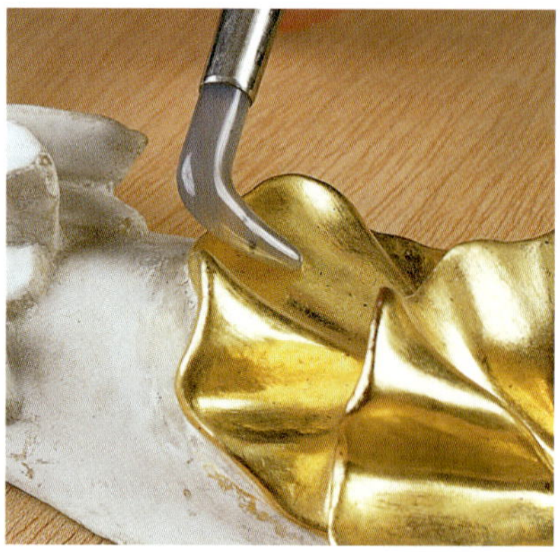

11 Der Polierachat erlaubt das Polieren auch in schwierigsten Ecken.

12 Anders als bei der Polimentvergoldung wird bei der Ölvergoldung das Gold mit einem Einkehrpinsel eingekehrt.

Gold und heute bereits in fertiger Form erhältlich. Ursprünglich wurde Poliment aus Bolus, einer fette Tonerde, und anderen Ingredienzen hergestellt.

Das Vergolderkissen ist der Träger für das Blattgold, das auf die Arbeit aufgebracht werden soll. Es wird mit einem Vergoldermesser aus dem Blattgoldbüchel gezogen und auf das Vergolderkissen gelegt. Dort wird es in die entsprechende Größe geschnitten. Der mit Bolus bzw. Poliment bestrichene Kreidegrund muss aber noch feucht sein, wenn mit dem Anschießer das Gold angeschossen wird. Die Anschießer sind flache Pinsel, deren Pinselhaare in Pappe gehalten werden. Das Anschießen bedarf einiger Übung und man sollte deshalb nicht gleich beim ersten Versuch hochwertiges Gold verwenden, sondern Schlagmetall, d.h. wie Blattgold verarbeitete feine Messingblättchen verwenden.

Zum Anschießen wird als Erstes der Anschießer zwischen Daumen und Zeigefinger genommen und an einem sauberen Kleidungsstück oder an der Wange hin und her bewegt, sodass er sich statisch auflädt. Führt man jetzt den Anschießer an ein zerteiltes Goldblättchen auf dem Vergolderkissen, so heftet es sich bei einer bestimmten Entfernung direkt an die Haare des Anschießers. Nun führt man den Anschießer zu der noch feuchten Polimentschicht und genau wie das Goldblättchen zuvor an den Anschießer gezogen wurde, wird es jetzt von der Polimentschicht angezogen.

Sollte die Polimentschicht inzwischen zu trocken geworden sein, kann man sie mit verdünntem Spiritus einstreichen. So wird die Schicht wieder feucht und kann vergoldet werden. Hat man die zu vergoldende Fläche gleichmäßig mit Gold bedeckt, kommt der schwierigste Teil der Arbeit, der sehr viel Erfahrung voraussetzt, denn man muss einen bestimmten Zeitpunkt, d. h. einen bestimmten Trocknungsgrad abpassen, an dem das Gold noch polierbar, die Fläche aber auch nicht mehr zu feucht ist. Ist das Poliment zu trocken oder zu feucht, kann man nicht fachgerecht polieren, sondern das Gold wird durch den Polierachat abgeschabt.

Wesentlich einfacher als die Polimentvergoldung ist die Ölvergoldung. Hierzu braucht man nicht unbedingt einen Kreidegrund, sondern es genügt eine mit Ölfarbe lackierte Oberfläche. Am besten dazu geeignet sind rote bis orangefarbene Lacke, da ihre Farbe den Goldton unterstützt und auch der Farbe des Poliments am nächsten kommen. Ist der Lack getrocknet, wird die zu vergoldende Fläche mit einem Anlegeöl bestrichen. Anlegeöle gibt es mit verschiedenen Trockenzeiten. Es gibt 6-, 12- und 24-Stundenöle, d. h. die Öle brauchen 6, 12, oder 24 Stunden zum Trocknen.

Ebenso wie bei der Polimentvergoldung werden die Goldblättchen vom Vergolderkissen mit Hilfe des Anschießers an die zu vergoldende Fläche geschossen. Wichtig dabei ist es, jenen Moment abzupassen, an dem das Öl den nötigen Trocknungsgrad erreicht hat, aber auch noch nicht zu trocken ist. Ist das Öl zu trocken, wird das Gold nicht haften. Ist es hingegen zu feucht, wird das Gold „ersaufen“, d. h. das Gold liegt nicht gleichmäßig auf der Fläche, sondern es bilden sich kleine Falten, die wie Runzeln aussehen und die Fläche unansehnlich werden lassen. Man muss also bei der Ölvergoldung den Zeitpunkt finden, wo das Öl den richtigen Trocken- bzw. Feuchtegrad hat. Dies kann man beeinflussen, indem man beispielsweise ein 12-Stundenöl mit einem 6-Stundenöl mischt, so dass sich die Trockenzeit des 6-Stundenöls verlängert, da mitunter die zur Verfügung stehende Zeit zum Vergolden sehr knapp wird und es dazu kommen kann, dass das Vergolden zu Beginn der Arbeit noch gut gelingt, das Öl dann jedoch zu schnell trocken wird und man die Arbeit nicht in der gewünschten Weise abschließen kann.

Statt des Polierachats, der für Ölvergoldung ungeeignet ist, wird das Gold hier mit einem speziellen Einkehrpinsel eingekehrt, also nicht poliert. Der Einkehrpinsel ist ein dichter, weicher Rundpinsel, mit dem die Teile des Goldblättchens, die nicht richtig auf der Fläche anliegen, angedrückt werden, indem man mit diesem Pinsel leicht über die entsprechenden Stellen streicht. Man muss dabei allerdings darauf achten, dass mit dem Einkehrpinsel keine Stellen berührt werden, die mit Anlegeöl bestrichen sind, da dies den Pinsel unbrauchbar machen würde.

Eine wesentlich billigere Technik ist das so genannte Falschvergolden. Beim Falschvergolden wird genau wie bei der Ölvergoldung eine Lackgrundierung aufgetragen. Danach folgt das Anlegeöl und ebenso wie bei der Ölvergoldung wird an jenem Punkt, wo das Öl noch nicht ganz trocken, aber auch nicht mehr feucht ist, Goldbronze aufgetragen. Diese Goldbronze wird dann mit einem Einkehrpinsel eingekehrt und kann bei sorgfältiger Verarbeitung eine ebenso schöne goldfarbene Oberfläche ergeben wie eine Ölvergoldung. Ebenso wie Schlagmetall muss eine Falschvergoldung abschließend mit Zapponlack überstrichen werden. Der Zapponlack darf aber erst aufgebracht werden, wenn man sicher sein kann, dass das Anlegeöl wirklich trocken ist, denn Zapponlack ist ein auf Acetonbasis hergestellter Lack, der mit noch nicht abgetrocknetem Öl reagieren und die Vergoldung zerstören würde.

Erzgebirgische Weihnachtspyramide mit geschnitzten Figuren

So vielfältig wie die einzelnen Regionen sind die Besonderheiten ihrer Schnitzkunst, die jede Region im Laufe der Geschichte hervorgebracht hat. Sie zu pflegen und zu bewahren ist eine wichtige Aufgabe und Ansporn für die heimischen Schnitzer.

Das Schnitzen verbreitete sich im Laufe der Jahrhunderte in den deutschsprachigen Ländern vor allem in den Bergregionen. Oft waren es sozial-ökonomische Ursachen, als deren Folge sich in bestimmten Gebieten einzelne Techniken und Motive herausbildeten, denn die Schnitzerei musste oft auch zum Broterwerb beitragen. Durch die lange existierende Abgeschiedenheit einiger dieser Bergregionen bildeten sich eine Reihe von Schnitztechniken heraus, die nur dort Verbreitung fanden. Andere Schnitztechniken bzw. gestalterische Eigenheiten verbreiteten sich zwar stärker, waren jedoch trotzdem nur auf ganz bestimmte Gebiete beschränkt. So gibt es also eine Reihe von Schnitzmotiven, die man ganz bestimmten Regionen zuordnen kann.

Die Schnitzerei der Rhön

Ein Gebiet, in dem sich ganz charakteristische Eigenheiten in der Schnitzkunst ausbildeten, ist die Rhön, also jenes Gebiet im Grenzbereich zwischen Hessen, Bayern und Thüringen. Die Rhön war lange eine landwirtschaftlich geprägte Gegend, deren karger Ertrag viele Bauern nach Nebenverdienstmöglichkeiten Ausschau halten ließ und den sie in der Schnitzerei fanden. Dabei kam es schon bald zu einer ganz speziellen Art der Arbeitsteilung. Innerhalb der schnitzenden Familien waren bestimmte Schnitzer für bestimmte Teilarbeiten an einem Schnitzwerk zuständig. Mitunter waren sehr viele Schnitzer an einem Stück beteiligt und führten jeweils nur einige wenige Schnitte aus. Dazu nahm der Schnitzer aus einem Behältnis, meist einem Sack, ein zu beschnitzendes Teil, führte seine Schnitte aus und legte es in einem anderen Behältnis wieder ab. Da diese Behältnisse häufig Säcke waren, wurden die Rhönschnitzer etwas spöttisch auch „Sackschnitzer“ genannt. Diese Arbeitsweise war aber nur bei einer manufakturähnlichen Fertigung gebräuchlich. Die meisten Schnitzer führten ihre Arbeiten stets von Anfang bis Ende selbst aus.

Es waren vor allem Tierformen, die arbeitsteilig gefertigt und dann zu Zierrat für diverse Haushaltsgegenstände wie Flaschenverschlüsse, Korkenzieher, Kleiderbürsten, Buchstützen weiterverarbeitet wurden. Diese Tierformen mussten sehr preisgünstig geliefert werden. Deshalb suchte man nach immer neuen Möglichkeiten, die Schnitzarbeiten zwar schön, doch effektiv und mit wenig Zeitaufwand herzustellen. Da beispielsweise das Schnitzen eines Auges verhältnismäßig viel Zeit beanspruchte, kam man auf die Idee, das geschnitzte Auge durch ein gläsernes zu ersetzen. Das bot sich schon deshalb an, weil nicht sehr weit entfernt die thüringische und fränkische Glasindustrie beheimatet war, die schnell und günstig die nötigen Teile liefern konnte.

Auch das Schnitzen in der Hand hat in der Rhön eine besondere Ausprägung. Das Werkstück wird bei dieser Schnitztechnik zwar auch in der linken Hand gehalten, aber die rechte Hand, die das Werkzeug führt, wird nicht frei bewegt bzw. geführt, sondern nur über den auf dem rechten Knie aufgestützten Ellenbogen und das Knie selbst vorwärts geschoben. Diese Technik mag zwar etwas eigenartig anmuten, ist jedoch sehr effektiv, was nicht zuletzt auch die günstigen Preise des Rhönschnitzwerks dokumentieren.

Eine andere nur in der Rhön ausgeübte Schnitztechnik dient dazu, Tierfell zu gestalten. Da die Wiedergabe von Fell schon immer eine sehr mühselige und aufwändige Arbeit war, entwickelten die dortigen Schnitzer eine schnell auszuführende Art des Fell- oder Haarschnitzens, die so genannte Wackeltechnik.

Bei dieser Schnitztechnik wird ein schon fertig geschnitztes Tier in die linke Hand genommen. In der rechten Hand hält der Schnitzer ein Eisen, das in Stich und Breite ungefähr einem Fell oder Haarbüschel entspricht. Dieses Eisen setzt er im rechten Winkel und in die gewünschte Richtung des Haarwuchses auf die Figur, drückt es mit

Geschnitzte Jagdszene einer Weihnachtspyramide

Erzgebirgische Weihnachtspyramide in Hausform

der einen Seite fest in die Figur, hebt dann die zuerst eingekerbte Seite an und drückt das Eisen auf die andere Seite. Er wackelt sozusagen mit dem Eisen über die gesamte Fläche des geschnitzten Tieres. Ist die erste Reihe abgeschlossen, setzt nun der Schnitzer das Eisen mit der Wölbung in die andere Richtung darunter an und wackelt wieder über die Oberfläche. So entsteht nach und nach der Eindruck eines geschnitzten Fells.

Erzgebirgische Schnitzkunst

Auch im sächsischen Erzgebirge haben sich einige solcher Eigenheiten herausgebildet. Eine Besonderheit dieser Region ist das Schnitzen von Reifentieren, dem so genannten „Pfengvieh". Diese Bezeichnung hat ihren Ursprung in der sehr billigen Herstellungsweise dieser Figuren, die durch eine ausgefeilte Technik und extrem niedrige Löhne erreicht werden konnte. Die Voraussetzung für die Herstellung von Pfengvieh ist die Reifendrechslerei.

Die Reifendrechslerei ist eine spezifische Art zu drechseln und wird vor allem von den Drechslern des erzgebirgischen Ortes Seiffen beherrscht. Diese Sondertechnik der Drechslerei, die als selbstständiges Gewerbe angesehen wird, bildete sich zu Beginn des 19. Jahr-

Erzgebirgische Weihnachtspyramide mit geschnitzten Streben

hunderts heraus, als der traditionelle Zinnbergbau immer weniger Ertrag einbrachte und sich die Zinnbergleute nach neuen Möglichkeiten des Broterwerbs umsehen mussten. Auf Grund der kargen Landschaft des oberen Erzgebirges war die Landwirtschaft keine Alternative, man konnte aber das reichlich vorhandene Holz zur Herstellung von Spielzeug nutzen und es entstanden die Holzspielzeugmacher des Erzgebirges. Zu ihnen zählen auch die Reifendreher. Wie das Reifendrechseln entstanden ist, konnte bis heute nicht ganz geklärt werden, aber in der lange währenden Abgeschiedenheit dieses Erzgebirgsortes hat sich diese Technik zu einer Reife entwickeln, die einmalig ist. Außer einigen in Nachbarorte abgewanderte Seiffener Reifendrechslern beherrscht wohl auch heute kaum mehr jemand diese spezielle Drechseltechnik, die eine Vorarbeit für das spätere Schnitzen ist.

Der Reifendrechsler stellt jedoch nur den Reifen her, der so gedrechselt ist, dass sein Querschnitt die Silhouette des gewünschten Tieres ergibt, und verkauft ihn an die Reifentierschnitzer, die daraus dann das Pfengvieh schnitzen. Dadurch haben sich sehr unterschiedliche Qualitäten herausgebildet, denn abhängig davon, wie viel Figuren der Schnitzer aus einem Reifen herstellt, ist ihre Qualität besser oder schlechter. Werden zu viele Reifentiere aus einem Reifen hergestellt, verschieben sich die Proportionen der einzelnen Figuren zu Ungunsten ihrer Breite, d.h. Breite und Größe der Tierfigur harmonieren nicht mehr miteinander. Diese Reifentiere heißen „Flachvieh" und werden billiger gehandelt. Auch bei der Bearbeitung des Reifens gibt es große Unterschiede. Es gibt sehr sorgfältig ausgearbeitete Figuren, aber auch ziemlich oberflächlich geschnitzte Tiere. Da die Reifen aus geradfasrigem Fichten- oder Tannenholz gedrechselt werden können, ist das Beschnitzen von Reifentieren nicht einfach, denn durch die harten und die weichen Jahresringe ist das Holz nicht so homogen wie etwa Lindenholz. Die Reifentierschnitzer weichen die Rohlinge deshalb in Wasser ein, um der Sprödheit des Materials entgegenzuwirken.

Eine weitere Besonderheit des Erzgebirges sind die Spanbäume. Die so genannten Spanbaumstecher machen sich für ihre spezielle Schnitztechnik eine bestimmte Eigenschaft einiger Hölzer zunutze. Schält man nämlich von bestimmten Holzarten, hauptsächlich von Lindenholz, gleichmäßige Späne ab, rollen sich diese Späne spiralförmig auf und es entstehen so reizvolle Gebilde wie die Spanbäume. Sie gibt es in den unterschiedlichsten Schwierigkeitsgraden. Die einfachsten Spanbäume sind die mit zwei gegenüberliegenden Astreihen. Wesentlich anspruchsvoller sind Spanbäume mit vier kreuzweise angeordneten Astreihen. Der Gipfel des Spanbaumstechens sind aber die so genannten Lebensbäume, an denen weitere gerollte Späne angesetzt werden, die dann durch Figuren und Symbole zusätzlichen Schmuck erhalten.

Beim Stechen von Spanbäumen müssen einige Regeln beachtet werden. Da Spanbäume in Lindenholz gestochen werden, muss das Holz einen geraden, gleichmäßigen Wuchs haben. Es eignen sich nur gleichmäßig gewachsene Stammabschnitte. Sie sollten nicht gesägt, sondern gespalten werden. Durch das Spalten geht man sicher, dass nur Holz verarbeitet wird, dessen Außenmaße vom Faserverlauf bestimmt werden. Ein regelmäßiger Faserverlauf ist deshalb wichtig, weil nur so ein gleichmäßiges Abschälen und symmetrisches Einrollen der Späne möglich ist. Ist der Faserverlauf unregelmäßig, erreicht man zum einen keine Symmetrie, und zum anderen kann es passieren, dass man beim Schneiden abrutscht und die gesamte Astreihe gewissermaßen „abrasiert". Hat man sich also Spaltteile mit gleichmäßigem Wuchs zurechtgelegt, kann man sie gleichmäßig rund schnitzen und zwar so, dass sie allmählich nach oben auslaufen. Wer eine Drechselbank zur Verfügung hat, kann die Spaltteile auch dort einspannen. Dazu benötigt man allerdings ein Gestell, in das man den Rohling oben und unten einspannen kann. Ein solches Gestell muss man sich selbst anfertigen. Ist das Holz eingespannt, beginnt man am künftigen Baumwipfel die ersten kurzen Späne anzustechen. Je weiter man nach unten kommt, desto länger werden die Späne. Dies ergibt die typische Fichtenform. Hat man mehr als zwei Drittel der Baumlänge erreicht, verkürzt man die Äste allmählich wieder. Auf diese Weise erhält man eine schöne natürliche Form. So werden nun alle vier Seiten des Bäumchens beschnitzt. Sind alle vier Baumreihen gleichmäßig abgeschält, beginnt man mit dem so genannten „Frisieren" des Spanbäumchens, d.h. mit einem Stäbchen werden die noch etwas unregelmäßig ausgerichteten Spankringel in eine symmetrische Form gebracht. Dabei sollte sehr vorsichtig vorgegangen werden, damit die kleinen aufgerollten Ästchen des Spanbäumchens nicht abbrechen.

Zum Schluss erhält das Spanbäumchen noch einen Fuß, der entweder gedrechselt oder aus einer

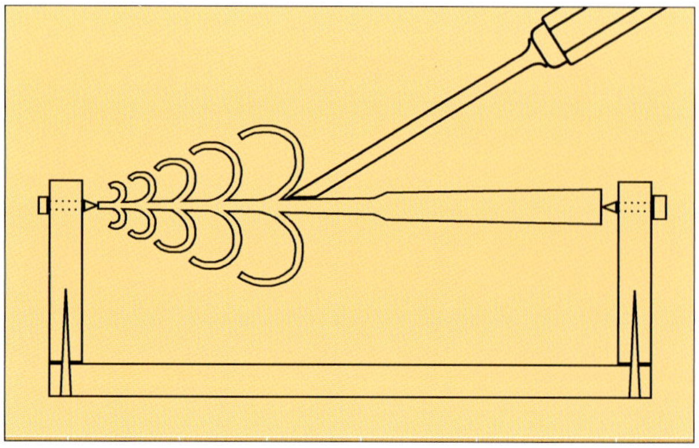

Vorrichtung zum Stechen von Spanbäumchen

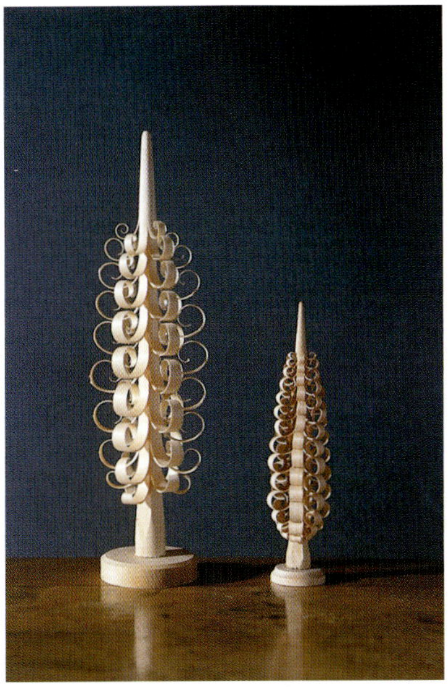

Das Stechen von Spanbäumchen verlangt eine ruhige Hand und eine sorgfältige Materialauswahl.

runden Scheibe geschnitzt wird. In diesen Fuß wird das Spanbäumchen eingeleimt und dann mit geschnitzten Tieren des Waldes aufgestellt.

Lausitzer Bienenbeuten

Eine weitere regionale Besonderheit sind die geschnitzten Bienenbeuten aus der Lausitz, die fast wie monumentale Skulpturen aussehen. Es gibt Modelle, die reliefartig geschnitzt sind, aber die meisten dieser Bienenbeuten sind vollplastisch geschnitzt und mit kräftigen Farben bemalt. In die Rückseite der Beuten sind ein oder zwei Hohlräume eingearbeitet, die das Einhängen der Waben ermöglichen. An der Vorderseite befindet sich das Flugrad.

Diese großen Figuren sind meist keine Arbeiten professioneller Schnitzer, sondern werden in der Regel von den Imkern, die Waldimkerei betreiben, selbst gefertigt. Die Motive sind häufig Türken, Könige, Soldaten, aber auch Frauen und Männer in Lausitzer Tracht. Einige Volkskundler nehmen an, dass wegen der wirtschaftlichen Bedeutung der Waldimkerei bei der Gestaltung dieser Figuren auch magische Elemente eine Rolle spielten. Da die Figuren aus einem Stamm geschnitzt sind, wirken sie oft sehr steif und derb.

Auch als schon längst aus Stroh geflochtene Bienenkörbe in Sachsen verbreitet waren, verwendete man in der Lausitzer Waldimkerei noch immer diese Klotzbeuten.

Alemannische Maskenschnitzerei

Masken sind bereits seit der Ur- und Frühgeschichte bekannt und haben in bestimmten Gebieten des deutschsprachigen Raums, doch nicht nur dort, bis heute ihre Bedeutung behalten. Sie können aus Leder, Pappe, Metall oder Holz bestehen und dienen als Requisit des Theaters, des Tanzes oder der Magie zur Veränderung des Gesichts. Von dem Wort Maske rührt auch die aus dem Arabischen, Spanischen oder Italienischen stammende Bezeichnung Maskerade her, was wiederum Maskenfest oder Mummenschanz bedeutet. Und zu solchen Anlässen, aber auch zu rituellen oder kultischen Tänzen und Prozessionen wurden und werden holzgeschnitzte Masken verwendet. Doch auch bei vielen Volksfesten, die mitunter allerdings den gleichen Ursprung haben, kann man solche Masken finden.

In den deutschsprachigen Ländern ist es besonders der alemannische Raum, wo Masken während der alemannischen Fastnacht auch heute noch eine große Rolle spielen. Der ursprünglich kultische Zweck dieser Masken ist nicht zu übersehen und hat wohl auch in Teilen bis heute Bestand. Die Masken tragen vielfach groteske Gesichtszüge bis hin zu fratzenhaftem Aussehen, selbst Tiermasken sind während der alemannischen Fastnacht nichts Außergewöhnliches.

Die Herstellung solcher „Fasnetsmasken" erfolgt vorwiegend durch spezialisierte Maskenschnitzer, die im Laufe von Generationen daraus eine regelrechte Kunstform gemacht haben. Durch die jahrhundertealte Tradition der alemannischen Fastnacht – das Wort Fastnacht ist ungefähr seit dem Jahr 1200 überliefert – konnte sich diese hohe Schule der Maskenschnitzerei herausbilden.

Die Tragbarkeit solcher Masken stellt an den Maskenschnitzer einige Ansprüche. Vor allem die dem Gesicht des Trägers einer Maske zugewandte Seite muss eine diesem Gesicht genau angepasste Ausarbeitung haben.

Eine solche Maske zu schnitzen bedeutet einen recht großen Aufwand und stellt an den Maskenschnitzer allein schon wegen der Tragbarkeit der Maske einige Ansprüche.

Eine Maske hat im Grunde zwei gleich wichtige Seiten, die äußere und die innere. Die eine der beiden Seiten muss auf das Gesicht des Trägers passen und die andere soll so aussehen, wie sie der Träger in Auftrag gegeben hat. Dabei ist es mitunter sehr schwierig, die innere und äussere Form in Einklang zu bringen. Besonders schwierig wird es, wenn die Maskenform vom Gesicht des Menschen sehr stark abweicht, etwa bei einer Tiermaske

Narro (links) und Faselhannes (rechts), Bad Waldsee

oder einer besonders stark ausgeprägten Fratze.

Nach sorgfältiger Auswahl des Materials – zum Schnitzen von Masken wird vor allem das weiche Lindenholz oder ein anderes Holz verwendet, das für eine dünne Ausarbeitung geeignet ist – und der Fertigstellung des Entwurfs wird zuerst die innere Form, d. h. die dem Gesicht des Trägers zugewandte Seite erarbeitet. Dazu wird, besonders für gute Masken, dem zukünftigen Träger ein Abdruck der Gesichtsform abgenommen. Für einen solchen Abdruck wird das Gesicht meist in feuchten Ton oder weiches Wachs gedrückt und die Ton- oder Wachsform nach dem Trocknen bzw. Aushärten mit Gips ausgegossen. Es ist auch möglich, zur Gewinnung der Gesichtsform Silikon zu verwenden. Ist die Gipsmasse ausgehärtet und ausgetrocknet, kann man sie mit Schellack einstreichen und davon noch einmal einen Abguss anfertigen. Dieser Abguss bestimmt dann die innere Form der Maske. Mit Zirkel und Taster werden die Abstände der Maskeninnenseite festgelegt. Auf diese Weise kann der Schnitzer die Maske dem zukünftigen Träger wie eine zweite Haut anpassen.

Als Erstes werden nun mit einem Bohrer Stich 9–11 die Stellen des „Gesichtsnegativs" festgelegt, die am tiefsten liegen. Das ist vor allem die Nase. Wurde dieser tiefste Punkt festgelegt, kann man die anderen wichtigen Punkte der Maskeninnenseite nach der gleichen Methode wie bei einem Relief markieren. Vor allem durch Querschneiden mit dem Bohrer wird Schritt für Schritt die gewünschte Form herausgearbeitet. Wenn schon erkennbar ist, wie die einzelnen Bereiche ihre Form annehmen, kann man zur Überprüfung der Passgenauigkeit den positiven Gipsabguss in das geschnitzte Negativ legen und ganz leicht hin und her bewegen. Überall dort, wo der Gips weiße Stellen hinterlässt, muss noch Material abgenommen werden. Dieser Vorgang wird so oft wiederholt, bis Positiv und Negativ einigermaßen genau ineinander passen. Ist die gewünschte Form des Maskeninnenteils so weit ausgearbeitet, dass eine hohe Passgenauigkeit besteht, kann die Innenseite mit Flach- und Hohleisen verschie-

Schrätzele, Bad Waldsee

dener Stiche und Breiten sauber geschnitten werden. Die Innenseite der Maske ist umso angenehmer zu tragen, je sorgfältiger sie ausgearbeitet ist. Passt das Gipspositiv jetzt genau in das Holznegativ, können die Mund- und Augenöffnungen festgelegt werden. Dann wird die Maske gewendet und die Vorderseite der Maske nach dem Entwurf geschnitzt.

Je weiter die Arbeit voranschreitet, desto vorsichtiger muss zu Werke gegangen werden, damit die Maske, die nun immer dünner wird, nicht zerbricht. Darüber hinaus muss sehr sorgfältig darauf geachtet werden, dass man die Maske nicht ungewollt durchschnitzt und so verdirbt. Deshalb sollte die Dicke der Maske besser einmal mehr als einmal zu wenig geprüft werden. Zum Schluss werden die Öffnungen für die Augen, die Nase und den Mund richtig angepasst, damit der Träger gut sehen und atmen kann.

Das Aussehen der Maske hängt von ihrem späteren Zweck ab, wenn der Maskenträger beispielsweise einer bestimmten „Zunft" angehört, wo traditionellerweise nur ganz bestimmte Maskenformen getragen werden. Meist haben die Masken das Aussehen von menschlichen Gesichtern. Aber auch eine stark überzeichnete Fratze oder sogar ein Gesicht in Tiergestalt ist nicht ungewöhnlich.

Abhängig von der Qualität und dem Anspruch an die Maske, ist sie oft auch farbig gestaltet. Bei wertvollen Masken wird das Inkarnat, also die Farbe der Gesichtshaut, wie bei der Fassmalerei aufgetragen. Auch eine teilweise Polimentvergoldung – besonders bei venezianischen Masken – ist üblich. Masken, die nicht fest am Kopf befestigt sind, werden häufig an Stöckchen oder Streckscheren getragen.

Galionsfigur der „Seute Deern" (Foto: Deutsches Schiffahrtsmuseum)

Schiffsschnitzerei

Eine spezielle Art der Schnitzerei hat sich über Jahrtausende entlang der Küste von Nord- und Ostsee entwickelt. Es ist die Schiffsschnitzerei oder -bildhauerei.

Zahlreiche Funde belegen, dass schon die Wikinger ihre Schiffe sehr aufwändig mit Schnitzerei verziert haben. Das reich beschnitzte Osebergschiff – benannt nach seinem Fundort – stammt beispielsweise aus der Zeit um 850 v. Chr. Es wurde an Bug und Heck mit einem Drachenornament geschmückt. Doch erst mit den großen Windjammern entfaltete sich die Schiffsbildhauerei zu voller Blüte. Neben der reinen Schmuckfunktion erfüllte die Schiffsschnitzerei aber auch noch Funktionen, die im Glauben und Aberglauben begründet waren. So wurden die Großsegler mit Galionsfiguren geschmückt, um freundliche Geister auf das Schiff zu bitten und unfreundliche Geister fern zu halten. Überliefert ist die Furcht der Seeleute vor dem legendären Klabautermann, der durch solche Figuren besänftigt werden sollte.

Die augenfälligsten Werke der Schiffsschnitzerei sind ohne Zweifel die Galionsfiguren. Diese zum Teil überlebensgroßen Figuren waren ein Symbol für Schutz, Vorausschau und Zuversicht. Sie galten als Hilfen für eine glückliche Fahrt und für die unversehrte Heimkehr der Schiffe. So war es etwa ein ganz schlechtes Omen, wenn einem Schiff bei starkem Sturm die Galionsfigur verloren ging. Es gibt Berichte, die besagen, dass Schiffe ohne Galionsfigur von den Mannschaften gemieden wurden und Besitzer dieser Schiffe Schwierigkeiten hatten, Seeleute zu finden, die auf einem solchen Schiff anheuerten.

Zwar ist die Galionsfigur die auffälligste Schnitzarbeit an einem Großsegler, doch bei weitem nicht die einzige. Sehr prächtig wurden besonders zur Zeit des Barock die Heckschilde der Windjammer gestaltet. Reich verzierte Wappen und Symbole sollten vom Reichtum des Besitzers künden. Auch Kriegsschiffe wurden oft überreich dekoriert. Dies führte gelegentlich sogar dazu, dass solche Schiffe auf Grund der überladenen Schiffszier unbrauchbar waren und schon nach der Jungfernfahrt wieder abgewrackt werden mussten.

Die zur Schiffsbildhauerei verwendeten Hölzer waren vor allem Eiche, nordische Kiefer, Ulme, Ahorn und Esche. Bedingt durch die Größe der Objekte, seien es Galionsfiguren oder Heckschilde, war es manchmal nötig, das Anlegen nicht gleich mit Bildhauerwerkzeugen zu beginnen, sondern mit Axt und Dexel. Ein Dexel ist ein beilähnliches Werkzeug, dessen Schneide nicht längs zum Stiel, sondern quer zu ihm steht. Diese Werkzeuge gibt es als Hohl-, Flach- oder gerade Dexel.

War das Zurichten der Galionsfigur mit Axt und Dexel abgeschlossen, wurde, wie bei der normalen Figurenschnitzerei, mit Schnitzeisen weitergearbeitet. Natürlich konnte man hier nicht mehr mit Schnitzbank und Figurenschraube zu Werke gehen, sondern musste neue Wege des Schnitzens finden, um die Figuren in eine stabile Lage zu bringen, in der man sie dann bearbeiten konnte. Da es zur Blütezeit der Schiffsschnitzerei auch noch keine wasserbeständigen Leime gab, wurden die Galionsfiguren immer aus vollen Stämmen gearbeitet. Das hatte zur Folge, dass es zu starken Spannungsveränderungen im Holz kam, was zu Verwerfungen und vor allem zu Rissbildungen führte. Diese Risse wurden mit Holzspänen verschlossen und meist mit intensiv leuchtenden Ölfarben bemalt. Das Verwenden greller Farbtöne war jedoch erwünscht, da es bei diesen Figuren auf eine ausgesprochene Fernwirkung ankam.

Durch Wasser, Sonneneinstrahlung und große Temperaturunterschiede waren die Oberflächen von Galionsfiguren hohen Belastungen ausgesetzt. Die Spannungsunterschiede im Holz führten immer wieder zu Rissen im Holz und somit auch in der Farbe. Deshalb mussten die Figuren häufig auch neu bemalt werden.

Nachdem im 19. Jahrhundert die Großsegler durch moderne dampfgetriebene Schiffe nach und nach abgelöst wurden, war das Ende der Schiffsschnitzer besiegelt und sie mussten sich andere Betätigungsfelder, wie z. B. die Karussellschnitzerei suchen. Heute sind Galionsfiguren und anderer Schiffszierrat begehrte Sammelobjekte. Für die wenigen Neubauten oder Reparaturen großer Windjammer gibt es noch einige wenige Holzbildhauerbetriebe, die Schiffszierrat herstellen.

Schiffsschnitzereien am Heck der „Wappen von Hamburg", 1667

Vergoldete Galionsfigur der „Germania" (Foto: Deutsches Schiffahrtsmuseum)

Glossar

Abakus

Quadratische Deckplatte und oberer Abschluss eines Säulenkapitells mit unterschiedlicher Ausbildung in den einzelnen Säulenordnungen.

Abziehstein

Feiner Sandstein, der zum Abziehen des angeschliffenen Grates an Werkzeugen verwendet wird.

Akanthus

Stilisiertes Blattornament, das der Blattform einer im Mittelmeerraum beheimateten Distelart entlehnt ist und im 5. Jahrhundert von den Griechen entwickelt wurde.

Allegorie

Anschaulich-sinnbildliche Darstellung abstrakter Begriffe, Vorstellungen und Ideen meist in Form von Personen.

Anlegen

Grobes Ausarbeiten einer Figur oder eines Reliefs.

Arabeske

Flächenornament aus Blättern und Ranken mit komplizierter Linienführung in stilisierter Form.

Architrav

Der untere Teil des auf Säulen ruhenden Gebälks. Das Gebälk (Hauptgesims, Kranzgesims) setzt sich aus Architrav, Fries und Gesims zusammen.

Archivolte

Häufig mit Fascien profiliertes, geschmücktes Band an der Stirnseite eines Rundbogens.

Art and craft

Englische Bewegung des späten 19. und frühen 20. Jahrhunderts, die eine Wiedervereinigung von Kunst und Handwerk anstrebte, um so wieder eine hohe Qualität bei den Erzeugnissen des Handwerks zu erreichen. Ins Leben gerufen von William Morris.

Atlant

Muskulös gestaltete Männerfigur, die an Stelle von Säulen oder Pfeilern das Gebälk oder das Gewölbe trägt. Benannt nach dem Titanensohn Atlas, der in der griechischen Mythologie das Himmelsgewölbe tragen muss.

Attika

Mauerstreifen über dem Kranzgesims.

Attribut

Gegenstand oder Wesen, das einer Figur beigegeben wurde, um sie sinnbildlich zu kennzeichnen, z. B. bei Heiligenfiguren.

Axialität

In Richtung der Hauptachsen ausgerichtete Komposition oder Anordnung.

Balleisen

Gerades Bildhauer- oder Schnitzeisen. Ein Balleisen mit Stich 1 hat eine gerade Schneide.

Baluster

Kleine, stark untersetzte und reich profilierte Säule mit starker Schwellung an einer Brüstung oder einem Geländer, auch Docke genannt.

Balustrade

Durch mehrere Baluster gebildetes und durch eine Gesimsplatte verbundes Geländer, auch als Dockengeländer bezeichnet.

Bandelwerk

Ziermotiv des Barok, aus lebhaft geschwungenen symmetrischen Bändern, Ranken sowie figürlichen oder Blattmotiven.

Basilika

Ursprünglich eine römische Halle für den Handelsverkehr, später der Grundtyp der frühchristlichen, meist dreischiffigen Kirche mit einer Apsis an einer Schmalseite.

Basis

Ausladender Fußteil einer Säule oder eines Pfeilers, das zwischen Fußplatte (Plinthe) und Säulenschaft vermittelt.

Basrelief

Bezeichnung für ein Flachrelief, bei dem die Figuren weniger als zur Hälfte der Körperstärke hervortreten.

Beize

Spezieller Farbstoff, der in entsprechenden Lösungen zur Färbung der Holzoberfläche dient, ohne die Maserung zu verdecken. Es gibt Beizen auf organischer, mineralischer oder pflanzlicher Basis sowie Räucher- und Wachsbeizen.

Bilderschrift

Wichtigstes Verständigungsmittel im alten Ägypten, bei der jedes Bildzeichen eine besondere Bedeutung hatte und Worte oder Silben darstellte (Hieroglyphen) – auch Piktografie genannt.

Blattornament

Aus naturalistischen, stilisierten oder Fantasieblättern zusammengesetztes Ornament an Möbelgesimsen.

Blumenstab

Mit stilisierten Blumen und Blättern dekorierter, umwundener Stab, besonders im Rokoko verbreitet.

Bogen

Gekrümmte Form zur Überdeckung von Öffnungen an Gebäuden sowie Schmuckform an Möbeln. Wurde in unterschiedlicher Ausprägung in den verschiedensten Stilen verwendet, z. B. als Halbkreisbogen, Segmentbogen, Korbbogen, Spitzbogen, stumpfer Spitzbogen, Lanzettenbogen, Tudorbogen, Eselsrücken, Vorhangbogen, Hufeisenbogen, Kielbogen, Fächerbogen, Kleeblattbogen, doppelter Spitzbogen usw. Die unterschiedlichen Bogenformen sind charakteristische Kennzeichen einzelner Bau- und Dekorationsstile.

Bohle

Aufgesägtes Brett mit einer Stärke von 41 – 100 mm.

Brett

Vom Stamm geschnittenes Holz mit einer Stärke von 16 – 40 mm.

Brettmöbel

Einfaches Möbel, bei dem das Brett als Grundmaterial die Struktur und die Form bestimmt.

Cabinetmaker

Englische Bezeichnung für einen Möbel- oder Kunstschreiner.

Cabriol

Gekrümmtes Möbelbein mit Tatzenfüßchen.

Cassolette

Räucherpfanne bzw. Vase, aus der eine Flamme aufsteigt. Im Barock häufig angewandtes Dekorationselement.

Chimäre

Fabeltier der griechischen Mythologie mit einem Leib aus einer Verbindung von Löwen-, Ziegen- und Schlangengestalt. Dekorationsmotiv bis zur Renaissance.

Dekupier

Durchbrochenes, ausgesägtes Ornament (Laubsägearbeit).

Dekorativ

Bezeichnung für eine ausschmückende Gestaltung.

Delfin

Tiermotiv, das hauptsächlich in der Ornamentik Verwendung findet.

Design

Bezeichnung für einen Entwurf, ein Muster oder ein Modell.

Detail

Bezeichnung für ein Einzelteil oder die Einzelheiten einer Arbeit.

Diaglyphe

Vertieft geschnittene Arbeit.

Draperie

Dekorative Stoffgehänge zur Ausschmückung von Innenräumen sowie für Fest- und Theaterdekorationen und Möbel. Auch die kunstvolle Anordnung von Gewändern wird als Draperie bezeichnet.

Drechseln

Verarbeitung von Holz auf einer rotierenden Drechslerbank zu verschiedenen profilierten Gegenständen, Möbelteilen, Balustern sowie Tellern und Schalen.

Dreipass

Bezeichnung für drei gleiche Spitzbögen, die in einem Dreieck konstruiert sind. Häufig im gotischen Maßwerk anzutreffen.

Drudenfuß

Dekorationselement aus fünf um ein gleichseitiges Fünfeck gelegte Dreiecke.

Dublette

Zweites Exemplar eines Kunstwerks vom gleichen Urheber gefertigt.

Echinus

Ein im Kreis herumgeführter, gedrückter Viertelstab, der als Hauptglied des dorischen Kapitells den Abakus trägt.

Eierstab

Ornament aus eiförmigen und pfeilspitzenartigen Motiven, das als Schmuckleiste verwendet wird.

Emblem

Kunstform, entstanden aus dem Humanismus der Renaissance, bei der unter Zuhilfenahme einer Wort-Bild-Kombination Begriffliches bildlich dargestellt und anschaulich gemacht wird.

Fachwerk

Aus der germanischen Zimmermannskunst hervorgegangene Bauweise. Die tragenden Elemente bestehen aus einem Holzbalkengerüst. Die Flächen sind mit Lehm und Stroh geschlossen.

Facette

Kleine, gegeneinander geneigte rautenförmige Flächen.

Faltenwurf

In unterschiedlichen Stilepochen unterschiedlich verwendetes Gestaltungsmittel in der Plastik.

Fase

Abgeschrägte Kante im Schliffbereich eines Schneidewerkzeugs.

Fassade

Vorderseite eines Gebäudes oder Möbels.

Feston

Laub-, Blumen- oder Fruchtgehänge – oft von Bändern umschlungen oder daran aufgehängt.

Fialen

Kleine Spitztürmchen, besonders an gotischen Strebepfeilern.

Fischblase

Gebogenes Spitzrund. Teil des gotischen Maßwerks.

Flächenornament

Ornament ohne Plastizität, das auf Flächenwirkung zielt.

Flacheisen

Leicht gewölbtes Bildhauer- oder Schnitzeisen mit Stich 2,5 – 4.

Flachschnitt

Geschnitzte Ornamente oder Figuren auf flachem Grund.

Füllung

Teil der Tischlerkonstruktion, die aus Rahmen und Füllung besteht.

Funktionalismus

Gestaltungsprinzip, bei dem die Form aus der praktisch-nützlichen Funktion abgeleitet wird.

Furnier

Dünne Holzschichten aus edlerem Holz, die meist zu dekorativen Zwecken auf minderwertigere Hölzer aufgeleimt werden.

Galionsfigur

Geschnitzte Figur, meist in Gestalt einer Frau, auf dem Galion, d.h. dem kunstvoll gestalteten Vorbau am Bug eines hölzernen Schiffes.

Gehrung

Verbindung zweier Holzteile im Winkel von 45°.

Geißblatt

Ornament in Palmettenform.

Geißfuß

Schnitzwerkzeug mit zwei im spitzen Winkel zueinander stehenden Seitenflächen zum Einschneiden spitzkehlenartiger Formen mit Stich 41 und 45.

Gesims

Waagerechter, aus der Fläche vorkragender profilierter Streifen, der eine Fläche gliedert.

Girlande

Aus Blättern und Früchten zusammengesetztes und von Bändern umschlungenes Ornament.

Groteske

Fantasievolle Ornamentform, in dessen Rankenwerk menschliche und tierische Figuren, Früchte und architektonische Motive eingefügt sind.

Goldener Schnitt

Teilung einer Strecke in zwei ungleiche Teile, wobei sich die Gesamtstrecke zum größeren Teil wie der größere zum kleineren verhält. Hilfsmittel zur geometrischen Feststellung harmonischer Verhältnisse.

Herme

Kurzer, viereckiger, sich nach unten verjüngender Pfeiler mit Kopf. Ursprünglich ein Kultmal aus einem vierkantigen Schaft, Phallus und bärtigen Kopf. Aufstellung meist an Flurgrenzen, Wegkreuzungen und Landstraßen.

Hohleisen

Bildhauer- oder Schnitzeisen, das stärker als das Flacheisen gewölbt ist. Stich 5 – 8.

Hohlkehle

Hohl geschnittenes Profil.

Holzleim

Bezeichnung für Leime, die zum Verleimen von Holz geeignet sind.

Holzverbindungen

Bezeichnung für alle Schreinertechniken, die zum Zusammenfügen von Holzteilen verwendet werden.

Intarsia

Einlegearbeit verschiedenartiger Hölzer zu einer ornamentalen oder bildlichen Darstellung.

Interieur

Innenraum eines Gebäudes sowie dessen Ausstattung.

Kabinett

Meist reich geschnitztes Prunkmöbel aus Edelholz mit tischartigem Unterbau und Aufsatz mit vielen Schubladen.

Kannelierung

Senkrecht vertiefte Auskehlungen an einem Säulenschaft.

Karyatide

Frauengestalt, die ein Gesims oder ein Gebälk an Stelle einer Säule oder eines Pfeilers trägt.

Kassette

Viereckiges, vertieftes Feld in einer flachen Balkendecke oder einem Gewölbe, das meist ornamentiert ist.

Konsole

Aus der Wand hervorspringender, stützender Kragstein. Im Längsschnitt hat die Konsole meist eine S-Form.

Kreuzblume

Kreuzförmig angelegtes, sich öffnendes Blattwerkornament an der Spitze gotischer Türme.

Lambris

Bezeichnung für Holz-, Mauer- und Stuckverkleidungen in Innenräumen im unteren Teil von Wandflächen.

Laubwerk

Spätbarocke Ornamentform im Unterschied zu den auch im Barock verwendeten Ornamenten aus Akanthusblättern.

Laufender Hund

Antikes Ornament in Form einer Wellen- oder Schneckenlinie.

Lotus

In der altägyptischen Kunst verwendetes Ornament in Form einer stilisierten Seerose.

Mäander

Mehrfach, meist rechtwinklig gebrochenes, mitunter auch spiralförmiges Ornamentband der griechischen Antike.

Maßwerk

Ornament, aus geometrischen Figuren zusammengesetzt; meist aus Kreisen, Pässen, Drei- und Vierblättern. In der Gotik als Füllung der Bogenzwickel von Fenstern entstanden und später auch als Flächenornament verwendet.

Monumental

Synonym für groß, großzügig oder wuchtig.

Nasen

Vorspringende Spitzen an den Bogenprofilen und Rippen des gotischen Maßwerks.

Nuten

Einschnitte in Bretter, in die eine Nutfeder eingezogen wird. Die Nut- und-Feder-Verbindung zählt zu den klassichen Holzverbindungen.

Oberflächenbehandlung

Letzter Arbeitsgang bei geschnitzten Figuren und Gegenständen. Hat neben der schützenden auch eine dekorative oder gestalterische Funktion.

Ornament

Bezeichnung für das Schmuckwerk bzw. einzelne Verzierungselemente in allen Kunstgattungen. Häufig angewandte Art der Verzierung von Gegenständen oder Kunstwerken.

Palmette

Dem Blatt der Fächerpalme nachempfundenes, streng symmetrisches pflanzliches Ornament.

Pass

Maßwerkfigur, die mit Hilfe von Kreisbögen konstruiert und von einem Kreis begrenzt wird (Dreipass, Vierpass, Vielpass).

Patina

Veränderung auf der Oberfläche von Materialien, z. B. Holz oder Metall. Die Patina bringt meist eine Farbveränderung der Oberfläche mit sich und steigert unter Umständen den Wert des Gegenstandes auf Grund der Alterungsspuren. Die Patina kann allerdings auch künstlich hervorgerufen werden.

Perspektive

Darstellung räumlicher Körper auf einer Fläche nach geometrischen Gesetzmäßigkeiten. Durch die perspektivische Darstellung wird eine Raumwirkung erzielt.

Pilaster

Ein aus der Wand hervortretender flacher Halbpfeiler mit Basis und Kapitell.

Polychromie

Verweist auf das zusätzliche Gestaltungsmittel der Farbigkeit in der Bildhauerei neben der Körperlichkeit und der Dreidimensionalität.

Proportion

Die richtigen Größenverhältnisse einzelner Teile in einem Kunstwerk sowohl zueinander als zum Ganzen.

Ponderation

Harmonische und ausgeglichene Verteilung des Köpergewichts des Menschen auf beide Beine.

Relief

Aus einer Fläche gearbeitetes plastisches Bildwerk. Je nach Hervortreten des Bildwerks spricht man von Flachrelief, Halbrelief und Hochrelief.

Rocaille

Dekorationselement des Rokoko, in dem sich Muschelwerk, Felsmotive und vegetabile Motive zu asymmetrischen bizarren Formen vereinen.

Rosette

Kleines rundes Ornament mit von der Mitte ausstrahlenden Blattmotiven und Blüten.

Säule

Sich nach oben verjüngendes glattes oder gewundenes Stützglied als Träger des Gebälks, meist gegliedert in Basis, Schaft und Kapitell. Bestandteil der Säulenordnung.

Sägeblatt

Ein mit Sägezähnen versehener Teil von Kreis-, Band- und Handsägen.

Schränken

Wechselseitiges Umbiegen von Sägezähnen, das ein Verklemmen der Säge verhindert.

Skulptur

Durch Abnehmen von Stein oder Holz durch Meißeln, Schneiden oder Schnitzen entstehende Form in der Stein- und Holzbildhauerei.

Statue

Vollplastische, in der Regel frei stehende Einzelfigur eines Menschen.

Stele

Aufrecht stehende Platte, in der Renaissance auch als Möbel verwendet.

Symbol

Zeichen oder Sinnbild, das auf etwas anderes, von ihm verschiedenes, z. B. auf Begriffe hindeutet oder sie repräsentiert.

Symmetrie

Die Verhältnisse von gleichen Teilen eines Ganzen zueinander.

Triptychon

Ein aus drei Teilen bestehendes Bildwerk mit Mittelbild und Flügelbildern, in der Gotik meist bei Altären zu finden.

Trochilos

Profil in Form einer Hohlkehle.

Trophäe

Dekoratives Siegeszeichen, besonders in Gestalt von Waffen und Fahnen. Als Schmuckelement in der Möbelkunst des 19. Jahrhunderts häufig vorkommend.

Tympanon

Giebelfeld antiker Tempel oder Bogenfeld mittelalterlicher Kirchen. Auch an historischen Möbeln als Stilelement zu finden.

Volute

Spiralförmig zusammengerolltes Ende an beiden Seiten eines ionischen Kapitells.

Wassersteine

Abziehsteine, bei denen als Schleifmedium Wasser verwendet wird.

Xyloglyphie

Bezeichnung für die Holzbildhauerei oder Holzschnitzerei.

Nützliche Adressen

Holzhandel

Theodor Nagel GmbH & Co.KG
Holzimport und Sägewerk
Billstr. 118
20539 Hamburg

Holz Fröhlich GmbH
Erlhofer Str. 78
95032 Hof/Saale

Holzhandel, Werkzeuge und Maschinen

EVG Württembergische Meisterbetriebe
Niederlassung Rottenacker
Grundlerstr. 11
89616 Rottenacker

EVG Sächsische Meisterbetriebe
Niederlassung Chemnitz
Blankenauer Str. 81–87
09113 Chemnitz

Schnitzwerkzeuge

Carl Heidtmann Werkzeuge GmbH
Langenhaus 37
42369 Wuppertal

Dick GmbH
Donaustr. 51
94526 Metten

Zentrum für erzgebirgische Volkskunst
Frank Bauer
Frauenmarkt 2
08289 Schneeberg

Drechselzentrum Erzgebirge
Haus Steinert
Fachhandel für Drechslereien und Bildhauerwerkstätten
Heuweg 3
09526 Olbernhau

Farben und Lacke

Bruno Wolkenaer
Ehrenstr. 6
50672 Köln

ARTI
Holzlacke & Beizen GmbH
Paul-Gerhardt-Str. 31
42201 Wuppertal

LIGNAL GmbH
Lacke & Beizen
Warendorfer Str. 21
59075 Hamm

Kurse und Anleitungen

Zentrum für erzgebirgische Volkskunst
Frank Bauer, Bildhauermeister
Frauenmarkt 2
08289 Schneeberg

Holzbildhauermeister Helmut Schubert
Mildenauer Str. 50a
09471 Königswalde
(mit Campingmöglichkeit)

Ausbildungsstätten des Holzbildhauerhandwerks

Werkkunstschule Flensburg Fachschule für Technik und Gestaltung
Schützenkuhle 20–24
24937 Flensburg

Staatliche Berufsfachschule für Holzbildhauer
Kreuzbergstr. 12
97653 Bischofsheim (Rhön)

Berufsfachschule für Holzschnitzerei
Bergwerkstr. 12
83471 Berchtesgaden

Staatliches Berufsbildungszentrum Bad Salzungen mit Schnitzschule Empfertshausen
Am Lindig
36433 Bad Salzungen

Berufsfachschule für das holz- und elfenbeinverarbeitende Handwerk
Erbacher Str. 50
64720 Michelstadt (Odenwald)

Fachschule des Bezirks Oberbayern für Schreiner und Holzbildhauer
Hauptstr. 70
82467 Garmisch-Partenkirchen

Staatliche Berufsfachschule für Holzbildhauer und Schnitzer
Ludwig-Lang-Str. 3
82487 Oberammergau

Die meisten gewerblichen Holzbildhauer in Deutschland sind organisiert in der:

Berufsgruppe Holzbildhauer des Bundesinnungsverbandes des deutschen Steinmetz-, Stein- und Holzbildhauerhandwerks – Berufsfachgruppe der Holzbildhauer –
Weißkirchner Weg 16
60439 Frankfurt/M.

Bundesfachgruppenleiter:

Werner Plath
Brüderstr. 22
04758 Oschatz

Literaturhinweise

Albert Bärtsch
Holzmasken
Aarau 1999

Gottfried Bammes
Die Gestalt des Menschen
Stuttgart 1995

ders.
Große Tieranatomie
Stuttgart 1991

Richard Bütz
Das große Buch vom Schnitzen
Stuttgart 1997

Derrick Crump
Behandlung von Holzoberflächen
Stuttgart 2000

Antony Denning
Holzschnitzen
Bern 1996

Harald Donke
Holzschnitzen
Stuttgart 2001

Helmut Flade
Holz. Form und Gestalt
Dresden 1976

Friedrich Frutschi
Holzschnitzen und Holzbildhauen
Bern 1995

Reinhard Haller
Volkstümliche Schnitzerei
München 1981

Ernst Hammer
Oberflächenbehandlung des Holzes für den Praktiker
Leipzig 1962

Albert Jackson/David Day
Werkstoff Holz
Stuttgart 1998

Rudolf Broby Johansen
Kunst und Umwelt
Dresden 1964

Albert Kapr
Schriftkunst
Dresden 2006

Hans Kellner
Vergolden
München 2002

Heinrich Killinger
Taschenbuch für das Holzfach
Nordhausen 1952

Markus Krüger
Vergolden und Metallisieren
Wiesbaden 1998

Rolf Kunze
Volkstümliches Schnitzen und Gestalten in Holz
Augsburg 1990

Reinhold Langer/Herbert Clauss
Neue Schnitzarbeiten aus dem Erzgebirge
Leipzig 1957

Helmut Mayr
Krippenfiguren schnitzen
Innsbruck 2002

Max Metzger
Holzbildhauerei und Holzschnitzerei
Hannover 1986

Franz Sales Meyer
Handbuch der Ornamentik
Wien 2002

Ian Norbury
Figuren schnitzen
Bern 1995

Klaus Pracht
Holz – Schnitzen und Schneiden
Köln 1986

Peter Paulsen/Helga Schuch-Dörges
Holzhandwerk der Alamannen
Stuttgart 1972

Cornelia Rapp
Schnitzen für Einsteiger
München 2003

Helmut Schubert
Schnitzen
Stuttgart 2002

Maria Sauheitl
Tiere schnitzen
Stuttgart 2003

Anselm Spring/Maximilian Glas
Holz: das fünfte Element
München 1999

Gerhard Witt
Holzfacetten
Leinfelden-Echterdingen 1999

Register

Hinweis des Verlages
Die Modelle und Ratschläge in diesem Buch sind von Autor und Verlag sorgfältig erwogen und geprüft, dennoch kann eine Garantie nicht übernommen werden. Eine Haftung für Personen-, Sach- und Vermögensschäden ist ausgeschlossen.
Alle in diesem Buch veröffentlichten Abbildungen und Modelle sind urheberrechtlich geschützt und dürfen nur mit ausdrücklicher Genehmigung des Verlages oder der Urheber gewerblich genutzt werden.

Bibliografische Information der Deutschen Bibliothek
Die Deutsche Bibliothek verzeichnet diese Publikation in der Deutschen Nationalbibliografie; detaillierte bibliografische Daten sind im Internet über http://dnb.ddb.de abrufbar.

© 2002 Urania Verlag
in der
Verlag Kreuz GmbH
Postfach 80 06 69, 70506 Stuttgart

www.urania-verlag.de

Alle Rechte vorbehalten.

Umschlaggestaltung: Behrend & Buchholz, Hamburg
Umschlagfoto: Frank Müller
Fotos: Frank Müller, außer Fotos S. 32: Ernst Fesseler; S. 59 o.: Christoph Georgi; S. 144/145: Drumlin/Ernst Fesseler; S. 146/147: Deutsches Schifffahrtsmuseum Bremerhaven
Zeichnungen: Ekkehard Drechsel
Gestaltung und Satz: alpha & bet, München
Printed in Germany

ISBN 978-3-332-01141-8